国际与比较教育研究系列丛书

本书为浙江大学国际教育研究中心资助出版的研究成果

丛书主编：吴雪萍

国际
职业技术教育
质量保障研究

Research on
Quality Assurance of
International Technical and
Vocational Education

吴雪萍　著

ZHEJIANG UNIVERSITY PRESS
浙江大学出版社
·杭州·

图书在版编目(CIP)数据

国际职业技术教育质量保障研究/吴雪萍著.—杭州:浙江大学出版社,2023.7

ISBN 978-7-308-24012-3

Ⅰ.①国… Ⅱ.①吴… Ⅲ.①职业教育－教育质量－保障体系－研究－世界 Ⅳ.①G719.1

中国国家版本馆 CIP 数据核字(2023)第 125834 号

国际职业技术教育质量保障研究

吴雪萍　著

策划编辑	武晓华　梁　兵	
责任编辑	武晓华	
责任校对	刘宁瑶　黄伊宁	
封面设计	程　晨	
出版发行	浙江大学出版社	
	(杭州市天目山路 148 号　邮政编码 310007)	
	(网址:http://www.zjupress.com)	
排　　版	杭州星云光电图文制作有限公司	
印　　刷	杭州宏雅印刷有限公司	
开　　本	710mm×1000mm　1/16	
印　　张	17	
字　　数	314 千	
版 印 次	2023 年 7 月第 1 版　2023 年 7 月第 1 次印刷	
书　　号	ISBN 978-7-308-24012-3	
定　　价	78.00 元	

目　　录

第一章
构建职业教育质量保障体系的国际经验
及其启示

近年来,我国职业教育蓬勃发展,职业教育的规模和数量都有了很大扩张。在数量增长的同时如何保证质量是一个亟须解决的新问题。目前,我国各级各类职业教育中存在缺乏权威的质量标准、缺乏统一的质量监控体系、缺乏科学的评价体系等问题。这些问题不解决,就难以培养社会急需的大批高素质技能型人才。职业教育的质量是职业教育的生命,职业教育的质量直接影响到劳动者的整体素质。它既关系到职业教育的生存和发展,也关系到职业技术人才培养的质量,还关系到职业教育的社会认可度和美誉度。

2019 年,国务院印发的《国家职业教育改革实施方案》明确把提高质量作为教育改革的核心任务,强调职业教育要"由追求规模扩张向提高质量转变",实现高质量发展,把提高质量作为重点,建立健全职业教育质量保障体系。同时,提出要把握好正确的改革方向,按照"管好两端、规范中间、书证融通、办学多元"的原则,严把教学标准和毕业学生质量标准 2 个关口。将标准化建设作为统领职业教育发展的突破口,完善职业教育体系,为服务现代制造业、现代服务业、现代农业发展和职业教育现代化提供制度保障与人才支持。

联合国教科文组织在 2012 年召开的第三届国际职业技术教育和培训大会上提出要发展高质量的职业技术教育,指出:"需要努力提升各种类型以及多种背景下开展的职业技术教育与培训的质量。质量是指职业技术教育为个人以及更广泛的教育和可持续发展议程作出的贡献。"[①]为提高职业教育质量,一些教育发达国家建立了较完备的职业教育质量保障体系。构建职业教育质量保障体系成为国际职业技术教育改革和发展的重要趋势。对国际职业教育质量保障体系进行比较研究,有利于我国借鉴教育发达国家构建职业教育质量保障体系的有

---

① UNESCO. Transforming Technical and Vocational Education and Training: Building skills for work and life[R]. Shanghai: Third International Congress on Technical and Vocational Education and Training, 2012: 22.

益经验,构建科学、规范且具有可操作性的职业教育质量保障体系,使职业教育"质"与"量"协调发展,促进职业教育质量的全面提高,从而积极应对职业教育国际化的挑战。因此,我国有必要在借鉴国际有益经验的基础上,结合本国实际,建立健全职业教育质量保障体系,从而不断提升我国职业教育的质量和国际竞争力。

第一节　构建职业教育质量保障
体系的国际经验

虽然各国的社会制度、经济发展水平不同,历史传统、文化背景、价值观念也千差万别,但在构建职业技术教育质量保障体系方面却不乏一些相同或相似之处,也积累了一些基本经验。

一、构建具体可操作的职业教育质量指标体系

为提高职业教育质量,教育发达国家都重视制定职业教育的质量指标。2009 年欧盟颁布的《欧洲职业教育与培训质量保障参考框架》设计了一套完整的质量指标体系,作为成员国测量和评价职业教育与培训质量的共同指标。[①]该指标体系包括 10 个一级指标和 14 个二级指标。每一个指标都有其操作定义。指标一是职业教育与培训机构应用质量保障框架的情况。该指标主要检测职业教育与培训机构对现有质量保障框架的应用情况。指标二是职业教育与培训机构师资培训投入。该指标主要检测职业教育与培训机构对师资培训的投入情况。指标三是职业教育与培训的参与率。该指标主要检测不同人群参与全日制职业教育与培训的人数。指标四是职业教育与培训的完成率。该指标主要检测不同人群职业教育与培训计划的参与者中顺利完成培训的人数。指标五是职业教育与培训的就业率。该指标主要检测职业教育与培训的参与者完成相关学习和培训后的就业情况。指标六是职业教育与培训所授技能的实用性以及个人和雇主的满意度。该指标主要检测 2 个方面的内容:一是学员通过职业教育与培训所获得的技能在工作中的实用性,技能的实用性是指所从事的行业与所学专业的对口程度;二是学员本人及其雇主对技能的满意度。指

---

① European Parliament and Council. Recommendation of the European Parliament and of the Council of 18 June 2009 on the establishment of a European Quality Assurance Reference Framework for Vocational Education and Training[J]. Official Journal of the European Union,2009:7,8.

标七是社会失业率。该指标主要检测 15—74 岁人群中做好工作准备且积极寻找工作却没有工作的人数占劳动力市场总人数的百分比。指标八是弱势群体接受职业教育与培训的比例。该指标主要检测弱势群体(包括年龄弱势、性别弱势和身体状况弱势)接受职业教育与培训的情况。指标九是劳动力市场培训需求分析预测能力。该指标主要检测职业教育与培训机构对劳动力市场培训需求的分析和预测能力,包括职业教育与培训机构更新职业教育与培训以适应未来劳动力市场需求的能力。指标十是远景规划能力。该指标主要检测职业教育与培训的规划方案,特别强调规划对弱势群体和个人发展需求的适应性。

英国职业教育质量评价标准主要包括四大方面,即:总体效能(Overall Effectiveness),学生的学习成果(Outcomes for Learners),教、学与评价的质量(Quality of Teaching , Learning and Assessment)以及领导与管理效能(Effectiveness of Leadership and Management)。总体效能的评价依据是教育机构在满足学生和用人单位需求方面的有效性。学生的学习成果主要通过考察学生的学习目标实现情况、所取得的进步以及对社区的贡献等方面作出相应评判。教、学与评价的质量则通过教、学的实施状况及效果、教学手段的运用、对学生指导的有效性、学生需求的满足程度等方面体现。领导与管理效能的评价指标则包括安全保卫、平等与多样化、资源管理等。① 每一方面评价的结果分为优秀(Outstanding)、良好(Good)、需要改进(Requires Improvement)和不合格(Inadequate)4 个等级。每一方面评价都由三部分构成,即指导性问题、评价性陈述和评定的等级特征描述。

俄罗斯现行职业教育标准规定学生必须具备两个素质:普通综合素质(Общие Компетенция)和职业综合素质(Профессиональные Компетенция)。普通综合素质由几大关键能力组成,这些能力是学生从事任何职业都必不可少的能力,具体包括专业发展能力、自主学习能力、解决问题的能力、社会合作能力。职业综合素质是学生将来从事某类具体的职业所必备的素质,包括利用所学到的专业知识和技能组织、管理、实施某职业活动,利用先进的技术和方法解决职业活动中的问题等。②

---

① Ofsted. Common Inspection Framework 2012:Consultation document-proposals for revised inspection arrangements for further education and skills providers[DB/OL]. (2012-02-01)[2013-07-09]. http://www. ofsted. gov. uk/resources/common-inspection-framework/.

② Министерство образования и науки Русской Федерации. Федеральные государственные образовательные стандарты среднего профессионального образования[EB/OL]. (2009-10-16)[2013-06-15]. http://mkmp. su/articles/federalnye-gosudarstvennye-obrazovatelnye-standarty-srednego-professionalno-go-obrazovaniya? page=0,0.

从以上分析可以看出,教育发达国家职业教育的质量指标包括职业教育的参与率、完成率、就业率、教与学的质量、学生学习的成果、学生和雇主的满意度、对师资培训的投入、领导与管理效能等多个方面,其中最受关注的是学生的发展指标。

二、构建以改进教学为目标的职业教育质量监测体系

为及时监控职业教育质量,一些发达国家建立了职业教育质量监测体系。丹麦把"产出监测"作为质量战略的一个重要元素。职业教育提供者如果要得到财政专项拨款,就必须达到规定的质量目标。2003年,丹麦教育部确定了质量方面的4个优先领域:一是学生的培养质量,尤其关注学生的能力和灵活性;二是教师的技能水平,特别关注教师专业技能和教学技能的更新;三是学校管理的专业化水平;四是院校与企业和当地社区联系的密切程度。[①] 测验和考试是丹麦职业教育质量保障的一个重要措施。测试由外部考官主持以防止出现偏差。在基础职业教育领域,学生必须参加最终的职业技能测试,来自产业界的代表担任外部考官。测试保证学生的知识和技能水平达到相关要求。发表年度资源报告是丹麦实施质量监测的重要方式。年度资源报告与丹麦职业教育和培训体系的持续发展相关,是一种收集系统化数据的方法。年度资源报告为职业院校和培训机构提供了一个系统的监测方法,用数据材料证明教育输入、过程和输出之间的关系。报告还包括描述性的元素,以便职业院校和培训机构描述其质量保障策略和措施。

美国2006年8月颁布实施的《卡尔·帕金斯生涯与技术教育法》(Carl D. Perkins Career and Technical Education Act of 2006,Perkins Ⅳ)要求联邦和州政府合作制定具有挑战性的技能标准,为学生获得高要求、高技能和高工资的职业做好准备。该法对州政府实施职业教育质量监测提出了方法、指标等方面的建议,并要求各州定期上交质量监测报告。[②] 美国联邦政府督促各州从教育成就、完成率、向中等后教育和劳动力市场过渡、参与工作本位学习情况等4个方面对生涯和技术教育的实施质量进行监测。为了评价州政府在职业教育

---

① The Danish Ministry of Education. The Danish Approach to Quality in Vocational Education and Training, 2nd edition[EB/OL]. (2008-06-06)[2012-05-10]. http://pub. uvm. dk/2008/vetquality2/hele-publ. pdf.

② Carl D. Perkins Career and Technical Education Act of 2006[EB/OL]. (2006-08-01)[2013-06-12]. http://cte. ed. gov/perkinsimplementation/legislation. cfm.

发展方面所作出的努力,在查阅相关文献并听取州管理人员和专家意见的基础上,联邦教育部职业与成人教育办公室为州政府编制了一份自我评价量表,供州政府评价自身对帕金斯法相关条款的执行情况。量表包括 6 个领域、30 个指标,领域包括管理、地区应用、技术准备、特殊人群、财务责任和问责。每一指标都被细化为可操作的活动和任务,如果这些活动和任务在持续进行,就表明职业教育项目正以较高的质量实施。①

澳大利亚从背景、参与、资源、产出和结果等方面对职业教育质量进行监测,提出要根据指标体系定期报告职业教育发展状况,及时记录职业教育与培训的结构变化与实施情况,根据指标体系收集数据并使之透明。

从以上分析可以看出,教育发达国家对职业教育质量的监测是全程、全方位的。既有对教育输入的监测,也有对教育过程、教育输出的监测;既有对投入资源的监测,也有对产出结果的监测。其中,学生的培养质量、教师的教学水平是监测的重点。

三、构建以学生发展为中心的职业教育质量评价体系

为保障职业教育质量,一些发达国家改变以往以问责为目的的质量评价,建立了以学生发展为中心的职业教育质量评价体系。英国教育标准局(Office for Standards in Education,Ofsted)制定了统一的评价标准即共同评价框架(The Common Inspection Framework)②,它既是督导评价(外部评价)的依据,也是职业院校开展自我评价的依据。该评价框架主要由 2 部分内容构成:评价原则和统一的评价工作安排。职业院校开展的自我评价和教育标准局组织的外部督导评价构成了英国职业教育质量的内外部评价。20 世纪 90 年代以来,英国在新的教育评价体系中突出了自我评价的地位。自我评价已成为英国职业教育机构以自我监控、自我改进、自我发展为目的的评价方式。自我评价程序主要包括相关证据/数据的收集与分析、评价等级的确定、评价后的信息反馈工作、自我评价报告的撰写、改进行动方案的制定和评价后改进工作等。自我评价注重连续的过程性评价,注重精确数据的收集和分析。评价证据的收集紧紧围绕与学生学习和发展相关的 5 个关键问题进行,即学习者学业成就如何?

---

① Office of Vocational and Adult Education . State Career & Technical Education (CTE) Self Assessment[R/OL]. http://www. mprinc. com/products/browse_by_subject. aspx? pubID=451.

② Ofsted. Common Inspection Framework for Further Education and Skills[EB/OL]. [2013-06-07]. http://www. Ofsted. gov. uk/resources/common-inspection-framework-for-further-education-and-skills.

教学和培训效果如何？教学项目和教学活动符合学习者的利益和需求吗？学习者获得指导和帮助状况如何？在提升学业成就和帮助学习者方面的领导和管理效度如何？自评报告的内容也须涉及这5个关键问题，且要对每一个关键问题作出评价判断。外部评价通过发现院校的优势以及需要改进的领域，突出亮点与优势，并在此基础上提出相关的改进意见与建议。外部评价结果以评价报告的形式公开发布在英国教育标准局的网站上。

澳大利亚联邦政府于2012年3月发表了题为《面向所有人的技能》的报告，提出职业教育与培训改革计划。[①] 根据报告提出的改革计划，澳大利亚将从2014年开始在新建立的"我的技能"网站上为每一位接受职业教育和培训的学生提供"独特学生鉴定"（Unique Student Identifier）。"独特学生鉴定"是记录学生自身培训经历的唯一官方凭证，它相当于培训的电子档案，跟踪记录学生一生中在不同教育和培训机构接受职业教育和培训的情况。"独特学生鉴定"全面实施之后，学生在不同时期、不同场所接受的职业教育和培训都可以得到详细记录和相应认可，因此学生选择、转换职业培训课程或培训机构的过程将更加便捷。此项举措将惠及职业教育和培训的各利益相关者，尤其是学生。通过"独特学生鉴定"，学生可以展示自己所有的培训记录和学习成就，企业可以招聘到合适的雇员，政府也可以更好地掌握整个培训市场的信息，从而对职业教育和培训进行有效管理和质量监控。

从以上分析可以看出，教育发达国家职业教育质量评价由外部评价和院校的自我评价构成，以院校的自我评价为主，院校自我评价的重要性日益凸显。无论是外部评价还是内部评价，都把满足学生的需求、促进学生的发展作为最重要的评价标准，都非常注重对职业教育输出质量的评价。

四、建立职业教育质量保障的合作交流机制

《欧洲职业教育与培训质量保障参考框架》从欧洲层面、成员国层面以及提供者层面规定了利益相关者在促进职业教育与培训质量保障方面的义务，建立了质量保障循环模式，并以开放式协调的形式，组织利益相关者参与相关工作。该框架倡导发挥职业教育利益相关者的积极作用，在职业教育的经费投入、师资培训、制度建设、学生就业等方面给各方以话语权，加强各方的交流与合作。

---

① Commonwealth of Australia. Skills for All Australians[EB/OL]. (2012-03-01)[2013-06-10]. http://www.innovation.gov.au/Skills/About/News/Pages/SkillsForAllAustralians.aspx.

此外,框架强化劳动力市场对职业教育的作用,要求职业教育机构与企业保持良好沟通,根据企业反馈的质量信息及时改进教学。

丹麦在职业教育与培训质量保障过程中,形成了教育部、社会合作伙伴、职业教育与培训机构、企业、学习者等多元主体共同参与的质量保障体系。在这一体系中,各主体责任明确,通过互动合作共同保障职业教育与培训的质量。例如,企业参与相关政策的制定和计划的拟订,通过校企合作对职业教育的教育教学过程进行监督。

英国无论是自我评价还是外部评价,评价的通知一开始就下达给全体教职工、学生和相关雇主,采取的是一种全纳的方法。"员工发展日"的设立便是很好的例证。专门的培训机构在这一天对员工开展培训,以增强其评价意识,使他们主动融入自我评价活动中。在外部评价中,评价人员通过电子邮件、个别访谈、电话访谈和现场实地考察等形式使雇主、学生参与到评价活动中。

参与俄罗斯中等职业教育质量外部评估的人员不仅包括政府行政人员,也包括雇主、学生家长、教育界的代表。社会人员作为不可或缺的一部分,他们的评估权利受到相关法规保护。俄罗斯联邦教育部于 2001 年颁布的《中等职业教育机构(中等专业学校)国家认定条例》规定,参与国家认定的人员由认定机构确定,不仅包括俄罗斯联邦主体行政机构的代表,还包括中等职业教育机构的领导、社会组织和国家-社会联合会的代表。[①] 社会各界力量参与评估可以让各利益相关方充分行使对教育质量的监督权。

从以上分析可以看出,教育发达国家在构建职业教育质量保障体系的过程中非常重视各利益相关者的作用,强调质量保障主体的多元化,明确各质量保障主体的责任和义务,并通过多种方式建立各保障主体之间的合作关系,为质量保障打下坚实的社会基础。

五、建立职业教育质量保障的信息公开机制

欧盟通过"欧洲职业教育与培训质量保障"专门网站,及时报道质量保障相关活动,更新成员国职业教育与培训的质量信息。欧洲统计中心也通过数据的收集与发布,参与职业教育与培训质量保障过程。评估结果和反馈信息的公布有利于增加评估过程的透明度,促进反馈信息的有效利用。

---

① Министерство образования Русский Федерации. Об утверждении Положения о государственной аккредитация образовательного учреждения среднего профессионального образования[EB/OL]. (2001-07-02)[2013-05-16]http://referent. mubint. ru/security/1/46356/1.

英国职业教育质量的评价标准、评价内容、方法和程序都向学校、行业和社会公开。评价的结果在评价结束后按照规定的期限公开发布在网上。所有对教育质量感兴趣的组织和个人都可以从国家教育标准局的官方网站上获得关于某一学校的评价报告。

丹麦职业教育质量保障的策略之一是透明和公开。所有机构都必须在其网站上发布课程和教学信息,包括教学价值观、教学实践、学生各个科目的平均成绩等。此举旨在为利益相关者和公众提供关于教育和培训机构的信息。法律还规定培训机构必须公布所有与教学质量相关的信息。

俄罗斯联邦教育管理机构在职业教育机构提交材料的基础上,创建了国家认定的中心数据库,中心数据库包含教育机构的所有信息。2011 年颁布的俄罗斯《教育活动认可条例》规定:职业教育机构的质量信息需上传到该机构的官方网站上,保证信息的开放性,方便对此有兴趣的人了解该机构的教育质量。[①] 质量信息的公开有利于教育消费者了解和监督职业教育机构的教育质量,帮助教育的潜在消费者做出是否选择此教育机构的决定。

美国于 2005 年启动“数据质量计划”,旨在建立全国性的教育数据库(包括职业教育数据库),数据库对职业教育的利益相关者开放[②]。菲尼克斯和亚特兰大地区的数据质量研究机构在题为《提高数据质量:定义数据质量标准》的报告中指出,在职业教育评价领域存在测量方式不统一的现象,这使获得的数据缺少可比性。测量方式的统一是实现数据标准化的第一步,数据的标准化也是数据高质量的必然要求。[③] 该报告为有效且可靠的数据搜集提供了质量标准。美国职业与技术教育学会正在开展一个“建立认证交换机制”的试点项目,试图实现行业认证机构与教育系统之间的数据交换,并提出了建立数据共享的标准和指南,建立国家数据交换机制等行动步骤。

---

① Министерство образования и науки Русской Федерации. Федеральные государственные образовательные стандарты среднего профессионального образования[EB/OL]. (2009-10-16)[2013-06-15]. http://mkmp. su/articles/federalnye-gosudarstvennye-obrazovatelnye-standarty-srednego-professionalno-go-obrazovaniya? page=0,0.

② Министерство образования и науки Русской Федерации. Федеральные государственные образовательные стандарты среднего профессионального образования[EB/OL]. (2009-10-16)[2013-06-15]. http://mkmp. su/articles/federalnye-gosudarstvennye-obrazovatelnye-standarty-srednego-professionalno-go-obrazovaniya? page=0,0.

③ Phoenix and Atlanta Regional Data Quality Institutes. Improve Date Quality: Defining Data Quality Criteria and Standards[R]. (2006-06-01)[2013-06-17]. http://www. dataqualitycampaign. org/resources/details/.

从 2012 年开始，澳大利亚联邦政府及各州和领地政府着手建立"我的技能"网站，到 2014 年完全建成。该网站实际上是一个公共信息库，它提供关于培训机构、课程、培训成果、费用、资助情况等信息，同时也有当地就业信息的链接，雇主和学生可从中做出培训选择，政府和培训机构要不断更新网站的信息。

从以上分析可以看出，教育发达国家把透明与公开作为质量保障的重要策略，非常注重职业教育质量信息的公开。公开质量信息是为了让公众了解和监督职业教育质量。通过建设质量保障数据库、质量保障网站等途径，教育发达国家形成了职业教育质量保障信息公开的平台，也为公众了解质量信息、参与质量保障提供了路径。

第二节　对构建我国职业教育质量保障体系的启示

根据笔者的调研，目前我国职业教育质量保障中存在的突出问题主要有：缺乏科学合理的职业教育质量标准及其指标体系；缺乏对教育教学过程的质量监控；缺乏对职业教育输出质量的评价；缺乏各保障主体的积极参与及合作；缺乏重视质量的院校文化；缺乏质量研讨与改进机制。

从构建职业教育质量保障体系的国际经验可以看出，构建职业教育质量保障体系可从构建职业教育质量标准及其指标体系、质量监测体系、质量评价体系以及构建质量保障所需的合作交流机制、信息公开机制等必要支撑条件入手。

一、制定合理的职业教育质量指标体系

高质量的职业教育应最大限度地满足学生和社会发展的需求，促进学生个人的全面发展，促进经济社会的可持续发展。因此，对学生和社会需求的满足程度是衡量职业教育质量的两大重要标准。基于这两大标准，我国职业教育的质量指标大致可以包括以下九大方面：职业教育和培训的参与率，特别是弱势群体的参与率；职业教育和培训的完成率；职业院校毕业生的就业率和就业质量；职业院校学生的满意度；用人单位对职业院校毕业生的满意度；职业院校和培训机构对师资培训的经费投入；职业院校对劳动力市场需求变化的预测能力和适应能力；职业院校和培训机构的远景规划能力；职业教育与学生个人和社会整体需求的匹配度。

二、建立动态的职业教育质量监测体系

对职业教育质量的动态监测是及时掌握教育质量信息并针对问题进行改进的有效方式。由于我国已建成世界上规模最大的职业教育系统,职业教育质量的动态监测需分层、分类,既要有国家层面的监测,也要有省级、市级层面的监测;既要有院校内部的自我监测,也要有院校外部的监测。不同层级、不同类型监测的侧重点可有所不同。国家层面的监测重点在宏观监测,关注职业教育与国家经济社会发展相适应的程度、与社会成员发展相适应的程度。省市级层面的监测重点则在中观监测,关注区域职业教育发展与区域经济社会发展相适应的程度、与当地学生需求的吻合度。院校内部监测的侧重点应放在学生的满意度、学生的学习质量和学习成果、教师的教学和技能水平等。院校外部监测的侧重点则应放在学校领导和管理的专业化水平、学校的总体效能和改进能力、院校与企业和社区联系的密切程度等。

三、构建科学的职业教育质量评价体系

建立健全职业教育内外部质量评价体系是保障职业教育质量的重要手段。自我评价是职业院校内部质量保障的基础,外部评价的重点是确保职业院校自我评价的有效性和自我改进能力的提高。职业教育的外部质量评价需做到评价理念的先进性、评价标准的统一性、评价机构的独立性和权威性、评价过程的公开性和透明性、评价证据的原始性和真实性。由于职业院校是提高教育质量的责任主体,自我评价在教育质量评价中处于更重要的位置。我国的职业教育质量评价可逐步从以往的侧重外部评价转向侧重院校内部的质量评价,使院校内部的质量评价成为常态,让职业院校内部的全体成员参与到质量评价过程中,培养他们对提升质量的主体意识和责任意识。职业教育质量,归根到底是培养人才的质量。因此,科学的职业教育质量评价体系的构建有赖于两大要素:一是树立以学生发展为本的质量观,把促进学生的全面、充分和自由发展作为学校的价值追求;二是在职业院校内部形成重视质量的文化,让提高质量成为全体师生的自觉追求。

四、形成利益相关者之间的合作机制

质量保障的顺利开展有赖于各保障主体的通力合作。因此,我国职业教育质量保障需要政府、职业院校、企业等利益相关者的共同参与,明确各个主体的

权利和责任,充分发挥各主体的作用。政府负责制定国家职业教育和培训的总体规划和政策,负责对职业教育和培训进行宏观管理。职业院校在实施职业教育和培训时,应对其教育与培训质量进行自我监测和评价,并及时作出改进。企业参与职业教育与培训质量保障可通过 3 个途径达成:第一,参与职业教育培养方案的确定和教学计划的制定;第二,参与职业教育质量标准的制定,参与职业教育的质量监测和评价;第三,提供关于职业院校毕业生质量的反馈信息。职业院校学生是学习的主体,是职业教育质量保障的直接见证人和受益人,应充分发挥其在质量监测和评价中的重要作用。学生发出的声音以及毕业生的表现可以为职业院校改进人才培养工作提供有益的反馈信息。因此,职业院校需树立民主办学理念,认真倾听学生对办学的意见和建议,对毕业生进行跟踪观察。为促进各利益相关者之间的交流与合作,政府相关部门还可以搭建质量保障交流与研讨的平台。

五、创建职业教育质量信息公开的平台

职业教育质量信息的公布有利于增加质量保障过程的透明度,促进反馈信息的有效利用。我国在促进职业教育质量信息的公开方面,有必要创建有效的沟通与服务平台。具体可从以下几方面着手:首先,建立信息公开制度,规定职业教育质量信息公开的程序;其次,加强信息载体建设,建立职业教育质量保障的专门网站,准确传递社会所需的质量信息;最后,建立职业教育质量数据库并加强对数据库的管理。数据库建设和管理是职业教育质量保障的基础性工程。我国可启动职业教育质量数据库建设计划,建立标准化数据的采集、整理、共享和交换机制。

参考文献

[1] UNESCO. Transforming Technical and Vocational Education and Training: Building skills for work and life[R]. Shanghai: Third International Congress on Technical and Vocational Education and Training, 2012.

[2] European Parliament and Council. Recommendation of the European Parliament and of the Council of 18 June 2009 on the establishment of a European Quality Assurance Reference Framework for Vocational Education and Training[J]. Official Journal of the European Union, 2009, 7(8).

[3] Ofsted. Common Inspection Framework 2012: Consultation document-proposals for revised inspection arrangements for further education and skills providers[DB/OL].

(2012-02-01)［2013-07-09］. http：//www. ofsted. gov. uk/resources/common-inspection-framework/.

［4］ Министерство образования и науки Русской Федерации. Федеральные государственные образовательные стандарты среднего профессионального образования［EB/OL］. (2009-10-16)［2013-06-15］. http：//mkmp. su/articles/federalnye-gosudarstvennye-obrazovatelnye-standarty-srednego-professionalnogo-obrazovaniya? page＝0,0.

［5］ The Danish Ministry of Education. The Danish Approach to Quality in Vocational Education and Training，2nd edition［EB/OL］. (2008-06-06)［2012-05-10］. http：//pub. uvm. dk/2008/vetquality2/helepubl. pdf.

［6］ PERKINSCD. Career and Technical Education Act of 2006［EB/OL］. (2006-08-01)［2013-06-12］. http：//cte. ed. gov/perkinsimplementation/legislation. cfm.

［7］ Office of Vocational and Adult Education . State Career & Technical Education (CTE) Self Assessment［R/OL］. ［2008-09］. http：//www. mprinc. com/products/browse_by_subject. aspx? pubID＝451.

［8］ Ofsted. Common Inspection Framework for Further Education and Skills［EB/OL］. ［2013-06-07］. http：//www. Ofsted. gov. uk/resources/common-inspection-framework-for-further-education-and-skills/.

［9］ Commonwealth of Australia. Skills for All Australians［EB/OL］. (2012-03-01)［2013-06-10］. http：//www. innovation. gov. au/Skills/About/News/Pages/SkillsForAllAustralians. aspx.

［10］ Министерство образования Русский Федерации. Об утверждении Положения о государственной аккредитация образовательного учреждения среднего профессионального образования［EB/OL］. (2001-07-02)［2013-05-16］. http：//referent. mubint. ru/security/1/46356/1.

［11］ Министерство образования и науки Русской Федерации. Об утверждении Положения о лицензировании образовательной деятельности［EB/OL］. (2011-03-10)［2013-06-07］. http：//www. rg. ru/2011/03/23/license-obr-site-dok. html.

［12］ Data Quality Campaign. The Next Step Using Longitudinal Data Systems to Improve Student Success［R/OL］. (2009-03-09)［2013-07-15］. http：//www. dataquality campaign. org/resources/details/384.

［13］ Phoenix and Atlanta Regional Data Quality Institutes. Improve Date Quality：Defining Data Quality Criteria and Standards［R/OL］. (2006-06-01)［2013-06-17］. http：//www. dataqualitycampaign. org/resources/details/.

第二章
欧盟职业教育质量保障

欧盟职业教育与培训质量保障的目的在于为欧洲劳动力市场培养高水平技术技能型人才。经济发展是欧盟所涉及各类社会事务中的核心主题。职业教育与培训是培养技术技能型人才的主要方式。技术技能型人才是推动欧盟经济发展的要素;欧洲劳动力市场技术技能型人才需求是其职业教育与培训质量保障的立足点。因而,欧盟职业教育与培训质量保障宏观上服务于其经济发展。同时,职业教育与培训质量保障进程有利于欧盟成员国终身教育体系建设,为公民提供更多优质教育资源、促进终身学习。

第一节 欧盟职业教育与培训质量保障的形成背景

欧盟职业教育与培训质量保障进程以其特定的背景因素为基础。背景因素是欧盟职业教育与培训质量保障一系列措施的出发点。这些背景因素主要包括现实背景及政策背景。对其背景因素的理解是解读欧盟职业教育与培训质量保障的前提。

一、现实背景

第一,职业教育与培训质量保障是解决欧洲失业问题的途径之一。欧洲自2008年全球金融危机、欧债危机爆发后,各成员国均面临不同程度的失业问题。欧洲统计局调查数据显示,至2012年底,欧洲失业人口总数高达2510万,失业率达到10.4%,与2011年同期相比增加了0.8个百分点。其中,44.4%的失业人口已经失业一年以上,15—24岁年轻人口的失业率上升至9.7%。[①] 严峻的

---

① Eurostat. Labour Market and Labour Force Statistics[EB/OL]. [2013-06-07]. http://epp. eurostat. ec. europa. eu/statistics_explained/index. php/Labour_market_and_labour_force_statistics♯Unemployed.

就业形势要求欧盟不得不采取积极的应对措施。其中,职业教育与培训具有连接劳动力市场与欧洲学习者的桥梁作用。同时,职业教育与培训在提高欧洲学习者技能方面担负着重要使命。如何提高学习者的技能水平与劳动力市场需求的匹配度,是实现职业教育和培训与劳动力市场紧密对接的关键所在。因而,推进欧盟职业教育与培训质量保障也成为重要的危机应对策略之一。

第二,伴随欧洲一体化进程的深入,劳动力市场一体化趋势凸显,职业教育与培训的质量受到重视。欧洲一体化源自欧洲国家社会经济相互融合的政治理想,必然需要欧洲劳动力市场一体化作为实现路径。欧洲劳动力市场一体化终究需要各国人才培养规范的相互认可,最终归结于各国教育系统的兼容性。职业教育与培训直接培养技术技能型人才,与劳动力市场的关系最为密切。因而,职业教育与培训的质量直接决定欧洲劳动力的整体水平。所以,如何更好地保障职业教育与培训质量是欧盟及其成员国面临的紧迫任务。欧洲职业培训发展中心(CEDEFOP)认为,质量保障存在的主要问题在于忽视了应贯穿于职业教育与培训过程始终的质量提升保障。① 换言之,职业教育与培训的质量保障不是用硬性标准去衡量各具特色、丰富多样的教育现实,而是要通过政策引导、资源支持,促进各国职业教育与培训系统的自主发展。因此,欧盟国家职业教育与培训的质量保障需要转向,从保守的最低质量标准保障转向积极的质量提升保障。

二、政策背景

质量保障一直是欧盟职业教育与培训政策的热点问题之一。2002 年,欧洲委员会(European Commission)发布《哥本哈根宣言》(Copenhagen Declaration),标志着欧洲职业教育与培训一体化进程的开始,是欧盟职业教育与培训政策转向的里程碑。之后,《马斯特里赫公报》(Maastricht Communiqué,2004)、《赫尔辛基公报》(Helsinki Communiqué,2006)、《波尔多公报》(Bordeaux Communiqué,2008)等欧盟关于职业教育与培训的核心政策相继发布。这一系列政策均将质量保障列为欧盟职业教育与培训发展的重要任务。此外,欧洲职业教育与培训质量保障参考框架制定了指导性的、参照性的质量保障标准,具有开创性意义。

---

① CEDEFOP. Assuring Quality in Vocational Education and Training[EB/OL]. [2011-11-29]. http://www.cedefop.europa.eu/EN/publications/19074.aspx.

欧盟推进职业教育与培训质量保障的举措是对以往政策的延续。就广义的政策而言,欧盟职业教育与培训质量保障协会的各类工作计划也属于政策的范畴。欧盟职业教育与培训质量保障协会在《2008—2009 工作计划》中指出:"欧洲委员会、各成员国及其他职业教育与培训利益相关群体应建立合作网络,协调各方需求。"[1]可见,多元主体的协调参与是欧盟职业教育与培训质量保障得以开展的前提。随着这一进程的逐步开展,欧盟职业教育与培训质量保障在目标、任务等方面更趋明晰。欧盟职业教育与培训质量保障协会在《2010—2012 工作计划》中的任务描述更加明确,主要包括:协调与欧洲资格框架(European Qualifications Framework,EQF)、欧洲职业教育与培训学分系统(European Credit System for Vocational Education and Training,ECVET)的合作,督促各成员国构建本国质量保障指标体系等。[2] 可用两个关键词概括上述两个计划,即职业教育与培训质量保障任务的核心:一是协调合作;二是具体实施。不但要实现各质量保障主体间的合作,而且还需要将合作内容落到实处,在质量保障的具体实践中进一步推进相互合作。这种实践导向的合作模式在其新近的举措中得到了更加细致的体现。

第二节　欧盟职业教育与培训质量保障的基本理念

欧盟职业教育与培训质量保障理念是其一系列政策、措施的根本。欧盟将教育与培训的发展置于服务经济社会发展的战略高度。职业教育与培训的发展与人力资本开发、劳动力市场需求、产业转型升级、知识型经济发展息息相关。这就需要提高欧盟职业教育与培训的质量,以"促进欧盟的社会包容性、内聚力、流动性、终身学习、个体职业发展、就业率、竞争力"[3]。欧盟职业教育与培训质量保障的基本理念主要有 4 个:发展导向、开放式协调、多主体参与、培育质量文化。

---

[1]　EQAVET. EQAVET Work Programme2008-2009［EB/OL］.［2007-12-03］. http://www.eqavet. eu/gns/library/policy-documents/policy-documents-2007. aspx.

[2]　EQAVET. EQAVET Work Programme2010-2012［EB/OL］.［2010-06-03］. http://www.eqavet. eu/gns/library/policy-documents/policy-documents-2010. aspx.

[3]　European Commission. The Copenhagen Declaration［EB/OL］.［2002-11-30］. http://ec. europa. eu/education/policy/vocational-policy/doc/copenhagen-declaration_en. pdf.

一、发展导向

欧盟职业教育与培训质量保障以促进成员国的自身发展为导向。第一,这很大程度上是由欧盟本身的地位和作用所决定的。欧盟作为一个区域国际组织,其职业教育与培训质量保障政策、措施只能是指导性的,而不是强制性的。第二,欧盟职业教育与培训质量保障进程并不追求统一化。相反,这一进程强调尊重成员国职业教育与培训体系以及机构的多样性。因为各成员国的经济发展状况、劳动力市场需求等各不相同,所以职业教育与培训体系以及机构的多样性是必然的。即便在单个成员国内部,职业教育与培训的多样性也是存在的。正是由于多样性的存在,欧盟职业教育与培训质量保障才需要相互认可、交流与合作。通过一系列的政策、举措,欧盟职业教育与培训的整体质量得以提升。

学生自身的发展是欧盟职业教育与培训质量保障的核心。学习结果(Learning Outcome)是欧盟促进职业教育与培训机构学生发展的着力点。学习结果是职业教育与培训对学习者产生的最终影响;学习者是学习结果的直接载体。学习结果包括知识、技能、态度、伦理等维度的具体内容。学习结果的测量以劳动力市场需求为导向。这就要求职业教育与培训课程也是以劳动力市场需求为导向的。学习方式的变革是有效获取学习结果的前提。职业教育与培训机构为学习者提供支持性学习环境,培养学习者自我组织学习(Self-organized Learning)的能力。[①] 当然,教师在学习者的学习过程中也扮演着重要角色。教师帮助学生有效利用既有的学习环境,指导其学习方法,促进学习者自我组织学习能力的养成。因而,教师培训也是欧盟职业教育与培训质量保障的重要环节。

基于学习结果理论,欧盟设计了欧洲职业教育与培训学分转换体系(European Credit Transfer System for VET)。这一体系使学习者在不同学校间的流动成为现实。学习者可以获得更加适切的职业教育与培训机会、资源。学习结果通过劳动力市场的认可,学习者才能将身份转换为劳动者,将学习结果转换为实际劳动。在欧盟终身学习和老龄化社会的背景下,学习结果作为继续学习的基础显得尤为重要。继续学习的能力也是学习结果的重要组成部分。因而,

---

① European Commission. Maastricht Communiqué[EB/OL]. [2004-12-14]. http://ec. europa. eu/education/policy/vocational-policy/doc/maastricht_en. pdf.

学习结果应具备劳动力市场相关性、可持续性。

　　学习结果是职业教育与培训与普通教育、高等教育相互连接的桥梁。以学习者的学习结果为中心，职业教育与培训机构进行体制、运行机制创新，增强灵活性、开放性，打破与普通教育、高等教育的壁垒。如此，学习者可以在不同教育类型中自由流动，按照自身发展需要满足不同阶段的教育需求。欧洲资格框架（European Qualifications Framework）是学习结果的具体形式；学习结果理论是其根本的设计理念。欧洲资格框架为不同类型的教育资格提供了一个共同的参考维度。不同类型教育最终的学习结果都能在其中找到自身的位置，并且资格框架的不同等级水平间是可以跨越的，具有开放性、灵活性。这种互通型的教育体系符合终身教育、终身学习的理念，体现了欧盟建设学习型社会的愿景。

　　任何类型的学习结果都可以得到认证，具有可持续性。欧盟强调对学习者先前学习（Prior Learning）的学习结果进行认证，如非正规、非正式学习，工作经验等。如此，职业教育与培训能够吸引更多的学生，降低辍学率。即便已经参加工作的劳动者也可以重新选择接受继续职业教育与培训。[①] 学习者能够以既有的学习结果为基础，接受职业教育与培训。学习结果是伴随个体一生不同阶段学习成果的累积。

二、开放式协调

　　开放式协调（Open Coordination）是欧盟职业教育与培训质量保障的基本理念之一。开放式协调原本是欧盟推进各领域合作的一种方式，在不断的实践中已经由一种合作方式转化为一种独特的治理理念。随着教育与培训一体化进程的推进，欧盟在教育与培训领域也逐渐引入了这一理念。开放式协调是欧盟主导下的、多主体参与的平等交流与合作，旨在提升欧盟政策制定、实施的共识与效率。

　　相互认可是开放式协调的前提。成员国对欧盟职业教育与培训质量保障政策、措施本身的认可是这一进程存在的前提。这就要求政策、措施尊重各成员国职业教育与培训发展的现实需要。成员国平等地参与政策、措施的制定与实施过程。只有以各成员国职业教育与培训发展的现实需要为出发点，欧盟职

---

① European Commission. Helsinki Communiqué[EB/OL]. [2006-12-05]. http://ec. europa. eu/education/policy/vocational-policy/doc/helsinki_en. pdf.

业教育与培训质量保障的政策和措施才能接地气;只有保证各成员国的平等参与,才有真正意义上的认可。

成员国之间的相互认可在欧盟职业教育与培训质量保障进程中具有重要作用。相互认可能够促进欧盟成员国职业教育与培训的开放程度。质量保障的欧洲维度(European Dimension)是成员国之间相互认可的依据,即欧盟层面的政策、措施。欧洲维度为成员国提供了相同的参照标准、原则、工具。就目标群体而言,欧洲维度不仅覆盖欧盟国家,也指向欧洲经济区(European Economic Area,EEA)、欧洲自由贸易区(European Free Trade Area,EFTA)国家。① 这也恰恰体现了欧盟以职业教育与培训的发展促进经济社会发展的战略初衷。以欧洲维度为参考,不同国家、不同层面之间的职业教育与培训学分、能力、资格等得以转换,促进学习者、劳动者的流动。同时,学习者的非正式、非正规学习结果通过认证,也可以加入这一互认行列。

开放式协调也会进一步推进欧盟职业教育与培训多元主体间的相互认可。相互认可划分为3个层面:职业教育与培训体系间的认可、职业教育与培训机构间的认可、各利益相关者间的认可。

开放式协调的目的在于促进欧盟职业教育与培训质量保障进程中各主体的交流与合作。交流与合作是推进欧盟职业教育与培训质量保障的必然路径。质量保障的目标在于"建立现代化的职业教育与培训体系"②。质量保障的目标具体至欧盟、成员国职业教育与培训体系、职业教育与培训机构3个层面。欧盟职业教育与培训质量保障的成效最终反映在具体成员国。在交流与合作的前提下,成员国将欧盟的政策、措施进行本土化转化,因此,实施政策、措施的重点还是在成员国职业教育与培训体系、职业教育与培训机构两个层面。在实现目标的过程中,各层面参与主体对面临的挑战达成共识,在明确问题的基础上采取措施,并及时进行反馈和总结。

欧盟职业教育与培训质量保障需要开展不同层面的交流与合作。在自愿参与的原则下,各成员国不同层面的主体进行"自下而上"式的交流与合作。以欧盟目标为参照,成员国依据本土现状设计本国的欧盟职业教育与培训质量保障目标。在实现目标的过程中,交流与合作则为成员国提供了一个信息共享、相互帮助的平台。

---

① European Commission. The Copenhagen Declaration[EB/OL]. [2002-11-30]. http://ec. europa. eu/education/policy/vocational-policy/doc/copenhagen-declaration_en. pdf.
② European Commission. Maastricht Communiqué[EB/OL]. [2004-12-14]. http://ec. europa. eu/education/policy/vocational-policy/doc/maastricht_en. pdf.

这一平台的现实形式即欧洲职业教育与培训质量保障协会(European Network for Quality Assurance in VET)。交流与合作平台的建设保障了欧盟职业教育与培训相关数据和信息的真实性、准确性、即时性、开放性,从而使各参与者能够及时了解欧盟职业教育与培训质量保障的现状与趋势,决策者、研究者、实践者三方能够平等地交流。从自身面临的问题出发,各成员国参考相关评估或调查的数据、信息,寻求自身问题的解决路径。同时,各成员国能够方便地集合利益相关者共同解决问题,提升职业教育与培训质量。

三、多主体参与

各主体的参与度将决定欧盟职业教育与培训质量保障的现实成效。欧盟职业教育与培训质量保障的主体可划归至不同层面、类型。按层面,参与主体可分为欧盟、成员国、职业教育与培训机构3个层面。按类型,参与主体包括政府部门、研究机构、基金组织、媒体、行业、企业、雇主联盟、工会、职业教育与培训机构等。各参与主体的需求、责任也不一样。

欧洲职业教育与培训质量保障协会是欧盟职业教育与培训质量保障各参与主体代表的集合体。这一集合体中的主要代表为各个成员国的官方代表,即各成员国相关机构(National Reference Point,NRP)。欧盟是由 27 个欧洲国家作为成员国所构成的一个欧治经济联盟。这一机构在成员国层面促进各职业教育与培训利益相关者参与质量保障活动。

各成员国相关机构在促进各主体参与职业教育与培训质量保障活动中具有引导、整合的作用。欧盟国家的职业教育与培训体系受政府的影响比较大,政府在质量保障活动中的地位和作用不容忽视。以挪威为例,2004 年,挪威政府对职业教育与培训体系进行了改革,设立了职业教育与培训国家委员会(National Council for VET)。职业教育与培训的质量保障不能脱离劳动力市场的变化、需求。挪威职业教育与培训国家委员会按职业、行业划分为 9 个次级委员会。[①] 挪威职业教育与培训国家委员会的主要职责在于促进各利益相关者的交流与合作,特别是在职业教育与培训质量保障领域。它具体的主要职责在于:提升挪威职业教育与培训的质量、降低辍学率;改革职业教育与培训课程;协助职业教育与培训利益相关者的发展、交流与合作;基于调查、研究,对挪威

---

① EQAVET. Norway-involvement of social partners at a national level[EB/OL]. [2011-03-08]. http://www.eqavet.eu/gns/news/latest-news/11-03-08/Norway_involvement_of_social_partners_at_a_national_level.aspx.

教育部提出职业教育与培训的改革提案。

职业教育与培训机构是质量保障的中心枢纽,在各利益相关者间起着连接作用。欧盟职业教育与培训质量保障的进展最终使各个职业教育与培训机构质量水平得到真实提高。职业教育与培训机构积极联络各利益相关者,以实现质量保障的多元参与。

例如,在位于捷克共和国中部的城市科林(Kolin),科林中等建筑职业技术学校(Secondary Technical and Vocational School)积极联系学校内部、外部的利益相关者,共同合作以促进学校质量的提升。学校改革职业教育与培训质量管理体制,常规性地举行学校内外利益相关者代表,包括教师、企业培训师、学校管理者等参与的会议。课程不再是一成不变,而是根据劳动力市场需求及时调整,形成课程更新机制。改革试行 3 年之后,该校的学生申请人数比之前上升了 10%。[①] 同时,学校也特别注重教学方面的改革,积极引入新的教学法、教学技术设备,通过教师互评、学校管理者评价、学科教研等方式提升教学质量。此外,学校还邀请当地的建筑企业参与教学活动。

可见,多元主体参与在欧盟职业教育与培训质量保障进程中具有重要作用。参与主体的范围、参与程度将决定欧盟职业教育与培训质量保障的实效。因此,在不同层面,提高各职业教育与培训质量保障主体的参与度,形成合理的体制、机制,是决定职业教育与培训质量保障进程的关键。

四、培育质量文化

欧盟主张形成尊重职业教育与培训的氛围,为职业教育与培训质量保障提供良好的文化环境。质量文化是职业教育与培训存在的根基。职业教育与培训的发展是帮助欧盟走出经济危机困境的途径之一。质量文化是职业教育与培训质量保障得以孕育、发生的土壤。只有在良好的质量文化下,职业教育与培训的形象和吸引力才能得以提升,社会公众才会对职业教育与培训给予真正意义上的认可、尊重和好评,企业、家长、学生等才有参与职业教育与培训的意愿和热情。同时,职业教育与培训质量文化的形成不是文化的同质化,而是正视各成员国职业教育与培训赖以生存的本土文化。

----

① EQAVET. Czech Republic-involving internal and external stakeholders[EB/OL]. [2012-01-31]. http://www. eqavet. eu/gns/news/latest-news/12-01-31/Czech_Republic_％E2％80％93_Involving _internal_and_external_stakeholders. aspx.

　　培育质量文化有利于欧洲职业教育与培训一体化进程。欧洲一体化进程最显著的成效在经济领域,欧洲经济的持续发展需要欧洲劳动力市场的一体化。欧洲劳动力市场的一体化需要欧盟范围内劳动者、学习者的自由流动。职业教育与培训为欧洲劳动力市场培养各行各业的技术技能型人才。随着欧洲一体化进程的推进,欧洲职业教育与培训一体化也应时而动,成为一种必然趋势。欧洲职业教育与培训一体化则需要良好的职业教育与培训质量。因而,培育质量文化被欧盟视为职业教育与培训发展的重要方面。

　　欧盟职业教育与培育质量文化培育的重点在欧盟各成员国层面。一些欧盟国家在培育职业教育与培训质量文化方面采取了一些措施。其中,奥地利的试点项目取得了相对明显的成效。奥地利的质量文化培育项目覆盖了所有的职业教育与培训机构及主要利益相关者。奥地利这一项目的实施旨在向欧盟职业教育与培训质量保障进程靠拢,积极参与欧洲职业教育与培训一体化进程;旨在促进所有的职业教育与培训机构形成质量保障文化;旨在提升职业教育与培训的教学与学习质量、学校质量管理体系、教育主管部门质量管理体系。奥地利的每一个职业教育与培训机构必须明确提出该校的办学宗旨。基于办学宗旨,每个职业教育与培训机构必须形成自身的质量矩阵(Quality Matrix),①在其中明确各级质量目标及相关措施,形成机构发展的中长期规划。如此,每个职业教育与培训机构明确了自身的发展方向,积极与各利益相关者合作、交流,促进职业教育与培训质量文化的积累。

　　职业教育与培训机构则通过变革自身的组织文化来培育质量文化。意大利罗马工业与工艺职业学院(Vocational Institute of Industry and Handicrafts in Rome)通过变革实现了良好的组织文化。学院的质量管理体系以 ISO 9001 质量管理体系为参考,覆盖教育教学的各个环节。②同时,学院以欧洲职业教育与培训质量保障参考框架(European Quality Assurance Reference Framework for Vocational Education and Training)为依据,对教育教学活动进行监控、评估。学院也基于意大利职业教育与培训质量标准进行自我评估、同行评估等。学院的发展以本地区发展需求为依据,注重与当地利益相关者的对话、交流与合作。

----

① EQAVET. Austria-building a culture of quality[EB/OL]. [2015-08-08]. http://www. eqavet. eu/qa/gns/case-studies/2008-Case-studies/Austria-building-a-culture-of-quality. aspx.

② EQAVET. italy-changing organization's culture[EB/OL]. [2015-08-08]. http://www. eqavet. eu/qc/gns/case-studies/2008-Case-studies/italy-changing-organisations-culture. aspx.

第三节　欧盟职业教育与培训质量保障的基本框架

欧盟把提高职业教育和培训的质量作为增强职业教育竞争力和吸引力的重要举措。为进一步提升职业教育和培训的质量,欧洲委员会于 2008 年 3 月向欧洲议会和理事会提交了有关建立欧洲职业教育与培训质量保障参考框架(European Quality Assurance Reference Framework for Vocational Education and Training,EQAVET)的建议。该建议经各成员国的讨论和投票表决,于 2008 年 12 月 18 日形成修订版并在 2009 年初正式被欧洲议会采纳。该框架不仅有利于提高并监控成国的职业教育与培训质量,还有利于提高各成员国职业教育与培训体系的透明度和信任度,对于实现欧洲职业教育一体化和实施欧盟范围内无国界的终身学习战略具有重要意义。

一、欧盟职业教育和培训质量指标体系

(一)指标内容

2009 年 6 月,欧洲议会和欧洲理事会制定了欧洲职业教育与培训质量保障参考框架。制定该框架的目的是促进欧盟成员国在职业教育与培训领域开展合作,从而提高职业教育与培训质量。框架从欧洲层面、成员国层面以及提供者层面规定了利益相关者在促进职业教育与培训质量保障工作方面的义务,建立了质量保障循环模式以及质量指标体系,并以开放式协调的形式,组织利益相关者参与相关工作。框架在一定程度上统一了欧洲范围内的职业教育与培训质量标准,建立起一个公平、公开的评估体系,促进了各国间经验的交流和分享。

欧洲职业教育与培训质量保障参考框架是欧盟范围内统一的职业教育与培训质量保证参考体系,为各成员国提供一个可供参考的质量保证过程、质量指标和监控程序。该框架不仅有利于提高各成员国职业教育与培训的质量,还有利于增强各国职业教育与培训体系的透明度,提高各成员国之间以及各职业教育与培训提供者之间的信任度。

欧洲职业教育与培训质量保障参考框架的产生有着欧盟国家自身发展的

背景。欧洲职业教育和培训质量保证参考框架建立在欧洲职业教育和培训共同质量保证框架(Common Quality Assurance Framework for Vocational Education and Training)的基础上,为各成员国进一步制定共同的质量原则、参考标准和指标奠定了基础。欧盟制定欧洲职业教育和培训质量保证参考框架主要是基于两方面的考虑。

首先,欧盟需要提升职业教育的竞争力。2002年11月29日至30日,欧洲委员会在丹麦首都哥本哈根召开关于加强欧盟职业教育与培训合作的会议,会上制定的《哥本哈根宣言》标志着欧洲职业教育一体化正式启动。而提高职业教育与培训的质量是促进各国职业教育和培训发展与合作的关键。职业教育与培训质量的高低,直接影响到各成员国劳动力的整体素质,影响到各成员国之间的相互信任程度和劳动力的自由流动。因此,在过去的几年里,欧盟各国职业教育与培训的质量问题普遍受到关注。提高各国职业教育与培训的质量是欧洲统一劳动力市场、实现完全一体化的基础。此外,为了使欧盟职业教育与培训更好地应对国际化的挑战,欧盟重视各国职业教育与培训的合作,重视提高职业教育与培训的质量,进而提升职业教育与培训的整体竞争力。由于各成员国职业教育与培训的模式以及质量保证体系千差万别,欧盟需要建立一个职业教育与培训质量的参照标准,以提高各国职业教育与培训体系的兼容性和竞争力。

其次,欧盟需要增强职业教育的吸引力。随着知识社会的出现,人类的生产方式和工作的组织形式都发生了深刻变化。迅速变化着的社会对职业技术教育提出了新的要求。2002年6月18日,以"新世纪的教育"为主题的第六届欧盟教育部长会议发表联合公报,强调欧盟各成员国要深化教育领域的交流与合作,共同致力于"知识欧洲"(Europe Knowledge)的建立。知识社会的主要特点是知识和技术的更新速度快、周期短,学生在学校学到的知识和技能已不能终身享用。因此职业教育与培训也应贯穿于人的一生,满足人和社会可持续发展的需要。如何吸引更多的社会成员特别是青年人接受职业教育和培训已成为欧盟国家面临的现实问题。2007年的调查显示:欧盟国家青年失业率高达15.5%,严重影响到社会的稳定;同年,仍有14.8%的青年在初中毕业后就离开学校,结束学习生涯。[①] 由于职业教育与培训在解决青年就业问题、促进社会平

---

① The European Commission. The Bordeaux Communiqué on Enhanced European Cooperation in Vocational Education and Training[R].[2008-12-21]. http://www.eua.be/fileadmin/user_upload/files/Newsletter_new/Bordeaux_Communique_EN.pdf.

等和增强社会凝聚力等方面至关重要,欧盟需要重视通过提高职业教育与培训的质量来增强职业教育与培训的吸引力,解决青年失业率居高不下、青年教育水平和学习积极性低的问题。

欧洲职业教育和培训质量保证参考框架是各成员国根据各自经验,在自愿的基础上通过协商形成的。它采用一种合理的方式对职业教育与培训的实施过程进行内外监控与评价,确保职业教育与培训的质量不断提高。[①]

欧洲职业教育与培训质量保障参考框架的推行分为 4 个阶段:计划、实施、评估、反馈。这 4 个阶段体现了逻辑的一致性和连贯性,构成质量保障的一个完整过程。

计划阶段的主要任务是根据职业教育的政策、任务及人力资源状况,制定一系列清晰的目标,主要是制定明确的职业教育与培训质量保障目标、行动方案和质量标准,制定对个人能力进行认证的标准和指导原则。通过研讨等方式,确定某些地区和个人的具体需求。另外,利益相关者需参与对当地需求进行分析的过程,职业教育提供者需建立起一个清晰透明的质量保障框架。

实施阶段主要是与利益相关者进行协商,并制定明确的原则。这项工作建立在与不同层级的社会合作伙伴、职业教育与培训提供者以及其他利益相关者合作的基础上。实施阶段包括审视质量保障所需的资源、能力基础及支持工具,制定不同层次的实施准则和标准。为确保计划的实现,教育资源要在职业教育与培训提供者内部合理配置。为确保目标的实现,相关机构需制定能够促进框架实施的核心原则。在实施阶段,目标和过程的透明性很重要,即所有利益相关者应明确了解所要达成的最终目标、实现目标的各个步骤、承担的任务和完成的时间。

评估主要通过使用测量工具和搜集相关数据定期开展,包括自我评估与外部评估。评估阶段的主要工作是设计评估机制,确定评估的频率和范围,提供评价结果。评估包括 2 个方面:收集和处理数据;进行相关结果的讨论。此外,所有利益相关者,如学生、教师、家长、雇主和工会代表等应参与有关结果的讨论,以进行更为客观和全面的评价。评估过程包括数据输入、系统处理、数据输出、得出结论四个环节。

反馈是学习过程的一个有机组成部分。利益相关者要对评估结果开展讨

---

① 吴雪萍,张科丽.欧洲职业教育与培训学分体系探究[J].比较教育研究,2011:63.

论,并采取适当的行动确保计划落实到位。质量保障是一个连续的、系统的过程,它必须将评估结果及时加以反馈。这一阶段强调修正,即通过反馈优化质量管理目标和质量管理活动。为保证反馈的透明性和公开性,欧盟还经常在欧洲职业教育与培训质量保障网站的主页上公布相关数据和结论、安排一系列有关职业教育质量的研讨会。

《欧洲职业教育与培训质量保障参考框架》设计了一套完整的指标体系,作为成员国测量和评估职业教育与培训质量的共同指标,其目的是帮助成员国在质量保障框架的基础上,建立并发展各自的后续指标体系。指标作为质量管理系统的重要元素,要同时为职业教育体系和职业教育机构提供支持。另外,指标要反映职业教育质量管理的政策目标。[①] 这些政策目标包括:增加就业机会,提高学生就业能力,增加劳动者尤其是劳动力市场中的弱势群体接受职业教育与培训的机会,提高职业教育供需之间的匹配度,创造更好的终身学习机会等。

框架建立起一个两级指标体系,包括 10 个一级指标和 14 个二级指标(在指标 1、2、4、5、8、9、10 中各含有 2 个二级指标)。每一个指标都有其操作定义。

1. 职业教育与培训机构应用质量保障框架的情况

该指标主要检测职业教育与培训机构对现有质量保障框架的应用情况,分为 2 个二级指标:①应用质量保障框架的职业教育与培训机构的比例。不论是出于法律法规的约束,还是积极应用自主设立的质量保障框架,只要能够提供相关证据,证明应用了符合 EQARF 原则的质量保障框架,都会被计算在内。具体的计算方法是应用了符合一定标准的质量保障体系的机构占已注册的职业教育与培训机构的百分比。②质量鉴定合格的职业教育与培训机构的比例。具体计算方法是质量鉴定合格的职业教育与培训机构占已注册的同类职业教育与培训机构的百分比。

2. 职业教育与培训机构师资培训投入

该指标主要检测职业教育与培训机构对师资培训的投入情况,有 2 个二级指标:①职业教育与培训机构的注册教师中参加在职培训的人数占注册教师总人数的百分比。在职培训的范围包括国家、地区或行业的初始职业教育与培训或继续职业教育与培训,不包括非正式及非正规教育。②每位注册教师平均每年获得的继续教育和培训的资金总额。除了该项指标外,欧盟委员会还提出一项补充指标,即师资培训投入占教育总支出的百分比。

---

① 吴雪萍,汪鑫.欧洲职业教育和培训质量保障参考框架探究[J].比较教育研究,2012:38.

3. 职业教育与培训的参与率

该指标主要检测不同人群中参与全日制职业教育与培训项目的人数。这里的不同人群是根据性别、年龄、最高学历、是否有辍学经历、是否移民、是否残疾人、失业时间等因素来划分的。该指标也有具体的操作定义,如每年参加高中水平初始职业教育与培训人数的百分比,15—74 岁人群中参与继续职业教育与培训人数的百分比。

4. 职业教育与培训的完成率

该指标主要检测不同的人群中职业教育与培训计划的参与者顺利完成整个培训过程的人数。该指标有 2 个二级指标:①取得初始职业教育与培训学历的人数占初始职业教育与培训入学人数的百分比。②取得继续教育与培训学历并获得资格认证的人数占继续教育与培训入学人数的百分比。在实施过程中,欧洲委员会又提出两项补充指标:参与职业教育与培训并取得职业资格的人数占总参与人数的百分比;完成职业教育与培训并取得相应资格证书或学历证书的人数占 15—74 岁人口的比例。

5. 职业教育与培训的就业率

该指标主要检测职业教育与培训的参与者完成相关学习和培训后的就业情况,包括学员就业方向与所参加的职业教育与培训专业方向及个人素质的相关性。分为 2 个二级指标:①完成职业教育与培训后 1—3 年内,进入劳动力市场、参加继续教育或培训的人数占总人数的比例。②完成职业教育与培训一年内参加工作的人数占总人数的比例。这里的总人数均指完成职业教育与培训的人数。

6. 职业教育与培训所授技能的实用性以及个人和雇主的满意度

该指标主要检测:学员通过职业教育与培训所获得的技能在工作中的实用性。技能的实用性是指所从事的行业与所学专业的对口程度;学员本人及其雇主对技能的满意度。学员和雇主的满意度,主要有 3 个测量参数:完成职业教育与培训后的 1—3 年内,所学专业与现有工作对口或相关的百分比;认为受雇者的技能、学历、资格证书与工作相关的雇主所占的百分比;对完成职业教育与培训的员工表示满意的雇主所占的百分比。

7. 社会失业率

该指标主要检测 15—74 岁人群中做好工作准备且积极寻找工作却没有工作的人数占劳动力市场总人数的百分比。该指标的依据源自国际劳工组织和经济合作与发展组织制定的标准。

8.弱势群体接受职业教育与培训的比例

该指标主要检测弱势群体接受职业教育与培训的情况。在欧洲各国被定义为弱势群体的人,包括年龄弱势、性别弱势和身体状况弱势。该指标分为 2 个二级指标:①参与职业教育与培训的总人数中弱势群体所占的百分比。②弱势群体参与职业教育与培训并成功完成学业的人数。该指标充分体现了欧盟职业教育与培训对妇女、老人及青少年等弱势群体的重视和照顾。

9.劳动力市场培训需求分析预测能力

该指标主要检测职业教育与培训机构对劳动力市场培训需求的分析和预测能力,包括职业教育与培训机构更新劳动力市场需求信息的速度以及更新职业教育与培训以适应未来劳动力市场需求的能力。劳动力市场需求预测分为短期、中期和长期三个层面。该指标包含 2 个二级指标:①是否建立鉴别不同层次劳动力需求变化信息的机制。②职业教育与培训机构是否根据市场变化及时调整以适应未来需要。

10.远景规划能力

该指标主要检测职业教育与培训的规划方案,包括欧洲层面、国家层面以及职业教育与培训机构层面。该指标包含 2 个二级指标:①已有的不同级别方案的相关信息。②关于方案有效性的证据。该指标特别强调规划对弱势群体和个人发展需求的适应性。该指标测量的重点是各种职业教育与培训机构为职业教育发展作出贡献的能力。

(二)质量指标体系的特点

开放式协调是欧洲职业教育与培训质量保障参考框架运行的基础。一改以往欧洲职业教育与培训政策以指令为主的实施模式,该框架试图建立一个欧洲范围的社会政策范本,以一个非线性的循环过程鼓励不同参与者的积极合作,利益相关者可以从中准确找到自己的位置,明确自身职责。① 框架之所以能被大多数欧盟成员国接受并实施,主要是因为框架具有以下 3 个方面特点。

---

① European Quality Assurance in Vocational Education and Training. Policy Brief On The Impact of the European Quality Assurance Reference Framework(EQARF)[EB/OL]. [2009-10-12]. http://www. eqavet. eu/Libraries/Policy_Briefings/Policy_Brief_on_The_Impact_of_the_European_Quality_Assurance_Reference_Framework_EQARF. sflb. ashx? download=true.

1. 基于自愿原则的柔性工具

自愿是欧洲职业教育与培训一体化的基本原则。框架不带任何强制性,各种研讨和评估也并非指令性行为,即使成员国未达到框架预期的发展目标,欧洲委员会也不会施加任何压力。

虽然框架是不带任何强制性的质量保障工具,但在实践中,参与该框架的国家已经达到 27 个。即使部分国家在框架颁布之前已经建立起质量保障体系,但它们仍然选择在一个更广阔的欧洲框架下重建质量保障体系,以实现在欧洲范围内的经验共享,推动职业教育的一体化。

2. 一体化与个性化的统一

多样化的机构和制度一直是欧洲职业教育与培训的特色,它体现了欧盟各成员国的共同意愿,即教育与培训应满足多样化的学习需求。尊重各个国家教育与培训的价值观念、现行制度以及教育内容,是欧盟职业教育与培训合作的基础。《哥本哈根宣言》也明确支持各成员国根据自己的传统、现状与目标,发展和改革职业教育与培训。因此,框架充分尊重各国职业教育与培训的个性和自主性,实施质量保障也充分尊重各国的教育自主权,避免将任何行政或财政负担强加给相关的职业教育与培训机构。在框架的实施过程中,成员国根据框架的总体要求,结合本国国情,制定出具体的体现本国特色的实施方案。这表明,各国对框架的实施具有解释权。

然而个性化也不是绝对的。基于对欧洲职业教育与培训一体化的追求,开放式协调强调职业教育与培训质量保障的共同目标。质量保障的共同目标使欧盟各成员国制定的框架实施方案大同小异,各成员国实施方案的最终指向仍然是一体化。同时,通过监测目标实现情况和指标使用情况,欧洲委员会对各成员国框架的实施进展和改革计划实行定期监控。

3. 合作与竞争的统一

欧洲委员会成立专门小组,对各成员国提交的报告进行定期评估。各成员国报告的重点是本国职业教育与培训体系的改革动态,为确保共同目标实现而采取的政策措施及其执行情况,并提供相关的数据。欧洲委员会则根据各成员国及欧洲统计局提供的具体数据,计算出成员国达到目标的平均水平及相关数据,并将所得数据与框架制定的最初目标进行纵向比较。同时,欧洲委员会也鼓励成员国间的横向比较。通过评估,欧洲委员会可以较全面地掌握各成员国实施框架的进展情况。同时,成员国也可以了解自己在各国中所处的位置,学习借鉴其他国家所采取的改革措施。虽然公布评估数据的初衷并不是要给出一份成员国实施框架情况的成绩单,但它客观上还是起到了激励和督促作用。这种无形的竞争,使得那些实施情况不佳的成员国不得不加倍努力进行改革。

当然,欧洲职业教育与培训质量保障参考框架并不是一个确定的、静态的标准体系。欧盟各个成员国职业教育与培训体系的状况各不相同,框架所建议的指标体系对于成员国不可能是绝对的、确定的。所以,各个成员国需要根据本国职业教育与培训体系的背景、现状,灵活地运用框架所建议的指标体系。同时,欧盟各成员国职业教育与培训体系的发展也是一个动态的过程。况且,各个指标的影响因素也不是单一的,往往内部、外部因素同时起作用。例如,劳动力市场需求的变化会潜在地影响职业教育与培训的参与率、就业率、满意度等指标。因此,各成员国更应在本国经济、社会发展的大背景下,对职业教育与培训质量指标体系进行恰当的测量与理解。

欧盟成员国对欧洲职业教育与培训质量保障参考框架指标体系的应用是有条件的。所以,假如成员国不考虑前提条件,对指标体系直接加以使用是盲目的,也是不科学的。成员国使用指标体系需考虑 4 个方面的问题,即基础问题、政策问题、技术问题与过程问题。[①] 基础问题包括:本国职业教育与培训质量保障体系是否有改进的必要? 本国职业教育与培训质量保障体系是否与欧洲职业教育与培训质量保障参考框架指标体系兼容? 政策问题包括:欧洲职业教育与培训质量保障参考框架指标体系与本国职业教育与培训政策的相关性如何? 职业教育与培训政策决策者是否会参考框架指标体系的内容? 技术问题包括:各指标对应的数据信息是否存在? 这些数据信息的开放度如何? 数据收集的组织、机制、形式如何? 数据的准确度和真实性如何? 数据收集、应用的效率如何? 过程问题包括:职业教育与培训质量保障的各参与主体分别是谁? 在质量保障进程中的参与度如何? 职业教育与培训质量保障的各参与主体间是否存在信息不对称问题? 各指标提升进程中的障碍有哪些?

成员国使用指标体系所存在的 4 个方面问题能否得到有效解决,决定着质量保障实质性进展的快慢。第一,解决基础问题是职业教育与培训质量保障的

---

① EQAVET. EQAVET Indicators' Toolkit[EB/OL]. [2015-01-17]. http://www.eqavet.eu/Libraries/Working_ Groups/EQAVET_Indicators_Toolkit. sflb. ashx.

前提。假如成员国职业教育与培训质量保障体系没有改进的需求，那么欧盟职业教育与培训质量保障则没有存在的必要。换言之，成员国职业教育与培训质量保障体系与指标体系是否相匹配，是欧洲职业教育与培训质量保障参考框架能否被采纳的决定因素。第二，解决政策问题是职业教育与培训质量保障的动力。职业教育与培训质量保障政策是成员国层面对框架态度的直接反映。成员国只有积极制定职业教育与培训质量保障政策，才能在国家层面推动指标体系的应用。第三，解决技术问题是职业教育与培训质量保障的支撑。虽然技术问题表面上看似乎主要着眼于数据，但是数据所反映的真实的职业教育与培训实践才是关键。成员国通过建立完善、有序的数据持续收集机制，对职业教育与培训质量进行有效监控。第四，解决过程问题是职业教育与培训质量保障的细节。各利益相关者对职业教育与培训的各类信息享有知情权。只有消除职业教育与培训质量保障进程中的各种障碍，才能促进质量保障的可持续发展。

二、欧盟职业教育和培训内部质量管理和自我评估

2002 年，《哥本哈根宣言》的发布标志着欧盟将致力于促进成员国在职业教育与培训领域的合作。其中，职业教育与培训质量保障是欧盟的优先任务之一。内部质量管理和自我评估是职业教育与培训质量保障的重要途径。

(一)职业院校内部质量管理工具

2015 年初，欧洲职业培训发展中心发布了《职业教育与培训机构手册》，以促进欧盟成员国职业教育与培训机构的内部质量管理、质量文化培育。手册的形成来源于欧洲职业培训发展中心对 13 个欧盟成员国的 20 个职业教育与培训机构的调查研究。① 这一手册与之前的自我评估框架互为补充，为欧盟成员国职业教育与培训机构的质量保障提供了参考。

欧盟借鉴了质量管理学中的 PDCA 循环理论应用于职业教育与培训的自我评估。PDCA 是 Plan(规划)、Do(执行)、Check(检查)、Action(行动)四个英文单词的首字母。简言之，PDCA 循环理论即依此顺序进行质量管理，循环往复，不断提升产品质量。PDCA 循环又被称为质量环、戴明环，最初由现代质量管理的奠基者、"统计质量控制"(Statistical Quality Control)之父，美国的沃

---

① CEDEFOP. Handbook for providers: supporting internal quality management and quality culture[EB/OL]. [2015-11]. Luxembourg: Publications Office of the European Union.

特·休哈特(Walter A. Shewhtar)提出。之后,世界著名的质量管理专家爱德华·戴明(W. Edwards Deming)对其进行了发展,于1950年重新提出并广泛应用于产品质量管理过程。

建立质量管理系统(Quality Management System,QMS)是欧盟职业教育和培训机构有效保障和持续提升质量的主要途径。欧盟成员国如荷兰、丹麦、芬兰和瑞典等国专门从法律上规定职业教育和培训机构必须建立内部质量管理系统。[①] 质量环是内部质量管理系统的主要工具,是"主要用于改进业务流程的重复性四步问题解决法"[②]。2009年,欧洲职业教育和培训质量保障参考框架提出建立一个质量保障模型(Quality Assurance Model),以规划(Plan)、实施(Implementation)、评估(Evaluation/Assessment)和修正(Review/Revision)为主要步骤,并设有明确的质量标准、描述符和指标。[③] 2015年,《职业教育和培训机构工作手册》(Handbook for VET Providers)在总结欧盟成员国职业教育和培训成功经验的基础上,细化了质量环各步骤所涵盖的主要工作并详细描述了质量环在职业教育和培训机构内部质量管理系统中的具体应用。

1. 质量环所涉及的核心概念

质量管理和质量文化是实施质量环时所涉及的两个核心概念。质量管理是"确定质量政策、目标和责任,经由系统内部的质量计划、质量监控和质量保障所实施的一切管理活动"[④]。质量文化产生于"运作良好的专门质量管理系统和负责任的质量计划实施者之间的互动"[⑤]。有效的质量管理和浓厚的质量文

---

① European Centre for the Development of Vocational Training (Cedefop). Work programme 2015 [EB/OL]. [2015-06-02]. http://www. cedefop. europa. eu/en/publications-and-resources/publications/ 4133. 2015:5.

② European Centre for the Development of Vocational Training (Cedefop). Accreditation and quality assurance in vocational education and training [EB/OL]. [2015-06-02]. http://www. cedefop. europa. eu/EN/publications/5007. aspx. 2009:27.

③ European Centre for the Dhevelopment of Vocational Training (Cedefop). Glossary Quality in education and training [EB/OL]. [2015-05-25]. http://www. cedefop. europa. eu/en/publications-and-resources/ publications/4106. 2011:137,145.

④ European Centre for the Development of Vocational Training (Cedefop). Management approaches to establishing a quality culture within VET institutions [EB/OL]. [2015-06-02]. http://www. cedefop. europa. eu/en/about-cedefop/public-procurement/management-approaches-establishing-quality-culture-within-vet. 2011:13.

⑤ European Centre for the Development of Vocational Training (Cedefop). Glossary Quality in education and training [EB/OL]. [2015-05-25]. http://www. cedefop. europa. eu/en/publications-and-resources/publications/4106. 2011:137,145.

化能够促进质量环的顺利实施。与此同时,质量环的实施有助于完善质量管理系统,增强质量文化氛围。

在职业教育和培训机构的日常工作中,质量管理贯穿始终,其中包括组织运营、组织发展、人员管理、资源开发、合作开展和绩效评估等。组织运营包括纳入利益主体、提升教学质量和调整服务过程,组织发展包括规划发展蓝图和确立质量目标,人员管理包括提升教师、培训师和行政管理人员的能力。在所有质量管理工作中,教学的质量管理居于核心位置。具体关系如图2.1所示。

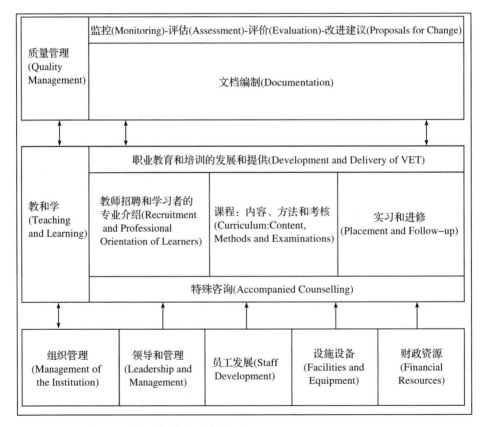

图 2.1　职业教育和培训机构的主要质量领域(Main Areas for Quality within a VET Institution)②

----

① 欧洲职业培训发展中心提供本资料。

　　质量管理的主要对象是一切质量提升活动,主要任务是对这些活动进行监控、评估并根据监控和评估结果制定改进方案。此外,职业教育和培训机构有必要详实记录并汇总储存上述活动信息,以便于内外部利益相关者了解质量管理的全过程。职业教育和培训机构的教学工作和组织管理都涉及质量管理。教学工作的重中之重是课程设计,包括课程内容、教学方法和考核方式的确定和实施。此外,教学工作还包括教师招聘、对学生的专业介绍、为学生提供实习和进入高等教育机构深造的机会。部分职业教育和培训机构还"为移民和社会处境不利的学生提供特殊的咨询帮助"。[1][2] 组织管理旨在为师生提供良好的教学环境,为教师和培训师提供深造机会,为教学和培训提供充足设备设施,以及对财政资源进行有效管理。

　　质量文化是质量环所涉及的另一个核心概念,主要体现在职业教育和培训机构对质量概念的理解以及组织的愿景和使命上。职业教育和培训机构根据不同的关注点而对质量有不同的理解:关注职场需要的质量观,着眼于充足的设备资源(包括器材、实验室、工作坊)、丰富的工作体验(提供丰富的培训机会)和广阔的就业前景;关注学习者需要的质量观,着眼于主动的学习意愿、积极的培训参与(教师和学生积极参与培训)和充分的就业准备;关注机构发展的质量观,着眼于高效的组织运作、较强的组织竞争力以及较高的市场满意度。清晰明确的质量观有助于培训机构确定科学合理的组织愿景和使命。

　　组织愿景和使命是形成质量文化的情感基石和知识基础。塑造培训机构的形象、增强机构员工对质量文化的认同感和归属感是组织愿景和使命的应有之义。组织愿景是对培训机构未来发展情况的前瞻性期许;组织使命是培训机构为实现愿景而应履行的职责,其内容包括组织形象、基本原则、主要目标、战略框架和实施方法等。愿景和使命反映了职业教育和培训机构的基本价值观(如创新、诚信、激情、尊重、团结、卓越),这些价值观又进一步推动机构内部质量文化的产生和发展。

　　质量管理是基于客观事实和数据的"硬性"概念,质量文化则是基于主观态

---

① European Centre for the Development of Vocational Training (Cedefop). Handbook for VET Providers [EB/OL]. [2015-05-25]. http://www.cedefop.europa.eu/en/publications-and-resources/publications/ 3068. 2015:22,19,36,47.

② European Centre for the Development of Vocational Training (Cedefop). Handbook for VET Providers [EB/OL]. [2015-05-25]. http://www.cedefop.europa.eu/en/publications-and-resources/publications/ 3068. 2015:22,19,36,47.

度和行为的"软性"概念。明确的质量概念、清晰的组织愿景和详实的组织使命是质量文化形成的必要前提。

2. 质量环的主要步骤

（1）制定战略规划（Plan）

质量环的第一步是规划，即制定职业教育和培训机构内部质量管理工作的战略规划。该战略规划围绕职业教育和培训机构的质量目标，指明质量管理工作所需资源和活动，旨在推动培训机构的长远可持续发展。根据欧洲职业教育与培训质量保障参考框架建议（EQAVET Recommendation），战略规划需要体现职业教育和培训机构的战略愿景（Strategic Vision）、清晰目标（Explicit Goals）、具体行动（Actions）、测量指标（Indicators）和责任义务（Responsibilities in Quality Management）等。制定战略规划的主要步骤如图 2.2 所示。

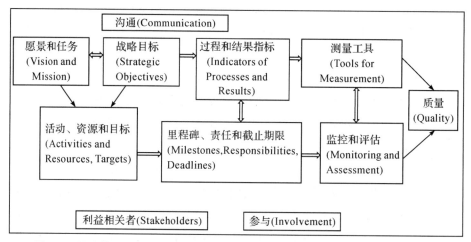

图 2.2　制定战略规划的主要步骤（Main Steps in the Strategic Planning Process）[①]

组织的复杂性决定了职业教育和培训机构目标的多样性：总体目标或愿景目标指明机构的长远发展方向，战略目标指导质量管理工作的具体操作。两者相互补充，分别从宏观层面和微观层面指导职业教育和培训机构的日常工作。组织目标明确后，职业教育和培训机构需要考虑实现该目标的具体途径，包括所需开展的活动、所需整合的资源和每项活动所要实现的分目标。随后，职业教育和培训机构要明确规定员工各自承担的责任和规定时间内要完成的任务。此外，为了监控目标的实现程度，评估最终的工作效果，有必要制定清晰明确、

---

① 欧洲职业培训发展中心提供本资料。

容易测量、针对实施过程和结果的指标并开发相关测量工具。在战略规划的制定和实施过程中,利益相关者的参与是一项必不可少的要素。教师、培训师和学习者等内部利益相关者是日常教学工作的核心参与者,其行为直接影响教学培训质量,因而具有决策话语权;企业雇主、行业协会和就业中心等外部利益相关者了解最新的市场动态,具有丰富的招聘经验,能够为战略规划的制定提供中肯的外部建议。以上利益相关者之间的沟通和协商贯穿于整个战略规划制定过程中,从而确保战略规划的适切性、科学性和可行性。

(2)实施具体措施——执行(Do)

成功实施战略规划的关键是良好的组织内部关系。这一关系的建立有赖于高层管理人员、部门主管、质量经理与教职员工之间的相互配合。首先,职业教育和培训机构要赋予参与规划实施的员工一定的自主权和灵活度,尤其要确保机构底层人员灵活参与规划实施的权利。当各部门员工各司其职,各尽所能时,质量目标方可顺利实现。其次,高层管理人员要建立公开透明的决策机制和赏罚分明的规章制度,从而保障决策的科学性。此外,员工(尤其是教师和培训师)实施战略规划的动力和能力也至关重要。鉴于此,职业教育和培训机构有必要开展相关培训项目以促进员工的职业能力发展,并积极鼓励和承认员工在个人能力提升上所做出的努力。

质量目标的实现不但需要周密的计划统筹全局,能干的员工相互配合,还需要科学的工具监控过程。这一工具主要用于观察和记录整个战略规划实施过程并及时发现偏离目标的行为,从而为调整和改进活动提供依据。具体而言,监控工具可以分为以下几类:第一,员工评价(Staff Appraisals)。职业教育和培训机构以及机构员工有各自的发展需求,两者间的不同需求可以通过员工评价实现匹配。在员工评价的过程中,员工和质量经理向对方传达各自的需求,共同商讨质量管理、员工培训等事宜,并就机构目标、具体活动和时间期限等达成一致目标。第二,教师自评。教师对课堂质量进行反思,总结学生的学习风格、学生喜欢的教学方法、学生自主学习的情况以及学习资料的使用情况等。以问卷为载体的学生反馈是教师自评的补充,旨在让教师更加全面深刻地反思课堂教学结果。学生在问卷填写中回答和教师自评相同的问题,提出对课堂教学的意见和建议,老师通过比照学生反馈和自我反思以发现教学中需要重点改进的领域。第三,学生自评。学生以填写问卷的形式反思自己的学习过程,并思考改进方法以提高学习质量。第四,教师互评(Tandems of Teachers)。教师参与彼此的课堂教学活动,合作完成教学任务并据此提供专业意见,以期实现共同进步。第五，师生交流会(Learner Engagement Meeting Between Students and Teachers)。教师和学生在交流会上共同反思日常教学工作的开展情况，并就如何提升教学质量这一主题展开讨论，进而制订可行性强的教学质量改进计划。

（3）评估实施结果——检查(Check)

判断战略规划实施结果是否达到预期目标的方法是收集并分析与质量目标直接相关的结果信息。根据欧洲职业教育与培训质量保障参考框架的相关建议，反映质量的指标信息包括：内部质量管理系统的运作效率、教师培训的投入效率、学生工作技能的运用效率、职业教育和培训项目的参与率、职业教育和培训项目的完成率、学生毕业后的就业率、学生毕业后的失业率等。[1][2] 上述信息反映了职业教育和培训项目的基本概况，尚不足以深入细致地说明整个战略规划的实施情况和质量目标的实现程度。为此，职业教育和培训机构有必要收集来自内部和外部利益相关者的反馈信息。评估所涉及的内外部利益相关者如图2.3所示。

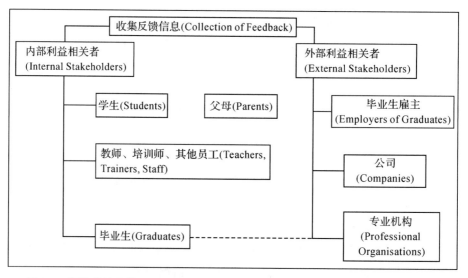

图2.3　评估所涉及的利益相关者(Overview of Stakeholders Involved in Evaluation)

① European Centre for the Development of Vocational Training (Cedefop). Handbook for VET Providers [EB/OL]. [2015-05-25]. http://www. cedefop. europa. eu/en/publications-and-resources/pub-lications/ 3068. 2015:22,19,36,47.

② European Centre for the Development of Vocational Training (Cedefop). Handbook for VET Providers [EB/OL]. [2015-05-25]. http://www. cedefop. europa. eu/en/publications-and-resources/pub-lications/ 3068. 2015:22,19,36,47.

根据图 2.3 所示,评估结果所涉及的内部利益相关者包括学生、父母、教师、培训师、其他员工(行政管理人员)和毕业生等;外部利益相关者包括毕业生雇主、公司(提供工作场所的学习机会)和专业机构(如工商业行会、工会组织)。学生是提供反馈信息的核心人物,他们通过填写问卷调查表反馈自己的学习信息,如学习结果、理论和实践的结合情况、新媒体的使用情况和自主学习的情况等;父母提供他们对课堂教学的建议,或者他们的孩子对学校和教师的积极或消极的评价;教师和培训师及其他员工反馈对培训机构的看法,包括机构的质量文化、工作氛围、参与活动的机会、高层管理人员的管理情况、矛盾争端的解决方法,以及对交流机会和质量政策的满意程度等;毕业生反馈当前的就业情况、对所受教育的满意程度和在工作场所运用所学知识技能的情况;毕业生雇主反馈毕业生的工作表现和职业前景,后者基于毕业生所掌握的知识技能;提供工作场所学习机会的公司反馈对校企合作和信息交流的满意程度、学生实地学习结果和学习资料供给情况;其他诸如工商业行会、工会组织等专业机构提供他们对职业教育和培训机构的看法和期许。

教学工作的质量管理是职业教育和培训机构的核心任务,因此有必要对教学工作进行实时的监控和评估。教学评估由普通教师和教学专家负责开展,主要形式包括教师自评和专家评审。在整理教师自评的反馈信息时,要特别重视自评中所反映出的教师的无形知识(Intangible Knowledge)。这些知识源自教师的教学经验和生活感知,对于新知识的产生和机构的创新有着重要意义。当教师自评被内化为职业教育和培训机构的一种常规性、系统性活动并被全体教职员工普遍接受时,有益于质量改进的结果就会出现。这些结果包括教学文化的形成、新型教学媒体的引入、理论和实践的融合等。专家评审主要由兼职质量专员(已退休的教学培训人员)组成或者部门主管负责,主要形式是课程旁听。旁听结束后,兼职质量专员基于以往教学培训经验提供专业意见,部门主管协助教师和培训师发现其个人能力的不足之处。

(4) 制定改进方案——行动(Action)

基于对监控和评估结果的分析,职业教育和培训机构需要考虑如何解决评估中出现的问题以及如何进一步提升教育和培训质量,即质量环的第四步——行动。这一步具体可以分成 3 个阶段:首先分析影响质量的因素,其次确定所需改进的重点,最后制定科学合理的改进方案。

在第一阶段,提升质量的前提是明确影响质量的因素。根据日本学者提出的"原因-结果"模型,影响职业教育和培训质量的因素可以概括为:管理、教师

和培训师、设备、环境/利益相关者、课程内容和教学方法。鉴于此,提升教育和
培训质量,需要从以下方面开展工作:提升管理人员的领导能力;以继续教育和
实战演练的方法增强教师和培训师的教学培训能力;监测设施设备的使用寿命
和安全性能;建立学校和企业之间的友好关系;确保教学内容与时俱进;混合使
用多种教学方法等。具体如图 2.4 所示。

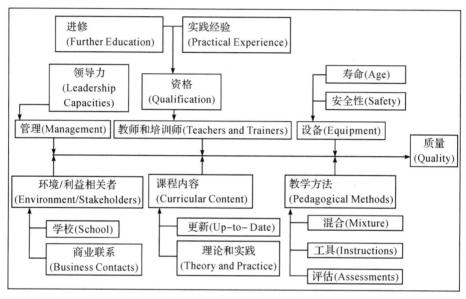

**图 2.4 影响职业教育和培训质量的主次要因素(Major and Minor Factors Contributing
to Quality in VET)**

在第二阶段,在影响质量的众多因素中,部分因素起着主导作用,是改进方
案的重点。帕累托分析法(Pareto Analysis)的使用有助于职业教育和培训机构
确定改进重点。该分析法认为 80% 的问题源于 20% 的原因,因此解决问题的
关键在于明确 20% 的原因,即改进的重点。在明确改进重点后,职业教育和培
训机构还需召集各利益相关者,共同商讨改进目标、改进方法和人员安排等相
关事宜。头脑风暴(Brain Storming)不失为完成此项任务的可选方法。具体而
言,头脑风暴要求各利益相关者围绕"质量"这一关键词,在一定的时间内尽可
能多地提出有利于质量提升的措施,以此作为制定改进方案的原材料。

第三阶段是制定改进方案,该方案基于对战略规划实施中的成功和过失的
分析,融合职业教育和培训机构所面临的挑战和机遇,以及所拥有的资源,并且
得到利益相关者的一致认可。改进方案包含 2 个方面内容:一是修正性行动,

即纠正和解决实施过程中出现的错误和问题;二是调整性行动,即针对不良工作业绩(Underperformance)和市场全新需求,对职业教育和培训机构及其项目进行结构性调整和改进。具体而言,一项切实可行的改进方案应该涵盖以下内容:改进活动、人员安排、资源工具、时间期限、评估指标和评估方法等。在被机构的高层管理人员采纳后,改进方案理应被发放到利益相关者手中,并由质量经理负责实施。制定改进方案的流程如图 2.5 所示。

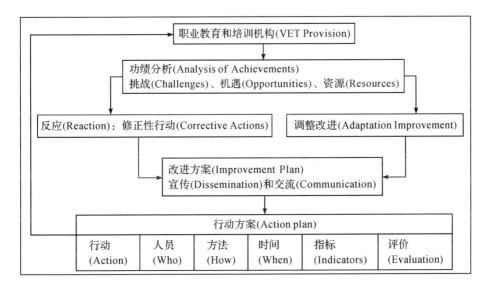

图 2.5　改进需求转化为行动方案(**Transforming Improvement Needs into an Action Plan**)

　　在制定好改进方案后,职业教育和培训机构还需考虑员工意愿和员工能力这两项直接影响方案实施结果的因素。改进方案是对员工习以为常的传统和惯例的打破,可能会激发员工对新行动和范式的抵触心理,因此职业教育和培训机构有必要设计相关激励制度,调动员工的积极性,提升员工主动参与改进方案的意愿。此外,员工当前所具备的能力与实施改进方案所需要的能力是否匹配也会对方案实施产生积极或消极的影响。具体如图 2.6 所示。图 2.6 展现了员工个人因素对改进方案实施的影响。员工能力包括知识和技能 2 个方面,员工知识的获取需要培训机构高层管理人员和教职员工之间的沟通交流以及为核心员工提供的专业咨询。高层管理人员在与员工交流的过程中,向员工传递机构所期许的目标及员工所应承担的责任,从而激发员工发展个人知识技能的主动性。

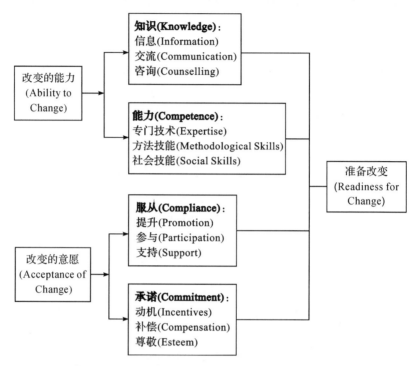

图 2.6 为机构改变做好准备(Ensuring Readiness for Change within Your Institution)

与此同时,培训机构为与改进方案直接相关的核心员工提供专业的咨询指导,帮助解决员工在实施改进方案时所遇到的问题。员工能力包括专业技能、方法技能和社会技能,这三项技能需要从在职培训、高校进修和对外交流等学习中获取和提升。员工意愿的增强需要从两方面考虑:一是提供全程参与质量管理的机会,这有助于员工接受改变并愿意迎接全新的需求和挑战;二是尊重、肯定并激励员工为质量提升所做的努力,适当的薪金补助和职位提升能够激发员工主动参与改进方案实施的内在动机。

3. 质量环的特点

(1)人员参与全员性

职业教育和培训所涉及的利益主体广泛而深入地参与质量环的四个环节。从人员参与的广度分析,参与实施质量环的利益主体既涵盖职业教育和培训机构的内部人员,又涉及社会相关群体。前者包括职业教育和培训机构的教师、培训师、其他员工(如质量管理人员)、学习者(包括毕业生)和学习者父母等,后者包括企业雇主、商业行会、就业中心和专业评估机构等。质量环的实施成效与这两类人群的切身利益直接或间接相关,因而能够吸引这些利益主体积极主动地参与其中并为质量环的成功实施贡献力量。从人员参与的深度分析,利益主体全程参与质量环的实施。在制定规划环节,利益主体根据自身实际需要和经验阅历提供建议;在实施规划环节,利益主体之间通力合作,各司其职,并及时记录和反思个人任务完成情况;在评估结果环节,利益主体以问卷、旁听等形式开展积极有效的自评和互评;在修正调整环节,利益主体基于评估结果共同商讨改进方案,并通过个人意愿和能力的增强,推动改进方案的实施。

(2)管理对象全面性

质量环从纵向和横向两个维度对职业教育和培训机构的人、事、物进行全面细致的质量管理。具体而言,质量环的纵向管理对象是整个职业教育和培训过程,它既包括教师招聘培训、学生学习动员、课程内容设置等教育培训初始阶段,也包括教学过程监控、教师教学反思、学生信息反馈等教育培训实施阶段,还包括教学结果评估、教学方案改进、员工能力提升等教育培训完成阶段。质量环的制定规划环节旨在确保职业教育培训的入口质量,实施规划环节旨在确保职业教育和培训的过程质量,评估结果和修正调整环节旨在确保职业教育和培训的出口质量。质量环的横向管理对象包括员工素养(知识、技能、意愿)、教学质量、资源条件等三个方面。质量环最后一环节即改进方案的顺利实施要求职业教育和培训机构以多种形式提升员工的改进意愿,丰富员工的专业知识,增强员工的职业技能。教学质量的改进离不开质量环所要求的教师职业培训、教学方法改进和课程内容更新等方法。同时,师生之间的互评和自评也有益于教学质量的提升。职业教育和培训机构的设备资源是影响教育培训结果的外部环境因素,其使用寿命和安全性能也受到了质量环的关注。

(3)管理方法多样性

质量环采用多种方法管理职业教育和培训机构的教育培训质量。师资队伍建设、教学过程监控、教学结果评估和改进方案制定是管理教育培训质量的几个基本点:师资队伍建设包括上岗培训、实战演练和继续教育等措施;教学过程监控和教学结果评估的实施工具包括教学过程记录表、师生自我反馈表、教学评估问卷、师生交流会、专家评课、合作教学等;改进方案的制定首先基于原因-结果模型分析影响教学质量的因素,随后以头脑风暴为载体设计改进思路。此外,考虑到职业教育和培训机构的组织运营情况会影响质量管理工作的实施,质量环提出以清晰明确的规章制度规范决策行为和管理工作,以员工评价的形式实现上下级人员之间的有效沟通。

(二)质量自我评估

2003 年,欧洲职业培训发展中心(European Center for the Development of Vocational Training, CEDEFOP)设计了一个自我评估框架。欧洲职业培训发展中心的自我评估框架源自成员国,基于对欧盟不同国家职业教育与培训系统质量标准的调查。这一自我评估框架分为成员国职业教育与培训系统、职业教育与培训机构两部分。自我评估框架旨在设计一种职业教育与培训质量的欧洲维度,增进成员国职业教育与培训间的透明性、互认性、流动性。

1. 成员国职业教育与培训系统自我评估

成员国职业教育与培训系统是各职业教育与培训机构赖以存在的体制环境。成员国职业教育与培训系统的状况如何将很大程度上影响其职业教育与培训机构的质量。职业教育与培训机构并不是孤岛一座,它需要处理复杂的内外部关系,面对各利益相关者不断变化的需求。因而,职业教育与培训机构需要职业教育与培训系统提供相应的支持。职业教育与培训系统负责分配各种资源、评估等活动,以促进职业教育与培训的整体发展。

欧盟成员国职业教育与培训系统自我评估分为四部分内容。这四部分内容类似于质量环中的四环①,分别是:目的与计划(Purpose and Plan)、实施(Implementation)、评估(Assessment and Evaluation)、反馈与改进(Feedback and Procedures for Change)。

(1)目的与计划

目的与计划是欧盟成员国职业教育与培训系统一切活动的源头。欧盟对成员国职业教育与培训系统目的与计划的评估分为三个指标,包括:职业教育与培训系统的政策解读能力、利益相关者参与度、职业教育与培训财政分配。

政策解读能力主要基于欧盟成员国职业教育与培训系统对政府相关政策的敏感度。职业教育与培训系统的发展离不开所在国家的整体环境,特别是政策环境。成员国的总体发展政策、战略将左右职业教育与培训的发展方向,特别是经济领域的。因而,成员国职业教育与培训系统的政策解读能力成为欧盟自我评估的指标之一。职业教育与培训系统如何基于国家相关政策、战略,形成自身的发展规划与目标,并如何逐层贯彻实施? 这一问题是欧盟成员国职业

---

① CEDEFOP. European Guide on Self-Assessment for VET Providers[EB/OL]. [2003-10-02]. htp://www. eqavet. eu/gns/library/policy-documents/policy-documents-2003. aspx.

教育与培训系统首先需要面对的。政策解读能力还将关系到欧盟成员国职业教育与培训系统对教育目标、实现路径、管理方式等方面的理解。良好的政策解读能力有利于职业教育与培训系统对经济发展、劳动力市场需求形成正确判断。正确的判断有助于职业教育与培训系统设计适切的教育目标。教育目标直接关系到学生之后的培养、最终的学习结果与技能获得。因而,教育目标的确立是职业教育与培训进行的先导。之后,职业教育与培训系统整合各利益相关者的力量,通过多种方式实现教育目标。

利益相关者(Stakeholders)的共同参与是职业教育与培训系统凝聚力的体现。利益相关者本是管理学中的一个概念。管理学中所说的利益相关者主要是指组织外部受组织决策、行动影响的任何主体。对企业而言,雇员也属于利益相关者的范畴。欧盟成员国职业教育与培训系统如何与各利益相关者进行合作、交流? 如何使利益相关者代表参与职业教育与培训立法等核心领域? 这些问题都是欧盟对职业教育与培训系统促进利益相关者参与度的评估点。评估内容涉及职业教育与培训系统与利益相关者的合作的范围、内容、主题、方式等方面。

财政分配状况是职业教育与培训系统发展侧重点的体现。欧盟成员国职业教育与培训系统以什么为依据进行财政分配? 如何在财政分配中兼顾公平与效率? 如何保证财政分配的过程是公开、公正的? 如何监督财政拨款的使用情况? 财政分配一直是一个敏感的话题,在职业教育与培训领域也是如此。财政分配问题是欧盟成员国职业教育与培训系统共同面临的难题。评估的重点在于了解欧盟成员国职业教育与培训系统在财政分配上的策略,如财政拨款的协商、去向、监管、公开等。

(2)实施

实施阶段是欧盟成员国职业教育与培训系统一切活动的核心。欧盟对这一阶段的评估重点主要有两部分:职业教育、培训教师、管理者能力提升,教育与教学过程管理。

教师、管理者2支队伍是职业教育与培训中互补的有机整体。欧盟成员国职业教育与培训系统如何设定对两支队伍工作能力的考核标准? 如何通过培训、指导等途径不断提升他们的工作能力? 如何在对待2支队伍时能做到公平、公正? 这些问题是欧盟成员国职业教育与培训系统所必须面对的,以拥有1支高素质的职业教育与培训教师、管理者队伍为目标。欧盟成员国职业教育与培训系统须明确能力标准、提供能力提升渠道、增强整体凝聚力。

教育与教学过程是欧盟成员国职业教育与培训系统赖以存在的生命线。欧盟成员国职业教育与培训系统如何改进教育教学过程,以适应劳动力市场不断变化的需求? 如何监管教育教学过程? 如何吸引各利益相关者参与教育教学过程? 教育教学过程是职业教育与培训的核心。欧盟的评估框架强调成员国职业教育与培训系统须明确对教育教学过程的监控、多元参与、不断改进。

(3)评估

第一,职业教育与培训机构的教育教学活动是评估的主要内容。欧盟成员国职业教育与培训系统如何评估职业教育与培训机构的教育教学活动? 这一问题反映的是欧盟成员国职业教育与培训系统的评估能力。如何评估职业教育与培训机构教育目标、社会目标的实现程度? 如何评估职业教育与培训机构满足利益相关者需求的能力? 职业教育与培训机构如何保证所培养的学生能够在国内、国际劳动力市场上具有竞争力? 如何保证评估人员的资质? 欧盟的评估框架旨在使成员国职业教育与培训系统明确评估人员的资质、评估目的、评估标准、评估对象、评估范围等要素。

第二,学生评价是欧盟评估的核心对象。成员国职业教育与培训系统如何界定学生的学习结果? 成员国职业教育与培训系统如何与学校、行业等合作以确定学生评价的规范? 如何确定学生评价信息的伦理性、准确性、相关性? 职业教育与培训机构如何对学生的学习过程进行监督? 学生评价是职业教育与培训机构学生培养的核心环节。评价的内容、方式很大程度上决定了学生的学习方式与态度。学生评价本身不是目的,而是督促学生获取技能、知识、态度的手段之一。

(4)反馈与改进

认证是职业教育与培训系统对职业教育与培训机构的正式认可。欧盟成员国职业教育与培训系统用什么标准对职业教育与培训机构进行认证? 如何认证? 认证的标准、流程是职业教育与培训系统对学校进行认证的关键。认证是实现职业教育与培训的有效途径之一。职业教育与培训机构自觉地以认证标准为依据,改进自身的不足之处,以顺利通过认证。

除了认证之外,职业教育与培训系统对职业教育与培训机构进行系统的、常规的反馈,有助于其教育教学质量的不断提升。欧盟成员国职业教育与培训系统如何组织反馈活动? 如何对职业教育与培训机构采用标杆管理? 如何督促职业教育与培训机构参与同行评估等外部评估活动? 如何吸引各利益相关者参与反馈活动? 反馈是职业教育与培训机构提升质量的前提。切中病灶的反馈是职业教育与培训机构发展的关键。

2. 成员国职业教育与培训机构自我评估

欧盟成员国职业教育与培训机构的自我评估分为 4 部分内容。这 4 部分内容①分别是：目的与计划、实施、评估、反馈与改进。职业教育与培训机构的自我评估是欧盟自我评估框架的核心。职业教育与培训机构是教育教学活动的直接载体。因而，成员国所有层次、类型职业教育与培训机构的质量保障是欧盟职业教育与培训质量保障进程的基础。

明确欧盟成员国职业教育与培训机构质量保障的内容是自我评估的前提。一个职业教育与培训机构须面对一系列的质量问题②，如机构管理、机构发展、领导力、发展目标、外部合作、硬件设备、教育教学过程管理等。

（1）目的与计划

职业教育与培训机构发展的目的与计划是其一切教育教学活动开展的依据。欧盟成员国职业教育与培训机构有序的教育教学活动离不开目的与计划的指导。欧盟评估框架将这一指标分为五个二级指标，包括：领导力（Leadership）、目标与价值取向（Aims and Values）、策略与计划（Strategy and Planning）、伙伴关系（Partnerships）、经费与资源（Finance and Resources）。

职业教育与培训机构的领导力不是技术，而是艺术。这一领导力之所以是艺术，是因为它有着职业教育与培训机构的质量文化底蕴。职业教育与培训机构的愿景决定了它的使命，它的使命决定了它的价值取向。③ 价值取向是职业教育与培训机构质量文化的终极体现。

领导力是欧盟成员国职业教育与培训机构发展的灵魂。职业教育与培训机构的管理层如何采取措施以实现发展目标？如何确立职业教育与培训机构发展的价值取向？如何明确职业教育与培训机构的服务对象及其需求？如何提高职业教育与培训机构管理层的质量管理能力、教师的教育教学能力？欧盟注重职业教育机构领导力与其自身发展需求的一致性。随着时代的发展与需求，领导力的内涵、外延、模式、理论等都越来越丰富。什么样的领导力是最适

① CEDEFOP. European Guide on Self-Assessment for VET Providers[EB/OL].[2003-10-02]. http://www. eqavet. eu/gns/library/policy-documents/policy-documents-2003. aspx.

② CEDEFOP. Handbook for providers：supporting internal quality management and quality culture[EB/OL].[2015-1-08]. Luxembourg：Publications Office of the European Union.

③ CEDEFOP. Handbook for providers：supporting internal quality management and quality culture[EB/OL].[2015-8-07]. Luxembourg：Publications Office of the European Union.

合职业教育与培训机构的呢？这个问题没有标准答案。因为，职业教育与培训机构的类型是多种多样的。甚至一个特定的职业教育与培训机构在不同发展阶段也需要不同模式的领导力。但是，领导力必须与职业教育与培训机构的组织架构、发展特色相一致。

目标与价值取向是欧盟成员国职业教育与培训机构发展的方向。如何保证全体教职工对职业教育与培训机构的目标与价值取向有清晰的理解？管理层如何将职业教育与培训机构的目标与价值取向转化为全体教职工的内在使命？管理层如何基于职业教育与培训机构的目标与价值取向培养质量保障文化？管理是门艺术，职业教育与培训机构的管理也是如此。职业教育与培训机构管理者的艺术在于形成组织自身的质量保障文化，赋予教职工以使命感、成就感。

策略与计划是欧盟成员国职业教育与培训机构发展的指南针。欧盟成员国职业教育与培训机构用什么策略吸引利益相关者参与质量保障活动？如何为各利益相关者提供相互交流、合作的信息平台？如何根据既定目标制订计划？学生、家长、教职工、企业、社会伙伴等都是职业教育与培训机构的利益相关者。合作是职业教育与培训机构谋求发展的必由之路。欧盟成员国职业教育与培训机构须明确合作的主体、内容、措施等。

策略与计划保障了成员国职业教育与培训机构各项活动的连贯性。策略与计划可应用于成员国职业教育与培训机构的各个方面。例如，策略与计划可用于改进学生的学习过程。[①] 这一总体目标进一步分为 2 个二级目标：强化自我学习能力、强化网上学习能力。之后，师生针对目标采取行动。为了提高自学能力，教师给学生规定具体任务、给予适当指导，学生自主完成学习过程；为了提高网上学习能力，师生共同商讨适合学生的网上学习资源。职业教育与培训机构为师生提供指导时间、网上学习平台、后续辅导时间等支持。

外部利益相关者也会参与成员国职业教育与培训机构的策略与计划制订。外部利益相关者在职业教育与培训机构的日常管理、教学活动、质量管理中起到提供建议的作用。[②] 学生代表在教学活动的策略与计划制订中是主要参与人员之一，在日常管理、质量管理中提出意见和建议。专业的质量管理者在职业

---

① CEDEFOP. Handbook for providers: supporting internal quality management and quality culture[J]. Publications Office of the European Union,2015:25.

② CEDEFOP. Handbook for providers: supporting internal quality management and quality culture[J]. Publications Office of the European Union,2015:27.

教育与培训机构质量管理策略与计划制定中的角色最重要,具有决策权。

交流与协商贯穿于成员国职业教育与培训机构的策略与计划制定的整个流程。职业教育与培训机构的策略与计划制订是一个复杂的过程。首先,它具有多元的参与主体。除了内部的参与者外,职业教育与培训机构的外部利益相关者也参与这一过程。其次,它的流程不是线性的,而是一个变动的协商过程。[①] 当然,策略与计划制订也不能脱离职业教育与培训机构的办学宗旨,始终以其愿景、使命为指导。如此,职业教育与培训机构才能实现自身的特色化发展。

伙伴关系是欧盟成员国职业教育与培训机构发展的社会资源。职业教育与培训机构须明确与重要利益相关者间的伙伴关系,并建立长期合作关系。职业教育与培训机构将伙伴关系作为实现教育目标的手段之一,让他们参与教育教学活动中。同时,职业教育与培训机构形成对伙伴关系的评估机制,并不断拓展合作网络。

经费与资源是欧盟成员国职业教育与培训机构发展的支撑。欧盟成员国职业教育与培训机构如何使用经费与资源?如何保障经费分配、利用过程的公开与公正?经费、资源的分配是否与职业教育与培训机构的发展规划相一致?如何监管经费、资源的使用?经费、资源使用的公开度、透明度将影响职业教育与培训机构的风气。欧盟成员国职业教育与培训机构管理层须建设适切的经费、资源流通机制,以保证各项教育教学活动的良好运行。

(2)实施

欧盟的职业教育与培训机构自我评估框架在实施这一指标下包含 2 个二级指标,即教职工管理、教育教学过程管理。

教职工是欧盟成员国职业教育与培训机构的主力军。职业教育与培训机构如何开发教职工的职业潜能?如何为教职工提供发展平台?如何平衡教职工的责任与权利?如何平衡机构内部各部门、团队、个人之间的不同需求?如何为教职工提供良好的工作环境?如何帮助新教职工快速融入工作?职业教育与培训机构如何对待教职工是组织文化最明显的体现。

教育教学过程是欧盟成员国职业教育与培训机构质量展示的窗口。教育教学过程更是学生培养的关键阶段。职业教育与培训机构如何管理教育教学

---

① CEDEFOP. Handbook for providers: supporting internal quality management and quality culture[J]. Publications Office of the European Union,2015:28.

过程？如何满足学生的学习需求？如何使教职工、企业、其他利益相关者有序地参与教育教学过程？如何平衡学生的理论学习与实践学习？如何建立课程更新机制，以保证课程内容、形式能够与时俱进？学生是职业教育与培训机构的直接体验者。教育教学过程管理的改进更需要学生的不断反馈、参与。

欧盟成员国职业教育与培训机构运用各种手段监控教育教学过程。监控的手段主要分为两种，即自我反思、反馈。[①] 自我反思是指向自身的，包括教师对教学的自我反思、学生对学习的自我反思。师生之间就自我反思的结果相互交流，将发现的问题反馈给学校管理者。管理者、师生共同就面临的问题协商对策。

（3）评估

评估本身不是目的，而是促进欧盟成员国职业教育与培训机构质量保障的手段。欧盟成员国职业教育与培训机构通过评估，建立自身的质量保障系统，形成常态化的自我监督机制。影响一个职业教育与培训机构质量的因素不是单一的，有来自机构内部的、外部的因素。[②] 内部因素主要是学生、教职工等的需求。外部因素包括国家职业教育与培训机构认证标准、劳动力市场的人才标准、行业的质量标准等。

欧盟的职业教育与培训机构自我评估框架在评估这一指标下包含 4 个二级指标，包括：教育教学评估、教职工管理评估、社会效益评估、经费使用评估。影响职业教育与培训机构质量的要素主要有 6 个方面，即机构管理、教职工素质、课程内容、硬件设备、利益相关者、教学方法。[③] 这些指标构成了职业教育与培训机构质量的重要要素。

评估信息来源于欧盟成员国职业教育与培训机构的利益相关者。这些利益相关者分为两部分，即内部利益相关者、外部利益相关者。[④] 内部利益相关者包括管理者、教师、学生及其家长、毕业生等。外部利益相关者包括毕业生雇主、企业、行业组织、工会等。

---

① CEDEFOP. Handbook for providers：supporting internal quality management and quality culture[J]. Publications Office of the European Union，2015：32.

② CEDEFOP. Handbook for providers：supporting internal quality management and quality culture[J]. Publications Office of the European Union，2015：81.

③ CEDEFOP. Handbook for providers：supporting internal quality management and quality culture[J]. Publications Office of the European Union，2015：46.

④ CEDEFOP. Handbook for providers：supporting internal quality management and quality culture[J]. Publications Office of the European Union，2015：38.

教育教学活动是欧盟成员国职业教育与培训机构的生命线。因而,教育教学活动评估也是职业教育与培训机构自我评估的重点。学生在入学之前、之初有没有接受过职业教育与培训机构的学习指导? 学生在教育教学活动中的学习表现如何? 学生对所学到的知识、技能、态度等有没有良好的自我认知? 学校的课程是否与学生的兴趣、要求相吻合? 如何对学生的学习结果进行监控、评价? 职业教育与培训机构如何跟踪学生的职业发展? 如何保证学生所学能在工作场所的实践中得以有效利用? 欧盟的自我评估框架侧重对整个教育教学过程的评估。

教职工管理是欧盟成员国职业教育与培训机构培育组织文化的关键。外界对职业教育与培训机构教职工的总体评价如何? 如何保证教职工的权利? 如何公平、公正地对待每一位教职工? 如何对教职工进行任务分配、目标设定、表现评估、奖励等? 职业教育与培训机构如何帮助教职工平衡工作与家庭、个人事务间的关系? 欧盟的自我评估框架侧重成员国职业教育与培训机构对教职工的责任与权利、事业与个人事务的平衡。

社会效益将直接影响欧盟成员国职业教育与培训机构的社会声誉。职业教育与培训机构满足利益相关者的期望、需求的结果如何? 职业教育与培训机构如何为社会弱势群体提供帮助(如放宽入学条件)? 如何处理职业教育与培训的供需匹配? 职业教育与培训机构如何预防教学事故、安全事故? 职业教育与培训机构如何提高就业率? 职业教育与培训机构如何促进学生的流动? 职业教育与培训机构如何参与国内、国际的能力互认项目? 社会效益是职业教育与培训机构展示自我形象的一面镜子。优秀的社会效益是职业教育与培训机构赢得良好的社会声誉的前提条件。

经费使用关系到欧盟成员国职业教育与培训机构的正常运行。职业教育与培训机构如何有效利用经费,以促进职业教育与培训机构的可持续发展? 经费利用的投入、产出效益如何? 经费实际利用情况与经费预算的契合度如何? 经费利用满足各利益相关者需求的情况如何? 经费利用达成预期目标的情况如何?

(4)反馈与改进

欧盟的职业教育与培训机构自我评估框架在反馈这一指标下包含 2 个二级指标,包括:改进措施、外部评估。

通过之前各个阶段的自我评估,职业教育与培训机构通过自我反馈形成改进措施。职业教育与培训机构的自我评估结果如何得到认可? 除了自我评估之外，职业教育与培训机构还需要通过外部评估获得外界的认可。职业教育与培训机构可参与地方、政府、欧盟层面的外部评估。综合内外评估的结果，职业教育与培训机构发现自身的问题，通过进一步改进不断提升教育教学质量。

欧盟成员国职业教育与培训机构有序落实改进措施。改进措施的实施情况如何是职业教育与培训机构质量提升的关键。如果职业教育与培训机构能够有序地逐步落实改进措施，那么质量提升是可期待的；反之，之前的一系列活动则产生不了实际效果。

改进措施的明确程度决定着其效果。有效的改进措施须明确 6 个问题。[①] 这些措施是什么？措施的执行主体是谁？通过什么方式去采取行动？采取措施的时间跨度多久？措施成效的衡量指标是什么？如何评估改进措施的成效？

三、欧盟职业教育和培训质量同行评估[②]

同行评估(Peer Review)是欧洲职业教育外部评估的一种有效方式，旨在促进职业教育的质量保障。自 2004 年开始，在欧洲委员会(the European Commission)的支持下，同行评估经历了初始职业教育与培训同行评估(Peer Review in Initial VET, 2004—2007)、同行评估拓展(Peer Review Extended, 2007)、同行评估拓展Ⅱ(Peer Review ExtendedⅡ, 2007—2009)、同行评估效果(Peer Review Impact, 2009—2011)四个试点项目的发展，运行模式渐趋成熟。期间，来自欧洲 15 个国家的 38 个职业教育机构参与了同行评估试点项目。[③] 当前，同行评估已被许多欧洲国家采用，作为保障职业教育质量的方式，其中包括意大利、西班牙、芬兰、挪威、奥地利、匈牙利等。[④] 同时，同行评估已被部分欧洲国家正式纳入职业教育评估体系，得到应用与推广。

(一)欧洲职业教育同行评估的理念

2002 年，欧洲委员会通过了《哥本哈根宣言》，标志着欧洲职业教育一体化

---

① CEDEFOP. Handbook for providers: supporting internal quality management and quality culture[J]. Publications Office of the European Union, 2015:49.

② 吴雪萍,张义民. 欧洲职业教育质量同行评估探析[J]. 比较教育研究,2015:108.

③ Peer Review in European VET. Peer Review Projects[EB/OL]. [2014-07-16]. http://www.peer-review-education. net/index. php? class=Calimero_Webpage&id=12232.

④ Maria Gutknecht-Gmeiner. Peer Review Impact Analysis Report: Analysis of 14 Transnational European Peer Reviews Carried out in Eight European Countries 2006-2009[R]. Vienna, 2010:4.

进程的正式开始。自此,欧盟推出了一系列政策、试点项目,以保障欧洲职业教育的整体质量。在这一宏观目标的指引下,欧洲职业教育同行评估形成了三大理念。

1. 学校本位

同行评估坚持职业教育机构的中心地位。职业教育机构作为评估对象,是同行评估的逻辑起点和最终归宿。同行评估不能脱离评估对象的现实存在,即职业教育机构的现状与问题。否则,评估活动的目标制定、整体设计则基于评估者的"应然"设想,用外在的标准、规范、指标去框定职业教育机构。这种外在规范式的评估忽视了评估对象内涵的丰富性、种类的多样性,导致职业教育机构发展的片面化。与此相反,欧洲职业教育同行评估以职业教育的现实存在为依据,设计评估活动。同行评估尊重职业教育机构的主体地位,鼓励其参与评估活动的各个环节。因而,评估活动的整个流程均体现了"学校本位"的评估理念。同行评估以职业教育机构的自我评估为起点,作为同行评估的依据;在评估过程中,评估团队注重与职业教育机构的沟通,及时调整评估进程;评估结束后,在职业教育机构主导下,评估团队协助其实施改进措施。

2. 多元评估

同行评估主张评估活动的多元化。多元是与单一相对的概念,多数的评估活动往往容易陷入单一化的弊端。评估活动的单一化主要体现在评估主体、评估内容两方面。评估主体的单一导致评估话语的权威化。评估者依据统一的评估设计、标准,审视评估对象,拥有绝对的话语权和解释权。然而,这却与各类职业教育机构的现实多样性相矛盾,难以通过评估完整地了解其特色。同时,评估内容是评估者提前确定的,只是职业教育教育机构作为一个有机整体的某些普遍方面。所以,职业教育机构的个性、特殊性往往被忽视了。因而,评估很难反映职业教育机构的真实水平以及存在的真实问题。

同行评估很好地诠释了"多元评估"的评估理念。在评估主体方面,欧洲职业教育同行评估的评估人员有着不同的职业背景。[①] 评估人员的来源不仅限于职业教育系统内部,还包括高等教育机构、教育主管部门、行业企业、教育咨询机构等部门。多样化的人员结构为同行评估提供了多元视角。同时,评估内容不仅包括人才培养、基础设施等常规领域,还包括职业教育机构的发展特色、合

---

① Peer Review in European VET. European Peer Review Manual for Initial VET[EB/OL]. [2014-06-05]. http://www.peer-review-education.net/calimero/tools/proxy.php? id=12387.

作企业、毕业生状况、家长意见等等。丰富的评估内容有利于促进职业教育机构的个性化、特色化发展。

3. 发展导向

同行评估强调促进职业教育机构持续不断地发展。因而,欧洲职业教育同行评估是发展性评估,而非终结性评估。终结性评估一般是外因驱动的。通过评估,职业教育机构得到评估者的认证、获得更多的资源。评估活动与职业教育机构的发展本身没有内在联系,职业教育机构处于被动应付的地位。因而,评估活动对于职业教育机构非但无益,反而加重了其负担。与之相反,发展性评估注重评估与职业教育机构发展的内在联系,是内因驱动的。欧洲职业教育同行评估注重评估内容的本源性、评估活动的生成性。职业教育机构的现实需要是同行评估存在的基本前提。因而,同行评估能够更好地帮助职业教育机构明确存在的问题,采取有效措施,促进内涵式发展。

(二)欧洲职业教育同行评估人员的择定

同行评估人员是具体职业教育同行评估活动的直接设计者、实施者,是同行评估活动的核心参与主体。欧洲职业教育同行评估人员参与评估活动的全过程,决定着评估活动的专业性和严谨性,对评估结果的信度和效度有着重要影响。因此,评估人员不但要有教育领域高水平的专业知识和背景,而且要熟知评估活动的各项流程及具体操作。鉴于评估人员在欧洲职业教育同行评估活动中的重要地位和作用,评估人员的选择成为欧洲职业教育同行评估活动开展前的重要环节,主要包括评估人员候选人的自主申请与前期培训两部分。

1. 自主申请

欧洲职业教育同行评估人员的申请以自主性、对应性为原则。首先,欧洲职业教育同行评估人员的自主申请使得申请者本人专业能力、意愿与评估活动的现实需要相统一,确保了评估人员的专业性和自主性。其次,申请者需明确个人专业知识、能力与评估任务的对应性。欧洲职业教育同行评估人员以团队的形式开展评估活动,每个个体评估人员有其主要的具体评估任务。同时,职业教育机构可以有针对性地自主选择被评估领域,以找出具体领域存在的问题与对策,不必面面俱到。因此,评估人员申请者可以根据本人的专业知识、能力,选择其最擅长的评估任务,以提高申请的成功率。

除个人基本信息外,欧洲职业教育同行评估人员申请表主要包括申请者的职业背景、教学经验与评估经历等部分。首先,从申请者的职业背景来看,同行评估人员的来源具有开放性。欧洲职业教育同行评估人员申请者不只限于职业教育系统内部,高等教育机构、教育主管部门、行业企业、教育咨询机构等从业者同样享有申请资格。其次,欧洲职业教育同行评估人员申请注重申请者的教学经验。申请者需说明其所教专业学科、课程及从教年限,以明确其教育实践基础。此外,欧洲职业教育同行评估人员申请者需说明其评估经历及能力水平。质的分析、量化分析、课堂观察、实训考察等评估能力均分为基本、一般、良好、优秀 4 个水平等级。申请者依据个人具体情况对应填写,使得各项申请指标明晰化。

2. 前期培训

欧洲职业教育同行评估项目专家组开发了专门的培训课程,从评估理论、评估实践 2 个方面对评估人员进行培训,确保其正确地完成评估任务。首先,培训课程的评估理论部分主要探讨同行评估的质量管理理论基础。欧洲职业教育同行评估的目的在于保障、提升职业教育质量。同行评估是实现这一目的的有效手段。因此,评估人员明确同行评估的理论基础是手段与目的相统一的需要,是评估活动得以有效开展的前提。其次,培训课程的实践部分主要包括评估人员的角色与任务、质性与量化分析方法、评估设计、评估细则以及评估报告的形成等模块。培训课程实践部分的内容涉及了同行评估活动的各个方面,具有整体性、连贯性的特点。可见,欧洲职业教育同行评估对评估人员的前期培训不但注重实践层面的具体操作,也注重评估人员对评估活动的理论依据和目的的理解。

(三)欧洲职业教育同行评估的结构与流程

从评估的整体结构而言,完整的同行评估活动包括两部分,即职业教育机构的自我评估(Self Evaluation)与评估团队的同行评估(Peer Review)。

1. 自我评估

(1)评估内容

职业教育机构自主选择评估领域。首先,评估领域源自职业教育机构的日常运行、教学实践,具有很强的现实性。评估领域主要包括职业教育机构现实存在的问题。因而,评估领域的选择具有很强的校本基础,与保障职业教育质量的评估目的相统一。其次,评估问题具有很强的针对性。职业教育机构的学院、专业等基层单位自主开展评估,注重基层教师群体的作用。① 因而,评估能够从基层教育实践者中收集到一手材料,明确教育现状、问题,确保评估问题的针对性。再次,评估的原则、标准具有开放性。职业教育机构可依据评估问题,自主设计评估的原则、标准。同时,评估内容的选择没有外在要求、规范的束缚,具有很强的灵活性。可见,这充分体现了同行评估"学校本位"的评估理念。

(2)评估报告

评估报告是整个自我评估活动的核心。同行评估项目组通过归纳分析,设计了统一的自我评估报告格式,以便于为随后的同行评估提供参考。因而,自我评估报告的内容与同行评估的评估领域、主题是一致的。

自我评估报告主要包括 4 个部分,即整体评估、质量保障机制评估、特定领域评估以及反思性评估。第一,职业教育机构的整体评估主要包括职业教育机构概况、办学宗旨、各类统计数据、组织架构及其在职业教育体系中的地位。第二,职业教育机构的质量保障机制评估主要包括教育质量保障方案、各种质量保障措施以及教学质量评估。第三,职业教育机构的特定领域的评估按问题分类,依次呈现,说明各对应指标的评估结果。第四,职业教育机构的反思性评估主要包括自我评估整体描述、评估结果分析以及具体评估原则、标准、方法。可见,自我评估注重考量职业教育机构自身的整体与局部、定位与发展、理念与措施的统一性。

2. 同行评估

(1)评估准备

同行评估团队与职业教育机构均做相应准备,准备期不少于 3 个月。② 第一,评估项目组负责协调评估团队的特长与职业教育机构的评估需要。同行评估人员与职业教育机构根据评估任务,双向选择。同行评估人员通过申请、培训之后,与最合适的评估任务相对接。③ 同时,职业教育机构根据评估需要,自主选择评估人员。之后,同行评估项目组根据双方特点,进行协调。第二,同行

---

① Finnish National Board of Education. Peer Review Impact Guidelines:Ensuring the Impact of Peer Reviews to Improve Provision of VET in Europe[EB/OL]. [2014-08-17]. http://www. peer-review-education. net/calimero/tools/proxy. php? id=15590.

② Maria Gutknecht-Gmeiner. Introduction to the European Peer Review[EB/OL]. [2014-05-03]. http://www. peer-review-education. net/calimero/tools/proxy. php? id=12375.

③ Peer Review in European VET. European Peer Training:Short Version[EB/OL]. [2014-05-07]. http://www. peer-review-education. net/calimero/tools/proxy. php? id=15170.

评估团队与职业教育机构于评估前进行一次会谈,确定具体日程安排。第三,同行评估团队分析职业教育机构的自我评估报告,准备量表、问卷等评估工具。

（2）评估实施

同行评估活动的实施包括:收集评估数据和信息、处理评估数据和信息以及初步反馈。首先,常用的资料收集方法主要包括小组访谈与单独访谈、基础设施参观、具体领域观察。其中,访谈的对象主要包括职业教育机构行政管理人员、教师、非教学岗位人员、在校生、毕业生、合作企业、家长代表、当地教育主管部门以及其他社会合作伙伴。可见,评估实施过程注重多方利益相关者的参与,保证评估数据和信息的多样化来源。此外,具体领域观察主要包括课堂观察、实验室观察、实训基地观察、运动场所观察以及生活场所观察等。其次,同行评估项目组给予评估团队充足的时间,用以分析评估数据、信息,避免该环节的时间过于短促。评估数据和信息的分析是评估活动的核心环节,决定着评估结果的准确性、可靠性。因此,充足的时间是深入透彻的分析有序进行的前提。最后,同行评估团队与职业教育机构再次会谈,进行互动式口头反馈。同行评估团队向职业教育机构简要说明评估内容、结果及建议,职业教育机构提出问题、发表评论。

（3）评估报告

同行评估报告的形成、结构均有特定的规范。第一,评估报告的最终形成,必须经过同行评估团队与职业教育机构的再次沟通。评估实施结束后,同行评估团队在2周内进行集体讨论,形成初步的评估报告。然后,同行评估团队将初步的报告发送给职业教育机构。职业教育机构在2—3周内,向评估团队提出评论、意见。之后的1周内,评估团队根据职业教育机构所反馈的评论、意见,形成最终的评估报告。最后,职业教育机构将评估报告发送给各行政管理人员、教师以及其他内部相关人员。[①]第二,评估报告主要由4个部分构成,即各类评估信息和统计数据、职业教育机构教育质量总体评估、特定评估领域以及对同行评议活动的反思性评估。其中,反思性评估主要针对评估过程中,评估团队的人员结构、评估目标、评估原则与具体方法。

（4）改进措施

在同行评估团队的协助下,职业教育机构依据评估报告,实施改进措施。

①　Maria Gutknecht-Gmeiner, Finnish National Board of Education. Peer Review Assessment Tool; Evaluating Phase 4 of the Quality Cycle and Improving the Peer Review Process[EB/OL]. [2014-08-05]. http://www.peer-review-education.net/calimero/tools/proxy.php? id=15592.

在这一环节,改进措施的目标设计、整体步骤有着鲜明的特色。首先,改进措施的目标设计遵循所谓的 SMART 原则,即具体性(Specific)、可测量性(Measurable)、吸引性(Attractive)、现实性(Realistic)以及时间性(Time-related)。其中,吸引性是指在目标的设计上,以吸引职业教育机构内部人员的主动参与为原则;时间性是指在时间跨度上,所有改进措施尽可能在 6 个月到 2—3 年内完成。① 其次,整体改进措施包括 4 个步骤,即目标设计、前期准备、具体实施以及效果评估。其中,前期准备是指职业教育机构依据改进需要,准备经费、人员等资源;效果评估是指职业教育机构对改进措施的效果进行评价,形成自我评估报告,作为开展下一轮同行评估的依据。可见,改进措施是与评估结果直接对应的,具有很强的针对性。具体实施步骤明确、清晰,具有很强的可操作性和可控性。

(四)欧洲职业教育同行评估的特点

1. 评估主体的互动性

欧洲职业教育同行评估的参与主体主要包括:同行评估团队、职业教育机构以及同行评估项目组。评估前,在项目组的协调下,同行评估团队与职业教育机构相互协商,在评估领域、日程安排等方面达成一致。同时,职业教育机构在自我评估环节中,也会与合作企业、家长以及其他利益相关者积极沟通。评估过程中,同行评估团队的评估数据和信息、评估程序与方法、评估结果等关键信息都是开放的,主动吸取职业教育机构的合理评论、意见。评估后,评估团队协助职业教育机构设计改进目标、实施改进措施。此外,同行评估项目组在整个评估过程中起着协调者的作用。可见,三方参与主体的互动体现在评估活动的全过程。

2. 评估方式的互补性

欧洲职业教育同行评估与职业教育机构的自我评估相结合,保证了评估结果的信度和效度。在评估结果的信度上,自我评估、同行评估都具有很强的现实性。首先,自我评估的评估人员均来自职业教育机构内部,熟知所在领域的具体状况、问题。其次,同行评估人员的访谈、调查对象不仅限于职业教育机构

---

① Peer Review in European VET. European Peer Review Manual for Initial VET[EB/OL]. [2014-06-05]. http://www.peer-review-education.net/calimero/tools/proxy.php? id=12387.

内部,还包括当地职业教育主管部门、合作企业、毕业生以及学生家长等利益相关者。同时,同行评估人员通过直接访谈、调查、观察等方法,核实自我评估数据、信息的真实性。在评估结果的效度上,自我评估与同行评估的评估程序、方法都是彼此公开的,双方相互讨论,确保了评估结果的效度。

3. 评估过程的反思性

欧洲职业教育同行评估注重对评估活动本身的元评估,明确评估活动的优势与局限。自我评估、同行评估均注重对评估过程的反思。第一,职业教育机构在自我评估报告中,对评估的程序、方法进行反思,总结评估活动的特点。第二,同行评估团队除了对评估程序、方法的反思外,更注重对评估理念、原则以及评估团队自身结构特点的元分析。同行评估团队对评估过程的整体反思,在时间上处于与职业教育机构的第一次会谈之后。评估团队的所有成员均参与反思性讨论。通过讨论同行评估团队进一步明确评估活动的理念、原则,修正评估活动的程序、方法,为下一次评估活动积累经验。同时,同行评估团队将反思结果以书面形式发送给同行评估项目组。元评估报告是反思结果的书面形式,主要包括 3 个部分:评估团队人员结构及特点、评估程序与方法以及评估活动整体反思。其中,评估活动整体反思涉及的问题主要包括:评估活动的优缺点、评估过程中的障碍与突发事件以及如何更好地实施同行评估活动等。

4. 评估活动的循环性

欧洲职业教育同行评估活动是循环式的,能够持续不断地保障、提升职业教育机构的教育质量。第一,同行评估活动具有循环性,是由其评估目的、评估理念所决定的。职业教育同行评估是欧洲范围内职业教育质量保障的手段之一,旨在促进欧洲职业教育一体化进程。[①] 因而,同行评估的目的在于发现职业教育机构的薄弱环节、提出改进建议、协助采取措施,促进职业教育机构的螺旋上升式发展。第二,同行评估并非终结性的,评估结果、改进措施将成为下一次同行评估的起点。依据同行评估的最终报告,职业教育机构明确存在的问题、采取针对性措施、评估改进成效。根据成效评估,职业教育机构再次形成自我评估报告。继而,职业教育机构以新一轮的自我评估报告为依据,再次申请同行评估。如此,前后 2 次同行评估活动得以相互联系,实现了有机衔接。

---

① Sandra Speer. Evaluation Report of the Leonardo da Vinci-Project: Peer Review in Initial Vocational Education and Training[R]. Vienna,2007:1.

第四节 欧盟职业教育与培训质量
保障的合作机制

2009 年 6 月,欧洲议会和理事会正式发布了欧洲职业教育与培训质量保障参考框架。欧洲职业教育与培训质量保障参考框架的发布只是一个阶段性的开始,其实施需要欧盟、成员国、职业教育培训机构 3 个层面多元主体的共同参与。欧盟职业教育与培训质量保障协会(European Network for Quality Assurance in Vocational Education and Training,ENQAVET)是这一进程的主要推动者,在不同层面的多元参与主体间起着协调作用。继《2008—2009 工作计划》《2010—2012 工作计划》之后,2012 年 10 月,欧盟职业教育与培训质量保障协会公布了《2013—2015 工作计划》(EQAVET Work Programme 2013—2015),指明了进一步推进质量保障合作的一系列举措。

一、欧盟职业教育与培训质量保障合作的内容

(一)制定战略目标

欧盟推进职业教育与培训质量保障目标的制定主要基于两方面的考虑,即欧盟职业教育与培训发展政策以及各成员国职业教育与培训的现实。在欧盟职业教育与培训发展政策方面,欧盟推进职业教育与培训质量保障的目标与《布鲁日公报》(Bruges Communiqué,2010)直接相关。新的职业教育与培训质量保障工作计划中明确提出:实现《布鲁日公报》中职业教育与培训质量保障的愿景。2010 年 12 月,欧洲委员会正式发布《布鲁日公报》,指出:到 2014 年,各成员国普遍采取积极措施,实施欧盟职业教育与培训质量保障参考框架;到 2015 年,欧盟各成员国基本建成本国职业教育与培训质量保障框架。[①] 在成员国层面,欧盟职业教育与培训质量保障协会强调教育行政部门、职业院校间的合作,以形成合作网络;在欧盟层面,则强调成功经验分享与交流,以形成互动机制。同时,欧洲职业培训发展中心在其调查报告中指出,《欧洲 2020 战略》

---

① EQAVE. Bruges Communiqué[EB/OL]. [2010-12-08]. http://www.eqavet.eu/gns/library/policy-documents/policy-documents-2010.aspx.

(Europe 2020 Strategy)和《布鲁日公报》共同决定了未来一段时期欧盟职业教育与培训的政策趋势。① 职业教育与培训质量保障目标的制定也将《欧洲 2020 战略》作为宏观政策依据。可见,职业教育与培训质量保障的目标与欧洲社会中长期发展战略目标是一致的。

欧盟成员国依据本国教育现状,自主制定职业教育与培训质量保障的发展目标。欧盟职业教育与培训质量保障协会制定的宏观目标对各成员国仅具有参考性,而不是强制的。所以,职业教育与培训质量保障的进程最终取决于成员国的相关战略目标和对策。换言之,欧洲职业教育与培训质量保障以自下而上的实现路径为主,即尊重各成员国职业教育与培训体系的特色。以奥地利为例,从劳动力市场与职业教育与培训的关系而言,其基于学校(School-based)的职业教育与培训体系属于集权型模式(Statist Model)。② 这里的"集权"并无一般意义上的褒贬之意,仅指奥地利职业教育体系治理的权力集约形式。因而,奥地利职业教育质量保障的推进主要是在政府主导下进行的。其目标体系主要是自上而下式的,即政府主导、多元参与的顶层设计。相应地,欧盟职业教育与培训质量保障协会鼓励各成员国,依据本国职业教育与培训治理模式,设计合理的、适切的质量保障目标。

(二)强化各成员国相关机构的职能

欧盟职业教育与培训质量保障注重"增强各成员国相关机构(National Reference Point,NRP)的影响力,使它们能够完成其角色任务"。据 2012 年的调查,已有约 88% 的欧盟成员国成立了本国职业教育与培训质量保障相关机构。在成员国层面,各成员国相关机构是质量保障工作进程中的关键主体。然而,各成员国相关机构在职能、效率方面参差不齐。这主要归因于两点:首先,各成员国的国情各不相同,实施欧盟职业教育与培训质量保障参考框架的基础和背景各异。其次,各成员国相关机构在本国的地位存在较大差别。这不但取决于各国政治、经济、文化与传统等外部因素,更取决于其本国职业教育与培训自身的历史、发展和现状。所以,欧盟成员国相关机构必须充分了解本国职业教育

---

① CEDEFOP. Trends in VET Policy in 2010-12[EB/OL]. [2012-12-20]. http://www. cedefop. europa. eu/en/publications/20814. aspx.

② CEDEFOP. Renewing VET Provision: Understanding Feedback Mechanisms between Initial VET and the Labour Market[EB/OL]. [2013-11-20]. http://www. cedefop. europa. eu/en/publications-and-resources/publications/renewing-vet-provision.

与培训具体情况,明确职责范围,以有效地实施质量保障具体举措。

确保成员国相关机构在运行经费、互动机制等方面得到充分支持也是发挥其质量保障职能的重要举措。第一,在机构运行经费方面,各成员国相关机构能够从《全民伊拉斯谟计划》(Erasmus for All)基金中得到部分对口资金支持。同时,各成员国相关机构与本国行业、企业等利益相关主体开展互惠合作,开拓多元筹资渠道。第二,各成员国相关机构之间搭建相互学习的平台,交流实施进程中的现实案例,以分享成功实践经验。第三,各成员国相关机构共同面对欧盟职业教育与培训质量保障的重要问题,共同寻求对策。

以德国为例,其相关机构是欧盟国家中较早设立的职业教育与培训质量保障专门机构之一。2008 年 8 月 1 日,在德国联邦教育与研究部(Bundesministe-riun fur Bildiung and Forschung,BMBF)的支持下,联邦职业教育与培训所(Bundesinstion fur Berufsbildung,BIBB)在波恩设立了专门的德国职业教育与培训质量保障相关机构(Bundesministerium fur Bildung and Forschung,BMBF)。[①] DEQA-VET 在欧盟与本国间起着协调者的作用。在国内,DEQA-VET 促进联邦政府与各州政府职业教育和培训管理者、社会伙伴、各类职业教育与培训机构、企业等形成质量保障合作网络。DEQA-VET 与各参与主体合作,推进欧盟职业教育与培训质量保障原则、框架、标准、工具的使用。同时,DEQA-VET 将本国实践反馈给欧盟职业教育与培训质量保障协会,具有双向反馈的作用。

(三)开拓职业教育质量保障的产学合作路径

产学合作是推进欧盟职业教育与培训质量保障的重要路径之一。"继续职业教育与培训、工作场所的学习、中小企业培训及职业教育教师队伍的素质提升等,均离不开产业部门的协调和参与。"[②]首先,产业部门与职业教育与培训提供者都是质量保障的重要主体。产业的升级需要受过良好职业教育与培训的学习者作为人力资源支撑;职业教育与培训质量的提升必须以产业的发展需求为导向。其次,就质量保障内容而言,校企双方在共同利益领域探索合作模式,以实现合作领域的拓展。例如,欧洲中小企业接收了 66% 的就业人口,并提供

① German Reference Point for Vocational Education and Training. EQA-VET[EB/OL]. [2014-8-20]. https://www.deqa-vet.de/en/DEQA-VET-442.php.

② EQAVE T. Key Findings to Support Ongoing Work[EB/OL]. [2012-03-30]. http://www.eqavet.eu/gns/what-we-do/implementing-the-framework/progress-report.aspx.

85％的招聘岗位。① 然而，中小企业却很难雇佣到符合技能和素质要求的雇员。因此，开拓职业教育质量保障的校企合作路径，是使欧盟职业教育与培训满足劳动力市场需求的必然选择。

欧盟开拓职业教育与培训质量保障的产学合作路径主要从三方面入手：第一，职业教育与培训提供者在质量保障进程中加强与产业部门的合作，产学双方联合制定教育质量标准、共同进行质量监控和评价。第二，职业教育与培训提供者从产业部门参考质量管理经验，增强人才培养对劳动力市场需求的针对性，以提高职业教育与培训质量。第三，职业教育与培训提供者与产业界代表定期开展专题研讨，及时发现职业教育与培训中的质量问题并寻求质量改进对策。

英国产业部门主要通过制定国家职业标准（National Occupational Standards，NOS）的形式，影响职业教育与培训发展。职业教育与培训机构自然寻求与产业部门的合作，以保证所培养的技术技能人才到达职业标准的要求。行业技能委员会（Sector Skills Council）作为国家职业标准的直接制定者，是产业部门雇主主导的、自发形成的组织。至 2012 年，英国已经形成了 23 个较为成熟的行业技能委员会。② 英国资格与考试局（Office of Qualifications and Examinations Regulation，OFQUAL）依据国家职业标准，对各职业资格颁发机构进行评估、认证。学习者必须通过合格的资格颁发机构，获得各行业职业资格证书。如此，英国职业教育与培训和产业部门间的互动机制得以形成。

(四)加强与高等教育系统的合作

加强与高等教育系统在质量保障领域的合作是推进职业教育质量保障的重要举措。"欧盟职业教育和培训与高等教育系统共同探索 2 个教育子系统间的质量保障合作模式，在欧洲范围内提升教育资格证书的透明度和认可度。"③ 从终身学习的视角来看，职业教育和培训与高等教育系统在质量保障上的合作旨在共同促进欧洲学习者在教育子系统间的自由流动。从实践层面而言，职业教育和培训与高等教育系统间的合作是一个富有创新性的崭新课题。在一定

① EQAVET. Great Apprenticeships in Small Businesses：Engaging SMEs in Initial VET[EB/OL].[2014-03-18].http://www.eqavet.eu/gns/news/news-archive/14-03-18/Great_apprenticeships_in_small_businesses_Engaging_SMEs_in_initial_VET.aspx.

② CEDEFOP. Renewing VET Provision：Understanding Feedback Mechanisms between Initial VET and the Labour Market[EB/OL].[2013-11-20].http://www.cedefop.europa.eu/en/publications-and-resources/publications/renewing-vet-provision.

③ EQAVET. EQAVET Work Programme 2013-2015[EB/OL].[2013-03-13].http://www.eqavet.eu/gns/library/promotional-materials.aspx.

程度上,它意味着职业教育与培训的转型与升级。

　　欧洲高等教育质量保障的经验可为职业教育与培训质量保障提供借鉴。1999 年,博洛尼亚进程(Bologna Process)就已正式开始,致力于建设欧洲高等教育区(European Higher Education Area,EHEA)。2000 年,欧洲高等教育质量保障联盟(European Association for Quality Assurance in Higher Education,ENQA)正式成立,比欧盟职业教育与培训质量保障协会早了近五年。2005 年,欧洲高等教育质量保障论坛正式设立,主要参与者包括欧洲高等教育质量保障联盟、欧洲大学协会(EUA)、欧洲高等学校协会(EURASHE)、欧洲各国学生联合会(ESIB)等。与之相比,欧盟职业教育与培训质量保障合作网络则显得较为松散,尚未形成代表各参与主体的、明晰的组织架构。2005 年,《欧洲高等教育质量保障标准与准则》(Standards and Guidelines for Quality Assurance in European Higher Education Area,ESG)就已正式发布,并且基于实践几经修正、渐趋完善。[①] 鉴于欧盟各国职业教育与培训体系的差异与多样化,欧洲职业教育与培训质量保障参考框架尚有待各国教育现实的检验,其实施成效还不明显。

　　欧盟职业教育和培训与高等教育系统之间主要通过增进横向交流开展合作。第一,两个教育子系统间建立交流机制,把促进互动作为合作目标。第二,两个教育子系统加强人才培养的相互衔接,联合制定合理的人才培养标准,共同满足欧洲劳动力市场的结构性需求。第三,两个教育子系统共同制定标准,对非正规、非正式学习结果进行认证。第四,整合职业教育和高等教育的社会服务功能,构建包含大学、职业教育与培训机构、企业的三角发展模式。

(五)形成 3 个"欧洲工具"的合力

　　为推进职业教育与培训质量保障,欧盟努力促进 3 个"欧洲工具"(即欧盟职业教育与培训质量保障框架、欧洲资格框架、欧盟职业教育与培训学分系统)形成合力。[②] 其目的在于使 3 个"欧洲工具"有效地促进学习流动,增进欧洲范

---

　　① ENQA. Standards and Guidelines for Quality Assurance in European Higher Education Area〔EB/OL〕.〔2014-6-11〕. https://www.enqa.eu/wp-content/uploads/2013/06/ESG_3edition-2.pdf.

　　② EQAVET. EQAVET-ECVET-EQF Joint Seminar Report Joint Seminar Report〔EB/OL〕.〔2012-11-15〕. http://www.eqavet.eu/gns/library/publications/2012.aspx.

围内资格和能力的相互认可。从欧洲教育政策的总体目标而言,三者均服务于欧洲教育一体化进程,以促进欧洲学习者的学习流动。从三者着力点而言,学习者的学习结果是它们共同关注的焦点。三者均指向对学习者学习结果的评估和认证,以提高学习的质量。

分别负责 3 个"欧洲工具"实施的协会在三方研讨会会议报告中指出:三方在欧盟、成员国层面均有相关试点项目,存在合作的必要性和可能性。第一,3 个欧洲工具有着共同的目标指向,即增进学习渠道的互补和融合,以满足不同学习者需求。第二,3 个"欧洲工具"在实施过程中相互协调,以促进职业教育与培训质量保障主体的多元协作。第三,社会伙伴是三方实践共同体的重合部分。因此,社会伙伴可发挥在 3 个"欧洲工具"间的连接作用,特别是在共同任务的设计、质量保障标准的制定以及市场相关度的考量等方面发挥作用。

爱尔兰积极推进 3 个"欧洲工具"在本国的实施,并实现了其本土化融合。2012 年,爱尔兰政府正式公布《资格与质量保障法》[Qualifications and Quality Assurance (Education and Training) Act]。以该法为依据,2012 年 11 月 6 日,爱尔兰质量与资格局(Quality and Qualifications Ireland,QQI)正式成立。爱尔兰质量与资格局的设立基于对既存机构的合并,包括继续教育与培训授予委员会(Further Education and Training Awards Council)、高等教育与培训授予委员会(Higher Education and Training Awards Council)、国家资格署(National Qualifications Authority)等。爱尔兰质量与资格局负责各类教育机构的质量保障与认证,并促进国家资格框架 (National Framework of Qualifications,NFQ)的发展。因而,欧盟 3 个"欧洲工具"的理念及功能在爱尔兰得到了很好的体现。

二、欧盟职业教育与培训质量保障合作的特点

(一)确立保障目标

欧盟推进职业教育与培训质量保障的目标不但注重与共识性宏观目标相一致,而且考虑到成员国职业教育与培训质量保障的现状。一方面,新的工作目标既与欧洲发展战略、终身学习计划相一致,又不脱离职业教育与培训自身的发展规律,使目标具有可实现性。此外,从时间跨度而言,欧盟职业教育与培训质量保障的目标既与《欧洲 2020 战略》相一致,也符合《布鲁日公报》中的近

期目标。同时,质量保障的目标既着眼于学习者的学习结果,又强调提升职业教育与培训的质量和吸引力。另一方面,新制定的目标不但有其现实依据,而且也是对前期政策的传承和深化。在欧盟及成员国2个层面主体的努力下,质量保障工作取得了阶段性成果。同时,既有成果可以通过整理、分析和反馈,指导下一步的工作进程,形成良性循环模式。

(二)明确相关职责

从层次、类型而言,欧盟职业教育与培训质量保障的主体都相当复杂。既包括欧盟、各成员国2个层面的决策者,也包括诸多职业教育与培训利益相关者。在欧盟和成员国2个层面,具有统领性的莫过于欧盟职业教育与培训协会以及各成员国相关机构。它们分别负责从2个层面对所有主体进行统筹协调。因此,明确它们的职责是质量保障工作深化的关键。各成员国相关机构的作用尤其重要。一方面,成员国相关机构要有相应的权力行使其职责,进而提高自身的工作效率。这就需要赋予各成员国相关机构充分的职权,以促进工作的部署、实施、监督和反馈。另一方面,各成员国相关机构也要与其他成员国同类机构发展互动关系,建立交流机制。

(三)实施系统互动

欧盟职业教育与培训和高等教育系统在质量保障上的合作,不但是实现学习者和劳动力流动的前提,也可促进欧洲教育资格证书的相互认可。一方面,2个系统间的合作,可促进职业教育与培训系统的流动性。更趋透明的职业教育与培训质量保障,可使各成员国按既定标准进行比较,对学习结果相互认可。同时,学习者能够按照个体需要,选择适合自身发展的教育类型。另一方面,2个系统间的合作能促进教育子系统间的衔接、沟通,提升职业教育与培训的质量和吸引力。

(四)实现协同共进

欧盟职业教育与培训质量保障注重寻求多方合作,在有共同发展需求的领域实现共赢。第一,注重质量保障中的产学合作是欧盟职业教育与培训质量保障举措的重要着力点。产学双方在职业教育质量的输入、过程和输出保障方面都开展了实质性合作,如共同制定质量标准、共同研讨人才培养方案、共同评价人才培养质量等。第二,新举措也注重欧盟职业教育与培训质量保障框架、欧洲资格框架、欧盟职业教育与培训学分系统这 3 个"欧洲工具"之间的协同运作。3 个"欧洲工具"协调各自力量,就具体合作领域进行协商,进而采取切实可行的行动措施,以促进欧洲学习者和劳动力的全面流动。第三,新举措注重加强各成员国间的合作,这为各成员国职业教育与培训提供者提供了经验交流、理论研讨的机会和平台。

第五节　欧盟职业教育与培训质量保障的信息公开与反馈机制

随着信息技术的发展以及大数据时代的到来,信息公开与反馈机制建设在欧盟事务的各个领域都成为一种必然趋势,欧盟的职业教育与培训质量保障进程也不例外。信息公开与反馈系统为参与者提供了一个信息共享、相互交流的平台,这一平台的建设以服务于欧盟职业教育与培训质量保障为宗旨。欧盟特别注重信息公开与反馈机制建设,以更好地促进职业教育与培训质量保障进程的发展。

一、欧盟职业教育与培训质量保障信息公开与反馈网络的形成与发展

(一)欧盟职业教育与培训质量保障网络的形成

欧盟成员国在职业教育与培训质量保障领域普遍意义上的合作始于 20 世纪 80 年代末。2002 年 3 月,欧洲理事会(European Council)在西班牙的巴塞罗那召开会议商讨下一阶段的发展,议题涉及经济、社会、环境等各项主题。期间,欧洲理事会将质量保障列为欧盟职业教育与培训发展的首要任务之一。[①]
2002 年 11 月,哥本哈根宣言正式明确了欧盟职业教育与培训质量保障的发展方向。

2005 年,欧盟职业教育与培训质量保障协会成立。欧盟职业教育与培训质量保障协会的成立既是欧盟在这一领域政策推动的结果,也是欧盟职业教育与

---

① European Commission. Tender Specifications[EB/OL]. [2015-07-10]. http://ec. europa. eu/social/main. jsp? catId=624&langId=en&callId=457&furtherCalls=yes.

培训自身发展需要的必然,其最终的根源在于欧盟经济社会发展的需要。欧盟职业教育与培训质量保障协会成员包括欧盟、成员国教育部、职业教育与培训机构、行业企业、工会等各方代表。随着欧盟职业教育与培训质量保障协会的不断壮大,欧盟逐渐形成了包含多元主体的职业教育与培训质量保障合作网络。协会也成立了自身的专门网站平台。自此,欧盟相继出台了一系列政策、措施,欧盟职业教育与培训质量保障进程得以持续发展。

(二)纵横互补式信息网络的发展

欧盟建立了纵横互补式信息网络以促进成员国职业教育与培训的质量保障。第一,欧盟职业教育与培训质量保障协会建立了自身的官方网站。欧盟职业教育与培训质量保障官方网站的功能主要在于:第一,及时发布欧盟最新的相关政策、公开职业教育与培训质量保障的研究成果与优秀案例、搭建欧盟成员国职业教育与培训质量保障主体之间交流与合作的平台等。第二,其他欧盟层面的职业教育与培训信息网站与质量保障官方网站互为补充。第三,欧盟大多数成员国建立了各自的职业教育与培训质量保障官方网站,是欧盟与各个成员国之间信息互通的桥梁。

二、欧盟职业教育与培训质量保障信息公开与反馈的架构

(一)欧盟职业教育与培训质量保障官方网站

欧盟职业教育与培训质量保障信息公开与反馈平台的目的决定着其架构。欧盟职业教育与培训质量保障官方网站的首要任务在于政策、研究报告等文本的及时发布、共享。这些文本主要包括欧盟职业教育与培训重要政策、欧盟职业教育与培训质量保障协会的政策、其他欧盟职业教育与培训研究机构的报告等。同时,欧盟职业教育与培训质量保障官方网站也不断更新相关新闻,使协会成员更快捷地获取信息。

欧盟职业教育与培训质量保障官方网站是信息公开与反馈平台的核心。欧盟职业教育与培训质量保障官方网站为成员提供了交流平台。欧盟职业教育与培训质量保障协会成员可以通过各自的账户登录,以真实身份进行交流。这一平台的建设增进了欧盟职业教育与培训质量保障主体间的交流,旨在促进相互之间的交流、分享与合作。

欧盟职业教育与培训质量保障官方网站从两个层面为成员国提供指导。

这两个层面分别是:职业教育与培训体系、职业教育与培训机构。① 成员国职业教育与培训质量保障活动参照欧盟提出的计划、实施、评估、反馈质量保障循环(Quality Assurance Cycle)进行。欧盟对成员国职业教育与培训的指导信息主要包括:职业教育与培训质量保障指标、专用术语、成功案例等。这些指导只具有参考意义而非指令性的,成员国可以根据自身需要设计本国的职业教育与培训质量保障体系。

不同职业教育与培训实践项目的信息展示为欧盟职业教育与培训质量保障提供了现实引导。例如,荷兰采取一系列措施吸引各利益相关者参与职业教育与培训质量保障。其中,在信息公开方面,荷兰开始将对职业教育与培训机构的评估结果公开于网络②。评估机构会根据这些评估信息形成每年的职业教育与培训质量报告。职业教育与培训机构是质量保障的责任主体,定期接受荷兰教育部下属的评估机构的评估。荷兰现有的职业教育与培训质量评估体系更新于 2008 年,以风险评估理论为依据。评估机构对评估结果一直较为优秀的职业教育与培训机构将逐步降低评估频率,反之则提高评估频率。但是,任何一个职业教育与培训机构都必须每年接受至少一次评估。

(二)欧盟横向职业教育与培训信息网

欧盟职业教育与培训质量保障官方网站也与其他欧盟职业教育与培训相关网站相链接。这些相关网站主要包括欧洲职业培训发展中心(European Centre for the Development of Vocational Training,CEDEFOP)、欧洲资格框架(European Qualifications Framework,EQF)、欧洲职业教育与培训学分体系(European Credit System for Vocational Education and Training,ECVET)、欧洲培训基金(European Training Foundation,ETF)等的官方网站。

这些相关网站在不同方面为欧盟职业教育与培训质量保障提供支持。其中,欧洲职业培训发展中心是欧盟职业教育与培训的专门研究机构。其研究主题涉及欧盟职业教育与培训的各个方面,包括质量保障。因而,欧洲职业培训发展中心的研究成果可以为欧盟职业教育与培训质量保障提供研究性支撑。

---

① EQAVET. How does it work[EB/OL]. [2015-08-15]. http://www.eqavet.eu/qa/gns/about-us/How-Does-It-Work.aspx.

② EQAVET. the Netherlands-publishing inspection outcomes on the internet[EB/OL]. [2015-08-16]. http://www.eqavet.eu/qa/gns/case-studies/all-case-studies/the-netherlands/11-01-31/The_Netherlands_-_publishing_inspection_outcomes_on_the_internet.aspx.

欧洲资格框架覆盖所有类型的教育与培训，为职业教育与培训指明了培养方向。欧洲职业教育与培训学分体系旨在促进欧盟范围内职业教育与培训的沟通，促进不同层次、类型职业教育与培训间的互动。欧洲培训基金则会为欧盟职业教育与培训质量保障的项目提供部分资助。

(三)欧盟纵向成员国职业教育与培训质量保障信息网

欧盟成员国各自的职业教育与培训质量保障信息网是连接欧盟与成员国间的桥梁。自 2009 年，欧洲职业教育与培训质量保障参考框架发布以来，欧盟一直致力于推动成员国参与欧盟职业教育与培训质量保障进程。其中，各成员国建立职业教育与培训质量保障信息网是重要任务之一。这一信息网的主要任务[①]在于：促进成员国参照欧洲职业教育与培训质量保障参考框架改革各自的框架；推动成员国逐步发展职业教育与培训质量保障体系；促进职业教育与培训机构的自我评估；向各职业教育与培训质量保障利益相关者发布信息。

欧盟成员国职业教育与培训质量保障信息网以服务于本国职业教育与培训质量保障体系建设为宗旨。欧盟认为，成员国职业教育与培训质量保障体系应具备 10 个要素。这 10 个要素[②]包括明确认证制度、以原有质量保障体系为基础、权责分明、公开核心数据、及时更新信息、分享成功试点项目、改进反馈机制、明确基金资助、确保质量保障的全面性、确保利益相关者的全员参与。因而，欧盟成员国职业教育与培训质量保障信息网围绕这些要素，建设支撑本国职业教育与培训质量保障体系的信息公开与反馈机制。

以上的 10 个要素是欧盟成员国职业教育与培训质量保障体系建设的核心。理解这些要素对明了欧盟成员国职业教育与培训质量保障信息网建设大有裨益。认证制度是对职业教育与培训质量的基本要求。明确的认证制度能保证职业教育与培训质量有据可依。欧洲职业教育与培训质量保障参考框架是欧盟成员国职业教育与培训质量保障体系建设的参考。然而，欧盟成员国已有的职业教育与培训质量保障体系才是其根基所在。欧盟国家众多，各个国家的职业教育与培训体系各异，即使在同一国家之内也存在地区、层次、类型的差异。这涉及"破旧"与"立新"的关系，须以尊重欧盟成员国本国职业教育与培训

---

① EQAVET. Building Your System[EB/OL]. [2015-08-30]. http://www.eqavet.eu/qa/tns/building-your-system/introduction.aspx.

② EQAVET. Building Blocks[EB/OL]. [2015-08-30]. http://www.eqavet.eu/qa/tns/building-blocks/introduction.aspx.

的特色为前提和出发点。

权责分明保证了欧盟成员国职业教育与培训质量保障体系架构的明晰性。各利益相关者在职业教育与培训质量保障中所处的地位不同、所起的作用各异。然而,他们之间也不是一盘散沙,而是结构、层次分明的有机统一体,统一于职业教育与培训质量保障进程。职业教育与培训质量保障的核心数据是信息网络的重要内容。各利益相关者享有对核心数据的知情权、使用权。各利益相关者通过信息网络进行交流。各成员国职业教育与培训利益相关者借鉴成功的试点项目的经验;成功的职业教育与培训质量保障试点项目也会得到相应的奖励、资助,并公开各类资助的去向。反馈可以分为不同层次、类型,雇主与学习者的反馈对职业教育与培训质量的提升尤为重要。职业教育与培训机构认证收集雇主与学习者对教育、教学各方面的反馈,通过不断改进以提升质量。同时,职业教育与培训的质量保障涉及教学、管理、教师培训等各方面,离不开各利益相关者的共同参与。

以荷兰为例,荷兰自 2011 年开始响应欧盟提出的职业教育与培训质量保障进程①,建立了职业教育与培训质量保障信息网。荷兰职业教育与培训质量保障信息网的核心任务主要包括建立职业教育与培训质量保障数据库、培育职业教育与培训质量保障文化、设计荷兰职业教育与培训质量保障框架、吸纳各利益相关者的参与、覆盖荷兰所有类型的职业教育与培训、建设参与主体间的交流平台。同时,荷兰职业教育与培训质量保障信息网会及时发布各类信息,信息的内容主要包括职业教育与培训调查报告、职业教育与培训机构数据库、质量文化培育案例、教师教育、职业教育与培训管理、各类相关新闻、外部评估报告等。

三、欧盟职业教育与培训质量保障信息公开与反馈的特点

(一)纵横互补

欧盟建成了横向、纵向交织的信息网络,促进了欧盟职业教育与培训质量保障的信息公开与反馈。首先,在横向上,欧盟职业教育与培训质量保障官方网站与相关信息网站链接。这就实现了欧盟层面职业教育与培训质量保障信息的全面、一致。其次,在纵向上,成员国大多建立了本国的职业教育与培训质

---

①　NLQAVET. Background NLQAVET[EB/OL]. [2015-08-30]. http://www.eqavet.nl/1_650_
NLQAVET.aspx.

量保障信息网。成员国职业教育与培训质量保障信息网促进了欧盟与成员国之间的交流,特别是加深了成员国各利益相关者对欧盟职业教育与培训质量保障进程的理解。欧盟职业教育与培训质量保障进程成效的决定性主体是各个成员国职业教育与培训利益相关者。如果欧盟与成员国之间能够良性互动、相互理解,那么职业教育与培训质量保障的成效将更为明显,反之,则欧盟职业教育与培训质量保障的设计、框架、政策等不能得到良好的应用,各成员国的职业教育与培训则依旧如故。

(二)多元沟通

欧盟注重职业教育与培训质量保障多元主体的共同参与,通过信息网络实现良性沟通。当然,欧盟职业教育与培训质量保障多元主体间的沟通方式是多样的,并不仅限于信息网络。欧盟职业教育与培训质量保障的参与主体众多,存在不同的层次、类型之分。欧盟始终坚持以开放式协调的方式促进各参与主体间的交流。欧盟是一个年轻的组织,更是一个松散的超国家组织。因而,它不可能指示成员国如何提升职业教育与培训质量,而只能以平等的姿态循循善诱。实践证明,欧盟这种开放式协调的合作方式取得了一定成效,促进了成员国职业教育与培训质量保障进程。

(三)快速更新

欧盟及时更新职业教育与培训质量保障信息网络上的内容,保证信息的新颖性。新颖的信息确保了欧盟职业教育与培训质量保障各主体在信息获取上的同步性。信息公开是信息更新的前提。信息公开保证了欧盟职业教育与培训质量保障各参与主体享有平等的信息知情权。信息的快速更新连接了欧盟职业教育与培训质量保障的政策、实践与主体。它使得欧盟职业教育与培训质量保障的信息及时传送到各个信息接收终端。快速的信息更新在欧盟职业教育与培训质量保障进程中起到了润滑剂的作用。

(四)及时反馈

欧盟通过职业教育与培训质量保障信息网络,对不同利益相关者的需求及时反馈。反馈的速度决定着欧盟职业教育与培训质量保障进程的流畅程度。成员国的需求并非单一。这是由成员国职业教育与培训体系、成员国内部职业教育与培训主体需求的多样性决定的。欧盟通过职业教育与培训质量保障信息网络的建设,形成了畅通的信息通道。各职业教育与培训质量保障主体通过信息通道都能反映各自的需求,并及时得到反馈。信息反馈增进了欧盟职业教育与培训质量保障主体间的互动,良性互动又促进了各主体对欧盟职业教育与培训质量保障的理解。良好的信息反馈机制推动欧盟职业教育与培训质量保障得以不断深入。

参考文献

[1] 斯图亚特·S.那格尔.政策研究百科全书[M].林明等,译.北京:科学技术文献出版社,1990.

[2] 陈玉琨,代蕊华,杨晓江,等.高等教育质量保障体系概论[M].北京:北京大学出版社,2004.

[3] 欧阳河,等.职业教育基本问题研究[M].北京:教育科学出版社,2006.

[4] 潘懋元.高等教育大众化的质量观[J].中国高等教育,2000:1.

[5] 石伟平,匡瑛.比较职业教育[M].北京:高等教育出版社,2012.

[6] 吴雪萍,汪鑫.欧盟职业教育和培训质量保障参考框架探究[J].比较教育研究,2012(6):38-42.

[7] 吴雪萍.构建职业教育质量保障体系的国际经验及其启示[J].教育发展研究,2014(7):49-54.

[8] 吴雪萍,张义民.欧盟职业教育质量同行评估探析[J].比较教育研究,2015(6):108-112.

[9] 吴雪萍,张义民.欧盟推进职业教育与培训质量保障的举措探析[J].外国教育研究,2015(6):100-108.

[10] 吴雪萍,张科丽.欧洲职业教育与培训质量保证参考框架分析[J].教育研究,2011(3):93-97.

[11] CEDEFOP. Assuring Quality in Vocational Education and Training[EB/OL]. [2011-11-29]. http://www. cedefop. europa. eu/EN/publications/19074. aspx.

[12] CEDEFOP. Trends in VET Policy in2010-12[EB/OL]. [2012-12-20]. http://www. cedefop. europa. eu//en/publications/20814. aspx.

[13] CEDEFOP. Renewing VET Provision:Understanding Feedback Mechanisms between Initial VET and the LabourMarket[EB/OL]. [2013-11-20]. http://www. cedefop. europa. lieu/en/publications-and-resources/publications/renewing-vet-provision.

[14] CEDEFOP. European Guide on Self-Assessment for VET Providers[EB/OL]. [2003-10]. http://www. eqavet. eu/gns/library/policy-documents/policy-documents-2003. aspx,October.

[15] CEDEFOP. Handbook for VET Providers[EB/OL]. [2015-02]. http://www. cedefop.

europa. eu/publications-and-resources/publications.

［16］ EQAVET. EQAVET Work Programme2008-2009［EB/OL］.［2007-12-03］. http://
www. Eqavet. eu/gvet. eu/gns/library/policy-documents/policy-documents-2007. aspx.

［17］ EQAVET. EQAVET Work Programme2010-2012［EB/OL］.［2010-06-03］. http://
www. eqavet. eu/gns/library/policy-documents/policy-documents-2010. aspx.

［18］ EQAVET. EQAVET Work Programme 2013-2015［EB/OL］.［2013-03-13］. http://
www. eqavet. eu/gns/library/promotional-materials. aspx.

［19］ EQAVE T. Bruges Communiqué［EB/OL］.［2010-12-08］. http://www. eqavet. eu/gns/
library/policy-documents/policy-documents-2010. aspx.

［20］ Eurostat. Labour Market and Labour Force Statistics［EB/OL］.［2013-06-07］. http://
epp. eurostat. ec. europa. eu/statistics＿explained/index. php/Labour＿market＿and＿labour＿
force_statistics♯Unemployed.

［21］ EQAVET. Key Findings to Support Ongoing Work［EB/OL］.［2012-03-30］. http://
www. eqavet. eu/gns/what-we-do/implementing-the-framework/progress-report. aspx.

［22］ EQAVET. Great Apprenticeships in Small Businesses：Engaging SMEs in Initial VET
［EB/OL］.［2014-03-18］. http://www. eqavet. eu/gns/news/news-archive/14-03-18/
Great_apprenticeships_in_small_businesses_Engaging_SMEs_in_initial_VET. aspx.

［23］ EQAVET. ProviderLevel Organizing the Self-monitoring Process［EB/OL］.［2006-12］.
http://www. eqavet. eu/gns/library/policy-documents/policy-documents-2006. aspx.

［24］ European Commission. The Concrete Future Objectives of Education Systems［EB/
OL］.［2001-01-31］. http://eur-lex. europa. eu/legal-content/EN/TXT/? uri ＝
uriserv:c11049.

［25］ European Commission. The Copenhagen Declaration：on Enhanced European Coopera-
tion in Vocational Education and Training［EB/OL］.［2002-11］. http://ec. europa. eu/
education/policy/vocational-policy/doc/copenhagen-declaration_en. pdf.

［26］ European Commission. The Maastricht Communiqué on the Future Priorities of En-
hanced European cooperation in vocational education and training［EB/OL］.［2004-12-
14］. http://ec. europa. eu/education/policy/vocational-policy/doc/maastricht_en. pdf.

［27］ European Commission. The Helsinki Communiqué on Enhanced European cooperation in
vocational education and training［EB/OL］.［2006-12-5］. http://ec. europa. eu/educa-
tion/policy/vocational-policy/doc/helsinki_en. pdf.

［28］ European Commission. The Bordeaux Communiqué on enhanced European cooperation
in vocational education and training［EB/OL］.［2008-11-26］. http://www. eqavet. eu/
gns/library/policy-documents/policy-documents-2008. aspx.

［29］ European Commission. The Bruges Communiqué on enhanced European cooperation in vocational education and training 2011-2020[EB/OL]. [2010-12-07]. http://ec. europa. eu/education/policy/vocational-policy/doc/brugescom_en. pdf.

[30] European Commission. Europe 2020 a strategy for smart, sustainable and inclusivegrowth[EB/OL]. [2010-03-03]. http://libserver. cedefop. europa. eu/Ffunc＝direct&.doc_number0000 72998&.format＝99.

[31] EuropeanCouncil. Education and Training 2020[EB/OL]. [2009-05-12]. http://eurlex. europa. eu/legal-content/EN/TXT/? uri＝celex:52009XG0528(01).

[32] European Commission. A coherent framework of indicators and benchmark for monitoring progress towards the Lisbon objectives in education and training[EB/OL]. [2007-12]. http://www. eqavet. eu/gns/library/policy-documents/policy-documents-2007. aspx.

[33] European Commission. White Paper on Education and Trainning, Teaching and Learning:Towards a LearningSociety[R]. Brussels: ed. E. C. , Directorate General Education, Training and Young,1995.

[34] European Commission. A Memorandum on Lifelong Learning[R]. Luxembourg: European Commission,2000.

[35] European Commission. Proposal for a Recommendation for a European Quality Assurance Reference Framework for VET[EB/OL]. [2008-12]. http://www. eqavet. eu/gns/library/policy-documents/policy-documents-2008. aspx.

[36] European Commission. The European Qualifications Framework for Lifelong Learning [R]. Luxembourg: European Commission,2008.

[37] EQAVET. EQAVET-ECVET-EQF Joint Seminar Report[EB/OL]. [2012-11-15]. http://www. eqavet. eu/gns/library/publications/2012. aspx.

[38] Finnish National Board of Education. Peer Review Impact Guidelines: Ensuring the Impact of Peer Reviews to Improve Provision of VET in Europe[EB/OL]. [2014-08-17]. http://www. peer-review-education. net/calimero/tools/proxy. php? id＝15590.

[39] Finnish National Board of Education. Quality Management Recommendation for Vocational Education and Training[EB/OL]. [2005-12]. http://www. eqavet. eu/gns/library/policy-documents/policy-documents-2005. aspx.

[40] German Reference Point for Vocational Education and Training. EQA-VET[EB/OL]. [2014-8-20]. https://www. deqa-vet. de/en/DEQA-VET-442. php.

[41] Maria Gutknecht-Gmeiner, Finnish National Board of Education. Peer Review Assessment Tool: Evaluating Phase 4 of the Quality Cycle and Improving the Peer Review Process[EB/OL]. [2014-08-05]. http://www. peer-review-education. net/calimero/tools/proxy. php? id＝15592.

［42］ Peer Review in European VET. Peer Review Projects［EB/OL］.［2014-07-16］. http://www. peer-review-education. net/index. php? class＝Calimero_Webpage&id＝12232.

［43］ Technical Working Group on Quality in VET. An European Guide on Self-Assessment for VET Providers［EB/OL］.［2003-10］. http://www. eqavet. eu/gns/library/policy-documents/policy-documents-2003. aspx.

［44］ Peer Review in European VET. European Peer Review Manual for Initial VET［EB/OL］.［2014-06-05］. http://www. peer-review-education. net/calimero/tools/proxy. php? id＝1238.

［45］ Peer Review in European VET. European Peer Training：Short Version［EB/OL］.［2014-05-07］. http://www. peer-review-education. net/calimero/tools/proxy. php? id＝15170.

［46］ QQI. Qualifications and Quality Assurance（Education and Traing）Act 2012［EB/OL］.［2014-3-16］. http://www. qqi. ie/Publications/Qualifications-and-Quality-Assurance-Act-2012. pdf.

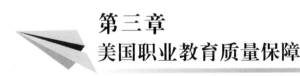

第三章
美国职业教育质量保障

1917年《史密斯-休斯法》(Smith-Hughes Act of 1917)的颁布标志着美国确定了一条有别于欧洲的职业教育发展路径,即以在现有学校系统内部增设一类课程的方式发展职业教育。20世纪中后期,在持续反思和提升教育质量的氛围中,美国政府、社会和教育机构分工协作,秉持重视衔接与整合、强调标准导向、关注投入产出收益率等理念,共同探索出了一条颇具特色的职业教育质量保障道路。

美国职业教育质量保障的基本框架包括质量标准、外部质量评估和内部质量管理三个部分,其中质量标准是质量保障的重要依据,外部质量评估和内部质量管理是重要抓手。此外,美国将高质量数据作为保障职业教育质量的重要工具,致力于升级数据系统、完善数据架构、构建数据服务平台,倡导有节制的数据使用。

第一节 美国职业教育质量保障的形成背景

在美国,职业教育是一个处于演变之中的概念。作为美国首部专门针对职业教育的全国性法律,1917年《史密斯-休斯法》使用"职业教育"这一概念,并将其使命限定于帮助高中毕业生获得特定的职业岗位。[①] 2006年,美国国会在《帕金斯法Ⅳ》(Carl D. Perkins Career and Technical Education Act of 2006)中正式启用"生涯与技术教育"(Career and Technical Education)这一新概念,将其使命拓展为帮助所有学生为升学与就业做好双重准备,并特别重视提升学生的职业适应和转岗能力。具体而言,《帕金斯法Ⅳ》界定了职业教育的两大特征:特征一,提供有计划、有顺序的课程体系,以实现三大目标——安排连贯、紧

---

① John L. Scott. Overview of Career and Technical Education[M]. American Technical Publisher, Inc, 2014.

凑的教学内容,确保学生同时具备升学和就业的能力;为学生提供产业公认的证书、证明或副学士学位;开设衔接中学和中学后教育的预备课程。特征二,通过提供能力本位的应用性学习,帮助学生掌握学术知识、高级推理能力、问题解决能力、工作态度、一般就业能力、创业精神等。①

由于美国实行普职合一的教育体系,职业教育主要以低于学士学位水平(Pre-baccalaureate)的课程和项目的形式存在。② 从教育层次来看,职业教育可划分为中学和中学后两个层次。从机构类型来看,综合高中(Comprehensive High School)和社区学院(Community College)是举办职业教育的主要机构。目前,美国职业教育无论是学生人数、实施机构数、还是经费投入数都已十分庞大。据统计,美国有超过 90% 的高中生选修至少一门职业教育课程,有超过三分之一的高中后学生参与职业教育项目。③ 美国的职业教育对高素质技能型人才的培养、国家经济竞争力的增强功不可没。质量是职业教育的生命和永恒主题。为满足日益增长的个人和社会需求,美国探索出了一条富有特色的职业教育质量保障路径。美国开展职业教育质量保障有其特定的背景。

一、职业教育历史演变的产物

20 世纪 80 年代前,规模扩张一直是美国职业教育发展的主旋律。与政治经济发展相适应,美国政府不断扩大职业教育经费支持的数额和对象。正如美国国会在一份报告中所指出的,经费、设施设备、时间、人员等"投入"(Input)被视为衡量职业教育质量的主要指标。④ 政府对教育项目监督重点是确保其遵守原定的政策和计划,而非对教育项目的成果进行评估。⑤ 20 世纪 80 年代,面对国家全球竞争力下降、学生考试成绩落后、"技能鸿沟"逐步扩大等困境,提升质量成为美国教育改革与发展的核心命题。⑥ 在此背景下,美国重构了职业教育的人才培养模式,并逐步强化了职业教育质量评价机制。

---

① Carl D. Perkins Career and Technical Education Act of 2006[Z].

② UNESCO-UNEVOC. Work and Education in America:The Art of Integration[M]. London New York:Springer Dordrecht Heidelberg, 2012.

③ 美国国家教育统计中心. 现代美国职业教育纵览——1990—2005 年数据分析报告[M]. 和震,高山艳,译. 郑州:河南科学技术出版社,2013.

④ U. S. Congress,Office of Technology Assessment. Testing and Assessment in Vocational Education[R]. 1994.

⑤ David W. Stevens. 21st Century Accountability Perkins III and WIA[EB/OL]. [2001-01]. http://www.nrccte.org/sites/default/files/publication-files/21st_century_accountability.pdf. 2001.

⑥ 荣艳红. 美国联邦职业技术教育立法(1917—2007)[D]. 保定:河北大学,2008.

1917 年《史密斯-休斯法》开启了联邦政府持续资助职业教育的进程,标志美国确立了不同于欧洲的"单轨制"教育模式,正式迈入制度化阶段。[①] 所谓"单轨制"教育模式是指美国不再单独设立一类职业教育机构,只在现有的学校系统内增设职业教育课程。此外,1917 年《史密斯-休斯法》较为详细地规定了联邦、州、地方三级在管理机构设置、经费分担等方面的权责,从而为美国保障职业教育质量奠定了组织和资源基础。随后,"乔治系列法"[②]进一步巩固、细化了《史密斯-休斯法》,逐步增加了职业教育拨款。譬如,1946 年《乔治-巴登法》将联邦政府的职业教育拨款翻倍。该法不仅资助了两个农业领域的职业学生组织,还限制了各州可用于设备的经费比例。

1963 年《职业教育法》(Vocational Education Act of 1963)继《史密斯-休斯法》后开启了美国职业教育发展的新纪元。该法明确强调提升职业教育质量的重要性,并就如何开展教育质量评价提出了初步构想。不同于《史密斯-休斯法》,为满足社会对中学后职业教育的旺盛需求,适应社区学院职业教育功能日渐强化的形势,《职业教育法》明确要求各州将联邦政府拨款的三分之一用于发展中学后职业教育。在该法中,联邦政府要求州政府至少将 3% 的联邦拨款用于旨在保障教育质量的辅助性活动,包括项目评估、教师培训与监管、示范和实验项目、教材开发、州的管理与领导。其中,该法特别强调"州的管理和领导",要求各州基于当前和未来的劳动力市场需求制定州教育发展计划,并对本州内的教育项目进行定期评估。与此同时,该法还专门要求联邦教育部部长任命一个职业教育顾问委员会,负责定期检查全国范围内的职业教育项目管理活动,并提出相应的改进建议。[③]

1984 年,美国国会在《帕金斯法 Ⅰ》(Carl D. Perkins Vocational Education Act of 1984)中首次将高质量的劳动力培养作为自始至终的追求。[④] 1990 年《帕金斯法 Ⅱ》(Carl D. Perkins Vocational and Applied Technology Education Act of 1990)首次对职业教育质量问责制实施的指标和方法进行了详细规定,从而奠定了美国现行质量问责制的基本框架。随后,1998 年《帕金斯法 Ⅲ》

①　吴雪萍. 国际职业技术教育研究[M]. 杭州:浙江大学出版社,2004.
②　所谓"乔治系列法"是指著名纽约州议员沃尔特·乔治(Walter F. George)参与推动的五部职业教育法律,包括 1929 年《乔治-里德法》(George-Reed Act of 1929)、1934 年《乔治-埃尔泽法》(George-Ellzey Act of 1934)、1936 年《乔治-戴恩法》(George-Deen Act of 1936)、1946 年《乔治-巴登法》(George-Barden Act of 1946)和 1956 年《乔治-巴登修正案》(George-Barden Amendments of 1956)。
③　Vocational Education Act of 1963[Z].
④　荣艳红. 美国联邦职业技术教育立法(1917—2007)[D]. 保定:河北大学,2008.

(Carl D. Perkins Vocational and Technical Education Act of 1998)和 2006 年
《帕金斯法Ⅳ》持续强化原有的职业教育质量问责制。尤其是《帕金斯法Ⅳ》,该
法不仅确定了核心指标、附加指标和已有指标三类质量问责指标,还首次将职
业教育质量问责制扩大到了地方层面。

二、保持美国经济竞争力的需要

20 世纪 90 年代,美国率先吹响从工业经济到知识经济转型的号角,预示着
全球经济开始了新一轮的繁荣。2005 年,托马斯·弗里德曼(Thomas Fried-
man)所著《世界是平的》(*The World is Flat*)问鼎《纽约时报》畅销书排行榜,该
书分析了 21 世纪初期全球经济一体化的进程,提出世界已被以互联网为代表
的技术削平,各国间合作与竞争的范围将更加广阔。在扁平的世界,美国经济
面临中国、印度等新兴经济体的挑战,美国劳动力市场也面临中国、印度等人力
资源大国的冲击。正如弗里德曼对女儿的提醒:"乖乖把书念完,因为中国和印
度的小孩正准备争抢你的饭碗。"①

为在全球化的就业竞争中获胜,美国人必须同时具备更高水平的学术、技
术和就业能力。同时,由于技术迭代周期缩短,劳动分工从单一走向复合,企业
雇主要求美国人同时具备可跨职业使用的一般能力,以及可完成具体工作任务
的专业能力。问题是,美国教育系统培养的人才并不符合上述能力要求。2013
年,OECD 的国际成人能力调查(International Assessment of Adult Compe-
tences)显示,美国成人的数学和读写能力都低于国际平均水平。② 2015 年,
OECD 的国际学生能力评估(Programme of International Student Assessment)
显示,美国学生的数学、阅读和科学水平也低于国际平均水平。③ 21 世纪的工
作场所非常侧重非虚构类阅读和定量化的文件写作,但学校却更关注升学所要
求的虚构类阅读和写作。④ 根据 2005 年全美制造商协会(National Association
of Manufactures)发布的报告,有超过 80％的受访者表示缺乏合格工人,其中有

---

① 托马斯·弗里德曼.世界是平的:一部二十一世纪简史[M].何帆,肖莹莹,郝正非,译.长沙:湖
南科学技术出版社,2008.

② OECD. Survey of Adult Skills[EB/OL]. [2013-10-08]. http://www. oecd. org/skills/piaac/.

③ OECD. PISA 2015 Results (Volume I)[EB/OL]. [2016-12-11]. http://www. keepeek. com/
Digital-Asset-Management/oecd/education/pisa-2015-results-volume-i_9789264266490-en＃. WatAJz6
GPIU.

④ Association for Career and Technical Education. CTE's Role in Adolescent Literacy[EB/OL].
[2009-11]. https://eric. ed. gov/? id＝ED524813.

13%的受访者认为严重缺乏。[1] 2015 年,四大会计公司之一的德勤(Deloitte)调查发现,有三分之二的制造企业正面临优质工人短缺。如果能解决制造业相关领域的技能短缺问题,美国将增加 385 万个工作机会。[2]

高质量职业教育已成为美国国家竞争力的重要助推者,在协调教育、经济发展和劳动力开发方面发挥独特作用。相较于学术教育,职业教育项目在教学组织方式和时间上更加灵活,更能对雇主需求做出迅速且富有创意的回应。2010 年春季,由各州及领地职业教育主管组成的促进生涯与技术教育协会在成员们的支持下发表了题为《反思、变革、引领:生涯与技术教育新愿景》(Reflect,Transform,Lead:A New Vision for Career Technical Education)的报告,报告指出:美国若想保持自身在世界经济中的领先地位,就必须认真审视本国的劳动力培养情况,确保更多的学生在高中毕业时已经为大学学习和职业生涯做好了充分准备,并且具备了参与全球竞争所必需的关键能力。[3]

三、降低高中辍学率的需要

高中辍学率居高不下一直是困扰美国教育系统的难题。据统计,每年都有数百万美国高中生早早辍学。[4] 在美国高中生毕业率达到历史最高的 2015—2016 学年,依然有 16%的高中生未能顺利毕业。[5] 大量学生中途辍学给个人、家庭和国家都造成巨大损失。首先,由于缺乏必要的自控、沟通、学习等能力,高中辍学生的就业机会更少、收入更低。根据美国人口普查局(U. S. Bureau of the Census)于 2005 年公布的数据,高中毕业生的人均年收入比高中辍学生高出 9671 美元。[6] 其次,产生贫穷的代际传递。高中辍学生更有可能陷入贫困、

[1] National Association of Manufactures. 2005 Skills Gap Report:A Survey of the American Manufacturing Workforce[EB/OL].[2005-05]. http://www. themanufacturinginstitute. org/~/media/738F5D310119-448DBB03DF30045084EF/2005_Skills_Gap_Report. pdf.

[2] Deloitte US. The skills gap in U. S. manufacturing[EB/OL].[2015-12]. https://www2. deloitte. com/us/en/pages/manufacturing/articles/boiling-point-the-skills-gap-in-us-manufacturing. html.

[3] NASDCTEc. Reflect,Transform,Lead:A New Vision for Career Technical Education[EB/OL].[2010-12]. http://www. careertech. org/cte-vision.

[4] Marcus A. Winters, Jay P. Greene. Public High School Graduation and College-Readiness Rates:1991-2002[EB/OL].[2015-05-02]. https://docs. gatesfoundation. org/documents/manhattaninstitute0502. pdf.

[5] The Washington Post. U. S. High School Graduation Rates Rise to New High[EB/OL].[2017-12-04]. https://www. washingtonpost. com/news/education/wp/2017/12/04/u-s-high-school-graduation-rates-rise-to-new-high/? utm_term=.08ace9ce2dee.

[6] U. S. Bureau of the Census. Educational Attainment in the United States:2005[EB/OL].[2005-08-01]. http://www. census. gov/population/socdemo/education/cps2005/tab08-1. xls.

单亲、离婚、入狱等泥潭，进而成为养育出下一代高中辍学生的"问题父母"。[①] 最后，高中辍学生往往成为美国经济社会发展的负担。2007 年，卓越教育联盟 （Alliance for Excellent Education）根据当时的辍学率测算出美国经济将因此在未来十年损失超过 3 万亿美元。[②]

高中生辍学的原因有很多，除了学业成绩、经济负担、家庭变动等原因外，年轻人看不到学校教育与工作机会之间的联系亦是一大关键因素。的确，学术教育难免存在孤立、抽象、机械记忆等弊病，导致学生感到所学的内容无法应用于现实世界。根据一份针对 16—24 岁辍学生的调查报告显示，有 47％的受访者将辍学原因归结为对高中课程失去兴趣，有 69％的受访者称高中教育无法激发他们的学习兴趣。究其原因，报告认为最根本的是学校没能将教育与现实世界之间的联系清晰展现给学生。[③] 2006 年，一项面向潜在辍学生的调查显示，有 60％的学生已经失去了完成高中学业的意愿，但有超过 90％的学生表示如果课程能帮助他们获得未来职业需要的知识与技能，他们愿意继续完成高中学业。[④]

由于具备就业导向的特点，职业教育能使年轻人感到学有所用，吸引高中生（尤其是处于辍学边缘的高中生）继续完成高中学业。正如美国联邦教育部组建的研究小组在一份报告中所言，"职业教育通过多样的学习机会武装学生……对学生而言，相较于标准的学术课程，职业教育课程更加有趣。因为职业教育课程能帮助学生了解学习与工作世界之间的联系。"[⑤] 美国国家职业教育中心也曾在一份报告中指出，由于平衡的课程能更好地帮助学生找到成功路径，那些选修职业教育课程的高中生辍学率更低。[⑥]

---

① John M. Bridgel, John J. DiIulio, Jr. Karen Burke Morison. The Silent Epidemic: Perspectives of High School Dropouts[EB/OL]. [2006-03-06]. https://docs. gatesfoundation. org/Documents/TheSilentEpidemic 3-06Final. pdf.

② Alliance for Excellent Education. The High Cost of High School Dropouts: What the Nation Pays for Inadequate High Schools[EB/OL]. [2013-06]. https://all4ed. org/wp-content/uploads/2013/06/HighCost. pdf.

③ John M. Bridgel, John J. DiIulio, Jr. Karen Burke Morison. The Silent Epidemic: Perspectives of High School Dropouts[EB/OL]. [2006-03-06]. https://docs. gatesfoundation. org/Documents/TheSilentEpidemic3-06Final. pdf. 2006.

④ Peter D. Hart Research Associate. Report Findings: Based on a Survey Among California Ninth and Tenth Graders[EB/OL]. [2006-12]. http://www. connectedcalifornia. org/downloads/irvine_poll. pdf. 2006.

⑤ National Assessment of Vocational Education Independent Advisory Panel. Earning, Learning, and Choice: Career and Technical Educa-tion Works for Students and Employers[R]. 2004.

⑥ Stephen B. Plank, Stefanie DeLuca, Angela Estacion. High School Dropout and the Role of Career and Technical Education: A Survival Analysis of Surviving High School[EB/OL]. [2008-10]. http://citeseerx. ist. psu. edu/viewdoc/download? doi=10. 1. 1. 173. 7159&rep=rep1&type=pdf.

此外,由于美国已经存在数量庞大的辍学和失业群体,仅推行预防辍学的措施并不足以化解美国的教育危机。作为应对,美国重视为已经辍学的年轻人提供必要的文凭教育。过去,修读成人教育获得高中文凭(General Equivalency Diploma)是校外人员获得高中文凭的主要途径。然而,研究表明这种通过修读成人教育得到的高中文凭在升学和劳动力市场上含金量大大逊色于高中文凭。[①] 对于已经离开学校的年轻人而言,重回学校获取高中文凭并非易事。许多人曾经历学术上的失败,除此外还有交通不便、单亲、健康问题等诸多社会经济障碍。职业教育已经成为吸引辍学生重回学校的主流方法。尽管面临重重挑战,但美国始终坚持为每一位年轻人提供高质量的高中教育。美国青年政策论坛(American Youth Policy Forum)曾在其出版物《不计代价》(Whatever it Takes)中提出了优质辍学生再教育项目的八大特点:来去自由;过程灵活且全年开设;教师充当教练、辅助者和团队负责人;真实、职业导向的课程;通往就业机会;明确、一致的行为规则;大量的支持性服务;针对不同群体的一系列选择。[②] 职业教育是教育系统中最符合上述要求的一类教育。职业教育能够为学生提供灵活的学习机会,使用有效的学习方法,帮助学生适应多样的需求和生活环境。

四、提升职业教育吸引力的需要

职业教育在提高学生的毕业率和学术成绩方面有着其他教育无法比拟的优势。根据美国教育部职业与成人教育办公室发布的报告,在 2009—2010 和 2010—2011 两个学年中,接受过职业教育的高中生在学术评估和毕业率上的平均表现要优于全体学生的平均表现。然而,职业教育在美国并不受主流学生和家庭的欢迎。目前,美国仍有太多的职业教育项目没有跳出旧框框,既不能为学生升学做好准备,也不能帮助学生获得高薪的职业。职业教育多为工人家庭的子女和黑人学生的无奈之选,是他们为获得低报酬和低技能的工作机会而接受的"次等教育"。[③]

---

① Camille L. Ryan. What It's Worth: Field of Training and Economic Status in 2001[EB/OL]. [2005-12]. https://www.census.gov/prod/2005pubs/p70-98.pdf.

② Nancy Martin, Samuel Halperin. Whatever It Takes[EB/OL]. [2006-12]. http://www.aypf.org/publications/WhateverItTakes/WITfull.pdf.

③ HJ Holzer, D Linn, W Monthey. The Promise of High-Quality Career and Technical Education. [EB/OL]. [2015-08]. https://www.fordngl.com/download/file/fid/5063/the_promise_of_high-quality_career_and_technical_education.pdf.

21世纪,将升学准备与就业准备截然分割已是明日黄花,所有个体都必须成为终身学习者,持续提升自身的知识和技能水平。职业教育在帮助学生为升学与就业做好双重准备方面具有不可替代的价值,它秉持的"做中学"教育理念在理论知识与现实世界间搭建起一座桥梁,它带来的资格凭证已成为21世纪劳动力市场上的"通用货币"。近十年来,美国联邦政府推出了"力争上游计划"(Race to the Top)、"创新投资基金"(Investing in Innovation)等旨在帮助学生为升学与就业做好双重准备的倡议。然而,这些倡议却都未直接将职业教育包含在内。可见,职业教育仍被排斥在主流的教育改革之外。这种做法加剧了职业教育和主流教育之间的割裂,使职业教育沦为主流教育的附属品。

事实上,自美国高质量教育委员会1983年发布《国家处于危险中:教育改革势在必行》(A Nation at Risk：The Imperative of Educational Reform)的报告书,美国的教育系统就一直被一种倡导提高教育标准、提高学生测验成绩、实行惩罚性问责的教育变革模式束缚。"人人都要上大学"(College-for-all)成为这个系统的首要目标。近年来,美国社会各界发出了许多扭转这种错误观念的呼声。譬如,2011年哈佛大学研究生院发布报告,批评美国的教育系统在今天依旧存在"被遗忘的一半"问题。据统计,只有56％进入四年制大学的学生在6年内获得学士学位,只有不到30％进入社区学院学习的学生在3年后获得了副学士学位。该报告呼吁学校教育改革关注用职业教育替代部分四年制大学教育的重要意义。美国前联邦教育部长阿恩·邓肯(Arne Duncan)非常赞同《哈佛报告》的观点,他说:"长期以来,职业教育被视为教育改革中'不受待见的继子(Neglected Stepchild of Education Reform)'。这种论调到需要停止的时候了。给予职业教育全新的想象和定位刻不容缓。职业教育对学生、学校系统和国家繁荣具有非常重要的影响。"①

第二节　美国职业教育质量保障的基本理念

理念是行动的先导,美国保障职业教育质量体现三大基本理念,即重视衔接与整合、强调标准导向、关注投入产出收益率。

---

① Independent Advisory Panel for National Assessment of Career and Technical Education. Putting "Career" in "College and Career Ready"[R]. 2014.9:2.

一、重视衔接与整合

20 世纪前期,美国职业教育处于社会效率主义范式之下,满足雇主对劳动力的需要是职业教育的基本出发点。[①] 此时,职业教育专注于为学生提供特定的岗位技能训练,帮助学生获得低层次的工作。20 世纪 80 年代,高附加值生产、经济全球化、岗位融合等经济现象对传统的职业教育范式提出了严峻挑战,美国职业教育开始转向实用主义范式。21 世纪以来,美国劳动力市场发生了天翻地覆的变化,前所未有地凸显了高质量职业教育的重要性。一方面,技术含量偏低的工作逐渐被新技术或业务外包所取代,其数量和价值持续下降。另一方面,医疗保健、能源等不能自动化或外包的工作则纷纷对求职者的学历和能力提出了更高的要求。

在此背景下,美国孕育出了改革职业教育的浪潮,社会各界逐渐意识到构建职业教育大质量观的重要意义。职业教育被置于经济、社会发展的全局中进行统筹规划,职业教育不再局限于为特定工作做准备,转而开始兼顾学生的升学与就业双重选择。在职业教育大质量观的指导下,美国愈来愈重视学校教育的衔接与整合。具体而言,"衔接"主要体现为中学教育与中学后教育之间的衔接,学校教育目标与劳动力市场需求之间的衔接;而"整合"则主要体现为学术教育与职业教育之间的整合,学校、企业、家长等多利益群体之间的整合。

为适应劳动力市场需求,美国国会在《帕金斯法Ⅳ》首次引入了"学习项目"的概念,要求凡是接受联邦政府拨款的教育机构都至少开发一个学习项目,以此来变革职业教育培养模式。所谓学习项目是一种综合性、结构化的教育教学模式,旨在帮助学生同时为中学后教育与职业成功做好准备。[②] 如前所述,2006 年《帕金斯法Ⅳ》总体规定了学习项目应当满足的四大标准:衔接中学和中学后教育;将学术和职业教育内容纳入一个协调、不重复的课程序列中;在适当的情况下,为中学生提供获得中学后学分的机会;可获得通往产业公认凭证、中学后教育证书、副学士学位或学士学位。根据促进生涯与技术教育协会发布的报告,各州职业教育主管普遍认为学习项目将会成为未来美国职业教育的主要培养模式。事实上,相关统计显示,截至 2010 年,所有州都基于宽泛的职业群开发了学习项目。[③]

---

① 徐国庆. 美国职业教育范式的转换及启示[J]. 教育发展研究,2008:50-51.

② U. S. Department of Education Office of Career, Technical, and Adult Education. Programs of Study[EB/OL]. [2017-1-3]. https://cte. ed. gov/initiatives/programs-of-study.

③ NASDCTEc. Reflect, Transform, Lead: A New Vision for Career Technical Education[EB/OL]. [2010-1-7]. http://www. careertech. org/cte-vision.

二、强调围绕职业群设定质量标准

20世纪末以来，美国围绕宽泛的职业群而非某个特定的职业发展职业教育，开发职业教育质量标准。所谓职业群就是把一些普通的职业按照其宽泛的共同特征进行分组，将数种性质相近的职业归纳成一组或一群。[①] 在美国，职业群这一概念在1974年《生计教育法》(Career Education Act)中就已提出，但国会于1994年《目标2000：美国教育法》(Goals 2000：Educate America Act)中要求组建的国家职业技能标准委员会(National Skill Standards Board)是促使这一概念落地的关键力量。1990年，美国劳动力技能委员会发布了一份有影响力的报告——《美国的抉择：高技能或低工资》(America's Choice：High Skills or Low Wages)，将缺乏清晰、完整的职业技能标准视为阻碍美国高技能人才培养的关键因素，并首次提出要建立国家职业技能标准。[②] 次年，美国劳工部开始着手研究如何开发国家职业技能标准。1992年，美国劳工部联合教育部共同启动了13个试点项目，开发针对13类职业的国家职业技能标准，后来又增加了9个试点项目。

到1994年，美国国会颁布《目标2000：美国教育法》，明确要求建立国家职业技能标准委员会，负责统整上述22个试点项目和各州已经开发的职业技能标准。国家职业技能标准委员会首先对数量众多的职业进行分类，具体的做法是将能力要求相似的职业归入同一个职业群。比如，将汽车制造、飞机制造、食品制造等都归入"制造、安装和修理"职业群。最终国家职业技能标准委员会确定了15个职业群[③]，并开始针对每个职业群开发职业技能标准。1997年，在蒙大拿州怀特菲什的一次会议上，州职业教育主管联合反对联邦政府继续主导国家职业技能标准开发工作。在接下来的几年里，促进生涯与技术教育协会组织了一次运动，在实际上开始掌握国家职业技能标准开发项目的控制权。[④]

① 王文槿,闫红.生涯技术教育下的美国中等职业群课程[J].中国职业技术教育.2010(25):72.

② Commission on the Skills of the American Workforce. America's Choice：High Skills or Low Wages[EB/OL]. [1990-6]. http://www.ncee.org/wp-content/uploads/2013/09/Americas-Choice-High-Skills-or-Low-Wages.pdf.

③ 15个职业群分别为：农业、林业和渔业；商业和服务业；建筑业；教育与培训；金融与保险；制造、安装与修理；公共管理；法律与维权服务；餐饮、住宿、宾馆、旅游及休闲娱乐；零售、批发贸易；房地产与动产服务；科技服务；电信、计算机、艺术与娱乐表演；信息；交通运输；公用事业；环境与废旧物资管理。

④ UNESCO-UNEVCO. Work and Education in America：The Art of Integration[M]. Springer, 2012:93.

尽管联邦政府失去了制定统一质量标准的权力,但其围绕宽泛职业群开发质量标准和开展人才培养的理念得到了延续。目前,美国已经形成了全国通用的国家职业群框架,从笼统到具体,该框架包括 3 个层次,即 16 个职业群(Career Cluster)、97 个职业路径(Career Pathway)和数量众多的职业。以"健康科学"(Health Science)职业群为例,该职业群可细分为治疗服务、诊断服务、健康信息、支持性服务、生物技术研究与发展 5 个职业路径,涵盖该领域内从入门到专业级别的 200 余项职业。[①] (如表 3.1 所示)过去十余年间,几乎所有州都将职业群作为制定职业教育质量标准的基本单位。[②] 比如,新泽西州和俄勒冈州等州完全采纳了国家职业群框架,而科罗拉多州、佛罗里达州等州则按本州实际在国家职业群框架外新增了能源职业群。

表 3.1 "健康科学"职业群包含的职业列表[③]

职业路径	职业
治疗服务	针灸师、麻醉师、艺术治疗师、体育教练、听觉病矫治专家、注册护士助理、按摩师、整脊助手、牙科助理、牙科实验室技术员、营养师、剂量师等
诊断服务	血库技术专家、心血管技术专家、临床实验室技术员、计算机断层扫描员、医学超声诊断医师、电子神经诊断技师、运动生理学家等
健康信息	临床客户经理、临床账户技术员、临床数据专家、社区服务专家、数据质量经理、流行病学家、伦理学家、健康教育者、医疗保健财务信息员等
支持性服务	动物行为主义者、生物医学临床工程师、生物医学临床技术员、饮食经理、临床模拟器技术员、社区卫生工作者、食品安全专家、医院维护工程师等
生物技术研究与发展	生物信息科学家、生物医学化学家、生物医学制造技术员、生物统计学家、细胞生物学家、临床试验研究员、犯罪现场调查员、诊断分子科学家等

---

① ADVANCE CTE. Education & Training Career Cluster[EB/OL]. [2017-10-11]. https://www.careertech.org/education-training.

② NASDCTEc. The State of Career Technical Education: An Analysis of State CTE Standards[EB/OL]. [2013-1-3]. http://www.careertech.org/state-CTE-standards.

③ ADVANCE CTE. Career Cluster: Health Science[EB/OL]. [2017-03-04]. https://careertech.org/health-science.

三、关注投入产出收益率

1917 年《史密斯-休斯法》开启了联邦政府资助职业教育的先河。到 20 世纪 80 年代,在经历半个世纪的规模扩张后,职业教育经费在教育总经费中占据的份额不断攀升。职业教育对公共税收造成的负担引发关注,公众愈来愈关注经费投入和收益之间的平衡问题。于是,美国逐渐改变了"粗放型"发展策略,突出强调提升职业教育经费使用效率,愈发渴望发展高质量的职业教育。

1984 年《帕金斯法Ⅰ》以提升人才培养质量为总目标,确定了涵盖经济层面和社会层面的两大子目标。前者指通过开发高质量的职业教育项目,满足当前和未来劳动力市场的人才需求,从而提高生产力和促进经济增长;后者指确保弱势群体同样能获得高质量的职业教育。为举办高质量的职业教育,《帕金斯法Ⅰ》规定联邦政府每个财政年度都提供超过 8 亿美元的拨款,并将单亲父母、劳教人员、英语水平欠佳的人群也纳入了联邦政府的资助范围。[1]

如果说《帕金斯法Ⅰ》只对美国已有的教育经费管理与分配机制进行了微调,那么 1990 年《帕金斯法Ⅱ》则开展了大刀阔斧的改革。首先,《帕金斯法Ⅱ》限制了各州对联邦拨款的处置权,只允许各州支配联邦拨款的 25%,要求各州将剩余的 75% 联邦拨款直接划拨给地方职业教育机构。其次,《帕金斯法Ⅱ》不再专门为特殊人群预留经费,只要求各州在划拨经费时向贫困、残障等弱势学生数量较多的地区倾斜。最后,为避免因拨款数额过小而影响拨款效力发挥,《帕金斯法Ⅱ》确定了最低拨款额度,即给予每所中学职业教育机构的拨款不得低于 15000 美元,给予每所中学后职业教育机构的拨款不得低于 50000 美元。[2]

1998 年《帕金斯法Ⅲ》进一步优化教育经费管理与分配机制,突出各州和地方在促进职业教育发展中的主体地位。为增强教育机构自主实施职业教育的能力,《帕金斯法Ⅲ》将《帕金斯法Ⅱ》要求各州直接划拨给教育机构的联邦拨款比例从 75% 上调至 85%。同时,《帕金斯法Ⅲ》还明确规定了各州可用于管理活动的资金限额,即各州只能将最多 5% 的资金用于管理活动。[3] 这种做法有益于防止管理资金侵占发展资金,保证资金的使用效果。

2006 年《帕金斯法Ⅳ》沿用了《帕金斯法Ⅲ》各州直接划拨给教育机构的经费比例以及各州可用于管理活动的经费比例。[4] 2012 年,奥巴马政府发布修订

---

① Carl D. Perkins Vocational Education Act of 1984[Z].

② Carl D. Perkins Vocational and Applied Technology Education Act of 1990[Z].

③ Carl D. Perkins Vocational and Technical Education Act of 1998[Z].

④ Carl D. Perkins Career and Technical Education Act of 2006[Z].

《帕金斯法Ⅳ》的计划——《投资美国的未来——生涯与技术教育改革蓝图》(Investing in America's Future：A Blueprint for Transforming Career and Technical Education)，将提升职业教育质量作为核心目标。在拨款方面，该计划试图引入竞争机制，即授权各州政府在评估州内职业教育质量的基础上，将大部分联邦经费划拨给高质量的职业教育项目。[①]

可见，职业教育的投资回报率在美国愈来愈受到关注。国家生涯与技术教育研究中心曾开发过一个可用于测量职业教育外部效率和内部效益的模型。[②]具体到州层面，尽管目前还未形成可全国通用的投资回报率模型，但各州已经开展了不少相关实践。[③] 例如，佛罗里达州于 2014 年以立法的形式要求学区报告职业教育的投入产出回报率。[④]

第三节　美国职业教育质量保障的角色分工

明确质量保障主体是美国开展职业教育质量保障的重要内容。在美国，政府、社会力量、教育机构都是质量保障的主体，它们各有权责、相互依存。

一、政府：质量保障的主导者

在质量保障语境中，联邦政府和州政府共同对职业教育实施宏观管理。其中，联邦政府的权责相对较弱，主要借助渐进式资助增强宏观管理；州政府则在质量保障中发挥关键作用。

美国联邦政府无权直接干涉各州和地方的职业教育事务。1789 年《联邦宪法》的第十条修正案规定："宪法未授予合众国政府行使，或未禁止各州行使的各种权利，均保留给各州政府或人民行使之。"[⑤]由于该修正案并未赋予联邦政

---

① 王辉,孙连勇.职业教育奖优制拨款的改革尝试[J].比较教育研究.2014,11:42-48.

② NRCCTE. Using Return on Investment and Other Related Tools：Guidelines for Measuring Career and Technical Education Internal Efficiency and External Effectiveness[EB/OL].[2012-6]. http://www.nrccte.org/sites/default/files/publication-files/nrccte_roi_guidebook_web.pdf.

③ ADVANCE CTE. CTE is a results-driven system that demonstrates a positive return on investment[EB/OL].[2017-02-08].https://cte.careertech.org/sites/default/files/ReturnInvestmentProgress 2015.pdf.

④ Florida Department of Education. CS/CS/SB. 850：Education[EB/OL].[2014-6].https://www.flsenate.gov/Session/Bill/2014/0850.

⑤ 赵一凡.美国的历史文献[M].北京:生活·读书·新知三联书店,1989:51.

府教育权,也未禁止各州行使教育权,所以这便从法律层面保证了各州和地方的教育权利。因此,建国后,联邦政府在职业教育中扮演的角色相对次要。联邦政府无权就招生、课程设置、教师资格、毕业要求等教育环节出台统一的质量标准。不过,次要并不意味着可有可无。联邦政府通过设立管理部门、开展立法、提供财政拨款、制定非强制性的政策指南等方式积极介入职业教育。

州计划是联邦政府对各州职业教育实践进行监管的重要工具。经过多年实践,联邦政府和州政府间已经就州计划的具体运行方式达成了默契。作为第一步,各州职业教育主管部门须在理解国会法律的基础上,制定本州落实国会各项规定的书面计划。然后,各州将书面计划提交给联邦职业教育主管部门审查。接着,联邦职业教育主管部门将组织专人对州提交的计划进行审查,根据审查结果决定直接给予拨款、修订计划后给予拨款或者不给予任何拨款。作为对各州落实州计划情况的监控,州职业教育主管部门被要求每年向联邦职业教育主管部门提交年度报告,报告本州在过去一年按计划领取和使用拨款的情况,以及本州在上一年度完成的各项工作。① 依靠这种充满智慧的管理方法,联邦政府在仅提供少量经费(不足全美职业教育运行所需总经费的 10%)的情况下,依然保持着影响全国职业教育发展方向的能力。② 正如一位评论者所概括的:州职业教育计划由州政府和联邦政府同时签署,并受到联邦职业教育主管部门的审查。这一制度安排使联邦政府虽然只提供有限的经费资助,却能直接对各州的职业教育产生影响。③

美国宪法允许各州保留职业教育管理权。总体上,州政府主要通过设立管理机构和制定相关政策的方式主导着本州的职业教育质量保障。④ 目前,美国大部分州都设立了州生涯与技术教育委员会。从职责定位来看,州生涯与技术教育委员会主要承担 2 项工作:其一,决定联邦拨款在州层面的使用和下拨方式;其二,负责制定州层面的职业教育政策。⑤ 为体现各利益相关者群体的利

① 夏之莲.外国教育发展史料选粹[G].北京:北京师范大学出版社,1999:172.

② US Department Of Education. National Assessment of Vocational Education: final report to Congress[R].2004.

③ Melvin L. Barlow. The Philosophy for Quality Vocational Education Programs[M].Alexandria: The American Vocational Association, Inc.1974:88.

④ Melvin L. Barlow. The Philosophy for Quality Vocational Education Programs[M].Alexandria: The American Vocational Association, Inc.1974:87.

⑤ Jams R. Stone III,Morgan V. Lewis. Governance of Vocational Education and Training in the United States[J].Research in Comparative and International Education,2010,5(3):278-279.

益,几乎所有州生涯与技术教育委员会都另设了咨询委员会,吸收来自企业、行业部门、劳工部门、教育机构的代表。①

州生涯与技术教育委员会的负责人被称为州生涯与技术教育主任(State Director of Career Technical Education)。在州层面,各州生涯与技术教育主任扮演着双重角色。角色之一是管理者,与同事一起监督地方教育机构落实州政府出台的相关政策。角色之二是倡导者,致力于将有志于影响联邦和州职业教育政策的企业雇主、教育管理人员凝聚起来,构建一个州层面的利益共同体。②值得注意的是,各州生涯与技术教育主任还共同组建了一个名为"促进生涯与技术教育协会"(Advance CTE)的联盟机构,代表各州生涯与技术教育主任集体发声。通过发布有影响力的报告、发起有前瞻性的倡议、开展有计划性的游说,促进生活与技术教育协会深刻影响着高质量职业教育的发展方向,并致力于保证职业教育得到合理的联邦资助。在布什政府执政期间,总统向国会提交每一个预算案都建议取消对职业教育的资助。在国会通过教育拨款法的关键点上,促进生涯与技术教育协会及时通知其成员,鼓励职业教育的支持者联系他们的参议员和众议员。可以说,促进生涯与技术教育协会的斡旋是国会持续资助职业教育的重要原因之一。③

从政策内容来看,州政府开展质量保障的内容与联邦政府大致相同。不过,由于州政府手握管理职业教育的实权,州政府的政策更有力、也更为具体。联邦政府以拨款引导的方式保证州政府与联邦的政策意图一致。事实上,经费问题一直是各州职业教育政策中的首要议题。2013—2017 年,各州政府共出台了 167 项相关政策,居 15 个政策领域之首。通过这些政策,各州政府进一步规范了职业教育经费来源、分配模式与使用去向。从经费来源结构看,各州政府持续增加财政投入力度,同时鼓励增加捐赠、投资等补充性经费来源。从分配模式来看,由于雇主要求求职者接受中学后教育,各州将教育资源配置重点从中学职业教育转移到中学后职业教育。从经费使用来看,各州在四年间增加了职业教育的基本建设支出和事业性支出。

与联邦政府不同,各州政府有权就招生、课程设置、教师资格、毕业要求等

---

① Carl D. Perkins Vocational Education Act of 1984[Z].

② UNESCO-UNEVOC. Work and Education in America:The Art of Integration[M]. London New York:Springer Dordrecht Heidelberg,2012.

③ ADVANCE CTE. State Leaders Connecting Learning to Work[EB/OL]. [2017-11-01]. https://cte. careertech. org/sites/default/files/AboutAdvanceCTE_FINAL. pdf.

教育环节制定统一的质量标准。① 截至 2012 年,共有 13 个州全面推行了全州通用的职业教育标准,有 33 个州只在中学职业教育中推行全州通用的职业教育标准。上述标准多以课程指南和项目标准的形式存在。譬如,马萨诸塞州教育部开发了全州通用的职业教育标准——职业技术教育框架(Vocational Technical Education Frameworks),要求州内教育机构使用统一的《职业技术教师专业标准》(Professional Standards for Vocational Technical Teachers)、《职业技术管理人员专业标准》(Professional Standards for Vocational Technical Administrators)和职业技术合作教育协调员专业标准(Professional Standards for Vocational Technical Cooperative Education Coordinators)。与此同时,马萨诸塞州教育部还明确要求教师在组织职业教育时使用全州通用的课程框架。②

二、社会力量:质量保障的参与者

在自由市场经济中,教育机构在一定程度上就像一家提供教育产品和服务的"经济实体"。为在市场竞争中占据有利位置,教育机构需尽其所能满足雇主、学生、学生家长等多元群体的利益诉求。如此一来,职业教育质量保障活动自然也不能缺乏社会力量的参与。

在美国,独特的教育管理体制、复杂多样的教育形式、渊源深厚的自治传统孕育出了独特的认证制度。认证服务由第三方、非营利认证机构提供。所谓第三方认证机构指既不是职业教育机构的服务对象,也不是被评估的职业教育机构本身。简言之,认证机构跟职业教育机构在利益上几乎不存在关联之处。

第三方的地位使认证机构能够对职业教育的质量进行客观、独立的评估。在美国,认证制以同行评估和自我评估为基础,参与认证是职业教育机构的自愿行为。认证制明确规定了职业教育机构及其项目应当满足的具体标准,在客观上提升了美国职业教育的规范化和标准化程度。由于获得认证的机构能在声誉、生源和经费资助上占据有利地位,认证制在美国职业教育质量保障中发挥着重要作用。从认证机构的人员构成来看,认证机构特别

---

① Joanna Kister. State Leadership for Career Technical Education[EB/OL]. [2001-8-9]. https://eric. ed. gov/? id=ED461728.

② NASDCTEc. The State of Career Technical Education: An Analysis of State Standards[EB/OL]. [2013-1-3]. https://careertech. org/sites/default/files/State-CTE-Standards-ReportFINAL. pdf.

强调多元化,注重吸收学校教职工、行业领导者、企业管理人员、工人、学生家长等群体。多样的人员构成反映出认证机构试图平衡多个利益相关者群体利益的价值取向,也在相当程度上保证了认证机构运行的公正与合理性。①

　　雇主参与是职业教育区别于其他教育项目的核心特征,也是美国职业教育质量保障的重要方面。② 早在1994年,《面向就业的教育机会法》就将雇主参与作为职业教育改革成败的关键因素。当前,美国雇主正在以更加积极的姿态影响政府的职业教育管理活动。2014年,一个由248家公司、行业协会和其他利益相关者团体组成的联盟致信国会,敦促国会尽快重新授权《帕金斯法Ⅳ》。③除了以间接的方式影响质量保障,美国雇主还直接提供高质量职业教育项目。西弗吉尼亚州的雇主与州官员协力发起了为期两年的"模拟工作场所"(Simula-ted Workplaces)倡议,该项目旨在回应雇主对具备娴熟技术和就业能力的高素质技能型人才需求。这些模拟工作场所将职业教育教室转化为公司,帮助学生模拟工作经历。由于在促进雇主参与和提升学生成绩方面成效显著,该项目在全美范围内得到了推广。④

三、教育机构:质量保障的推进者

　　教育机构肩负着将政府制定的质量保障政策进行消化吸收、贯彻落实和合理调整的重任。如前所述,州计划是维系联邦政府和州政府间平衡关系的一个契约工具。类似地,各州政府也要求地方教育机构提交机构(项目)计划,详细描述他们将如何使用州政府下拨的职业教育经费。机构(项目)计划是职业教育机构开展质量管理的依据,也是确保职业教育项目同时满足政府、社会和个人需求的关键。⑤

---

①　王建成.美国高等教育认证制度研究[M].北京:教育科学出版社,2007:74-76.

②　NASDCTEc. CTE actively partners with employers to design and provide high-quality, dynamic programs [EB/OL]. [2015-12]. https://cte. careertech. org/sites/default/files/EngagedEmployer-sProgress2015. pdf.

③　Office of Career, Technical, and Adult Education. Upskill America: More Education and Train-ing for Front-line Workers[EB/OL]. [2017-9-6]. https://sites. ed. gov/octae/2015/05/04/upskill-ameri-ca-more-education-and-training-for-front-line-workers/.

④　West Virginia Department Of Education. Simulated Workplace[EB/OL]. [2017-9-6]. https://wvde. state. wv. us/simulated-workplace/.

⑤　Melvin L. Barlow. The Philosophy for Quality Vocational Education Programs[M]. Alexandria: The American Vocational Association, Inc. 1974:79.

在美国，承担职业教育使命的机构多种多样。中学阶段，职业教育主要存在于综合高中内。综合高中以学术教育为主，同时开设职业教育选修课程和项目。据统计，2002 年美国有 1.7 万多所提供职业教育课程和项目的综合高中。与此同时，美国还存在两类规模较小、但专业性较强的中学职业教育实施机构，即 900 所全日制生涯与技术教育高中（Full-time CTE High School）和 1200 所地区生涯与技术教育中心（Area and Regional CTE Center）。① 全日制生涯与技术教育高中以职业教育为主，同时提供综合高中所要求的学术课程。地区生涯与技术教育中心通常只提供职业教育，它们是综合高中的辅助机构，旨在为那些无法在校内开设职业教育课程的综合高中提供校外的教育基地。② 中学后教育阶段，社区学院是最主要的中学后职业教育实施机构。据统计，全美大约有 5700 个机构提供中学后职业教育，这些机构中有 82% 为社区学院，18% 为私立的职业或技术学院（Vocational/Technical Institutes）、初级学院（Junior Colleges）等其他机构。社区学院在美国承担着学术教育、职业教育和社区教育三大职能，其中提供职业教育已成为主要职能。③

职业教育机构对教育质量负有直接责任。学校董事是教育机构内管理职业教育的核心角色，其办学理念和教育哲学深刻影响着教育机构的质量保障实践。目前，职业教育机构负责人的称谓因机构类型和层次不同而有所变化。在高中，负责人多被称为董事（Director）或校长（President）；在社区学院，负责人多被称为院长（Dean）；在地区生涯与技术教育中心，负责人多被称为董事（Director）。出于行文方便的考虑，本研究将职业教育机构负责人统一称为学校校长。学校校长在州生涯与技术教育董事会中的影响力在很大程度上也决定了其影响职业教育质量策划的能力。通常，当学校校长能够直接向州生涯与技术教育董事会提交发展计划并进行游说时，其对于招生、课程设置、教师资格、毕业要求等教育环节的话语权就更大。④

---

① 美国国家教育统计中心.现代美国职业教育纵览——1990—2005 年数据分析报告[M].和震，高山艳，等译.郑州：河南科学技术出版社，2013：1.

② 据统计，美国有近 8200 所综合高中接受地区职业教育学校提供的服务，近 8900 所不接受地区职业教育学校提供的教育服务。

③ 万秀兰.美国社区学院的改革与发展[M].北京：人民教育出版社，2003.

④ Deborah Land. Local School Boards Under Review：Their Role and Effectiveness in Relation to Students' Academic[EB/OL].[2002-10]. http://journals. sagepub. com/doi/abs/10. 3102/00346543072002229.

第四节　美国职业教育质量保障的基本框架

经过多年的实践探索,美国将质量标准作为质量保障的重要依据,将外部质量评估和内部质量管理作为质量保障的重要抓手,形成了有自己特色的职业教育质量保障框架。

一、职业教育质量标准

教育质量标准是一定时期内为实现既定教育目标而制定的教育质量规范。[①] 由于质量标准是在教育正式提供前确定的要求,确定质量标准是开展职业教育质量保障的前提。作为一个崇尚自由与多元的国家,美国存在着名目繁多的职业教育质量标准。联邦层面、州层面甚至产业界都已经在国家职业群体系的基础上开发了一系列标准,如职业群和生涯途径知识与技能清单(Career Cluster and Career Pathway Knowledge and Skills Statements)、教育联盟标准(Education Consortia Standards)、21世纪技能(21st Century Skills)、产业认证(Industry Certifications)等。[②]

这些缺乏一致性、种类繁复、质量参差的标准,往往导致职业教育实践陷入混乱,不利于提升职业教育的整体质量,也不利于学生在多变的国际竞争中获得成功。在此背景下,全国各州生涯与技术教育联盟主任协会(National Association of State Directors of Career Technical Education Consortium)和国家生涯与技术教育基金会(National Career and Technical Education Foundation)于2012年6月18日联合颁布《共同生涯与技术核心标准》(Common Career Technical Core,CCTC)(以下简称《标准》)。这是美国职业教育史上第一部面向全国的职业教育共同基准。42个州、华盛顿哥伦比亚特区、帕劳直接参与了标准研制,其他州也或多或少贡献了力量。作为一项由州主导的教育改革成果,《标准》的颁布标志着各州在"成功的职业教育项目应当帮助学生掌握哪些核心知识和技能"这一问题上基本达成共识。[③]

---

①　中国教科院教育质量标准研究课题组. 教育质量国家标准及其制定[J]. 教育研究. 2013(06):4-16.

②　NASDCTEc. The State of Career Technical Education：An Analysis of State CTE Standards [EB/OL]. [2014-09-10]. http://www. careertech. org/state-CTE-standards.

③　NASDCTEc. The State of Career Technical Education：An Analysis of State CTE Standards [EB/OL]. [2014-09-10]. http://www. careertech. org/state-CTE-standards.

(一)《标准》的研发过程

1.研发设想

在《标准》的研制过程中存在着 4 个基本设想:①《标准》为了州,来自州。研发《标准》的直接动力来自《反思、变革、引领:生涯与技术教育新愿景》——一份由全国各州职业教育联盟主任协会在各州职业教育主管的支持下发布的报告。42 个州、华盛顿哥伦比亚特区、帕劳直接派出专家承担《标准》的研发工作,但从参与编写委员会到为《标准》的草案提出反馈,几乎所有州都在某些方面做出了贡献。②《标准》规定贯穿整个学习项目的学习期望。与现存大部分课程层面的标准不同,《标准》指向整个职业教育项目的成果。也就是说《标准》是结果导向的,它规定了学生在完成职业教育项目后应当具有的核心知识与技能。③《标准》提出全国通用的核心期望。由于《标准》并不试图全面替代现存的数量庞大的其他标准,而是希望保证所有参加职业教育项目的学生都能带着共同的知识和技能离开。因此,《标准》尝试就各种标准的通用部分制定伞状标准(Umbrella Standard),以使得各州可以便捷地把《标准》当做基准来比较各自的标准、课程和学习项目。④《标准》同时关注学生所需要的基本的和高层次的知识与技能。这一双重任务体现在单个《标准》的呈现上:一方面,它们是相当宽泛的,允许各州在这个框架下填入地方的、州的、国家的标准;另一方面,它们在对学生的期望方面是非常严格的,体现在掌握知识的内容与深度等。①

2.研发团队

《标准》的研发团队兼具专业性与多元性。首先,作为《标准》行动的发起者,全国各州职业教育联盟主任协会肩负着整个《标准》研制的统筹与协调工作。其次,2011 年 11 月,各州职业教育主管获得自愿选择是否参与《标准》研制工作的机会。最终,42 个州,华盛顿哥伦比亚特区和帕劳签署了相关声明,并因此获准分别推荐一位专家组成 16 个职业群工作小组(Career Cluster Working Groups,后简称工作小组)。据统计,各州与属地共推荐专家 320 余名,这些专家主要从课程顾问、商业界、产业界、中等后教育专家、骨干教师等专业群体中产生,他们直接参与《标准》的编写工作。② 再次,马沙诺研究实验室(Marzano

---

① NASDCTEc. The State of Career Technical Education: An Analysis of State CTE Standards [EB/OL]. [2014-09-10]. http://www. careertech. org/state-CTE-standards.

② NASDCTEc, MRL. Common Career Technical Core Standards Development Project[EB/OL]. [2014-09-10]. http://www. careertech. org/sites/default/files/CCTC_TechnicalReport. pdf.

Research Laboratory，MRL)——一个致力于教育研究的独立组织，负责辅助工作小组开发标准。最后，其他数量众多的商业界、产业界代表，管理人员，教育工作者，研究人员以及普通大众也都在初稿的公开讨论(Public Comment)等环节中参与了《标准》的研制工作。[①]

3. 研发机制

《标准》的研发并不是从无到有的过程，而是广泛参考了商业界、产业界和各州已有的标准，特别是 2011 年春季发起的对 2008 版"职业群和职业途径知识与技能清单"(Career Cluster and Career Pathway Knowledge and Skills Statements)的重新研究与修订，其成果更直接成为研制《标准》草案的起点。2012 年 2 月，各州结束了 16 个工作小组的推荐工作。3 月初《标准》草案完成。3 月下旬，州层面对《标准》草案的评议工作开启，工作小组成员被要求就《标准》在内容与水平两个维度的合理性进行评价。为此，马沙诺研究实验室专门开发了一个在线调查工具，该工具将评价分为"需要进一步工作"(Need Work)和"达到目标"(On Target)两个等级。前者指《标准》存在改进的需要，后者则表示《标准》是可接受的。此外，该工具鼓励被调查者就标准存在的问题提出具体的评论与建议，以便为《标准》的进一步改进提供参考。鉴于每个州只能完成一份调查，大部分州选择先自行在本州开展范围较大的调查，再将调查结果进行整合，并据此完成调查。4 月，工作小组根据上阶段收集到的调查结果，对《标准》草案进行修订。5 月初，《标准》的研制工作进入征求公众意见的阶段。修订后的《标准》再次被放入马沙诺研究实验室开发的调查工具中，接受公众的评价。与州层面的评价方式相同，公众可在线提交自己对《标准》草案的看法与建议。5 月下旬，工作小组又在仔细研究公众反馈的基础上，对《标准》草案进行了新一轮修订。随后，全国各州职业教育联盟主任协会和国家职业教育基金会共同对《标准》的文本进行表达方式上的规范，使得《标准》在整体上保持较高的一致性。2012 年 6 月 18 日，全国各州职业教育联盟主任协会和国家职业教育基金会共同发布了《标准》，这标志着《标准》研制工作的结束，同时也标志着《标准》进入正式实施阶段。[②]

---

①　NASDCTEc. Setting a New Standard for Career Technical Education：The Common Career Technical Core［EB/OL］．［2014-08-20］. http://www. careertech. org/sites/default/files/CCTCSettingNewStandard FINAL. pdf.

②　NASDCTEc, MRL. Common Career Technical Core Standards Development Project［EB/OL］.［2014-09-10］. http://www. careertech. org/sites/default/files/CCTC_TechnicalReport. pdf.

(二)《标准》的核心内容

新近颁布的《标准》全文共 21 页,包含导言(Introduction to CCTC)、生涯准备实践(Career Ready Practice)和 CCTC 标准(CCTC Standards)3 个部分。导言简要介绍了《标准》的目的、内容等概况。生涯准备实践包括个体为职业生涯做好准备所需达到的知识、能力和情感标准。CCTC 标准则包括针对 16 个职业群的知识与技能标准,以及针对 79 个相应的职业路径的知识与技能标准。后两部分是《标准》的主体内容。①

1. 生涯准备实践

《标准》明确规定了个体为职业生涯作好准备所需达到的知识、能力和情感标准,包括:①成为负责任且有贡献的公民和雇员;②合理运用学术和技术技能;③关注个人健康和财务状况;④明确、有效、理性的沟通;⑤注重决策的环境、社会和经济因素;⑥具备创造力与创新力;⑦使用有效且可靠的研究策略;⑧运用批判性思维理解问题、解决问题;⑨展示正直、有道德的领导和有效的管理;⑩制定与个人目标一致的教育计划和职业生涯路径;⑪借助科技提高生产率;⑫有效的团队工作和跨文化能力。每一条标准下面都有详细的解释,比如"有效的团队工作和跨文化能力"就被解释为"为职业生涯作好准备的个体总能在正式或非正式的团体中发挥积极作用。他们善于通过对文化差异的理解,消除富有成效而积极的互动所面临的障碍。他们能够找到提高所有团队成员参与度和贡献度的方法。他们计划和促进有效的团队会议"。

生涯准备实践在《标准》中具有最广泛的适用范围。首先,它们不仅适用于职教学生,所有学生都能够而且应当通过学术课程、技术课程、职业探索活动等学习和强化生涯准备实践。其次,它们不仅适用于中等教育学生,高等教育学生以及成人学习者也都需要它们。随着学生水平的提高,生涯准备实践需要通过更为复杂和高期望的学术课程、技术课程、职业探索活动得到强化。最后,它们不仅能在教室、学生组织的活动等校内场景中得到实践,社区、工作场所等校外场景同样也可以。②

---

① NASDCTEc/NCTEF, Silver Spring, MD. Common Career Technical Core[EB/OL]. [2014-09-12]. http://www.careertech.org/careertechnical-education/cctc/info.html.

② NASDCTEc. The Career Ready Practices[EB/OL]. [2014-09-15]. http://www.careertech.org/sites/default/files/CareerReadyPractices-FINAL.pdf.

2. 职业群知识与技能标准

《标准》规定了职教学生为特定职业群作好准备所需达到的知识与技能标准。根据美国国家职业群体系，职业群由多个职业路径构成，这些职业路径虽各不相同，但彼此之间都存在一些共性。职业群知识与技能标准正是针对这些共性制定，规定了学生为多个职业路径作好准备需具备的核心知识与技能。

在《标准》中，职业群知识与技能标准的适用范围小于生涯准备实践。相较于生涯准备实践，它们的适用范围从所有的职业教育项目缩小到属于特定职业群的职业教育项目。以《标准》规定的农业、食品及自然资源职业群的知识与技能标准（Agriculture, Food & Natural Resources Career Cluster）为例，它描述了农业系统、动物系统、环境服务系统、食品生产与加工系统、自然资源系统、植物系统以及动力、结构与技术系统这 7 个职业路径中，学生在完成职业教育项目时应当同样具备的核心知识与技能。包括：①分析问题、趋势、技术和公共政策如何影响属于农业、食品和自然资源职业群的各个系统；②评估农业、食物和自然资源职业群的性质与范围，以及农业、食品和自然资源在社会和经济中的地位；③评价与总结健康、安全和环境管理系统对农业、食品和自然资源的重要性；④证明开展农业、食品和自然资源活动时对自然资源的管理工作；⑤描述在农业、食品及自然资源职业群下存在的职业生涯发展机会，以及实现这些机会的途径；⑥分析农业、食品和自然资源各系统在食品、纤维和燃料的生产、加工和管理方面的相互作用，以及可持续的自然资源使用。

3. 职业路径知识与技能标准

《标准》规定了职教学生为特定职业路径做好准备所需达到的知识与技能标准。作为职业群的下位概念，职业路径同样由多个具体的职业构成。职业路径知识和技能标准同样针对各个职业的共性制定，规定了学生为多个职业做好准备需具备的核心知识与技能。

在《标准》中，职业路径知识与技能标准的适用范围最小，仅适用于属于特定职业路径的职业教育项目，如表 3.2 所示。以《标准》规定的农业、食品及自然资源职业群下的农业系统职业路径知识与技能标准为例，它描述了学生为该类职业做好准备需同样具备的核心知识与技能。包括：①应用管理规划的原则；②使用记录完成目标，管理预算，并且遵从法律与规章；③运用被普遍接受的会计原则管理现金预算，信贷预算，农业、食品和自然资源商业信贷；④为农业、食品和自然资源商业开发商业计划；⑤使用销售和市场的原则达成农业、食品和自然资源商业原则。

表 3.2 《标准》的三级标准①

（以农业、食品及自然资源职业群下的农业系统职业路径为例）

分级	标准
生涯准备实践	成为负责任且有贡献的公民和雇员
	合理运用学术和技术技能
	关注个人健康和财务状况
	明确、有效、理性的沟通
	注重决策的环境、社会和经济因素
	具备创造力与创新力
	使用有效且可靠的研究策略
	运用批判性思维理解问题，解决问题
	展示正直、有道德的领导和有效的管理
	制定与个人目标一致的教育计划和职业生涯路径
	借助科技提高生产率
	有效的团队工作和跨文化能力
职业群知识技能标准（农业、食品、自然资源职业群）	分析问题、趋势、技术和公共政策如何影响属于农业、食品和自然资源职业群的各个系统
	评估农业、食物和自然资源职业群的性质与范围，以及农业、食品和自然资源在社会和经济中的地位
	评价与总结健康、安全和环境管理系统对农业、食品和自然资源的重要性
	证明开展农业、食品和自然资源活动时对自然资源的管理工作
	描述在农业、食品及自然资源职业群下存在的职业生涯发展机会，以及实现这些机会的途径
	分析 AFNR 各系统在食品、纤维和燃料的生产、加工和管理方面的相互作用，以及可持续的自然资源使用
职业路径知识技能标准（农业系统职业路径）	应用管理规划的原则
	使用记录完成目标，管理预算，并且遵守法律与规章
	运用被普遍接受的会计原则管理现金预算，信贷预算，农业、食品和自然资源商业信贷
	为农业、食品和自然资源商业开发商业计划
	使用销售和市场的原则来达成农业、食品和自然资源商业原则

① NASDCTEc/NCTEF，Silver Spring，MD. Common Career Technical Core[EB/OL].[2014-09-12]. http://www.careertech.org/careertechnical-education/cctc/info.html.

（三）《标准》的特点

1.建立统一标准,把控职业教育质量

在广泛而深入地研究已有标准的基础之上,《标准》明确对全美职业教育项目的目标和内容提出了共同的高期望。如此一来,职业教育的课程设计、课堂教学和成果评价等都有了可遵循的基准。当然,《标准》不会彻底取代现存的职业教育标准,而只是确保所有完成职业教育项目的学生在离开时都获得一系列共同的核心知识和技能。也就是说,只要确保职业教育项目能为学生提供《标准》所要求的知识与技能,各州完全可以根据自身实际情况作出三种选择:用范围更加宽泛的职业群或职业路径标准补充现有的针对特定职业的标准;参照《标准》,增加或删减现存的标准;取代现存的标准。[①] 这有利于职业教育在全国范围内保持相对的一致性,同时也确保各州拥有足够的自主权,最终有效提升职业教育的质量和国家竞争力。

2.规范研发过程,确保标准的高质量

《标准》的研制过程具有以下特征:首先,拥有明确的研发设想。这些设想始终引导着《标准》的研发朝着正确方向前进。其次,拥有多方参与的研发团队。《标准》的研发工作在全国各州职业教育联盟主任协会的领导下,组建了一支由教育专家、教育管理人员、骨干教师、商业界代表、产业界代表、一般公众等共同组成的兼具专业性与多元性的研发团队。最后,拥有有效的研发机制。《标准》是集思广益的成果,据统计,至少有 3500 余名相关人员以某种方式参与到了《标准》的研制过程。[②] 如何既实现研制过程的多方参与,又保证研制过程的经济高效?信息技术提供了理想的方式。工作小组时常采用在线研讨会的方式交流讨论标准研发工作。马沙诺研究实验室还专门在网上建立了一个互动、反馈的网站,州层面和普通大众都可以针对标准的内容,在线提交看法与建议。

3.设计分级标准,增强职业教育的灵活性

21 世纪,全球经济发展、科学技术进步等为劳动力市场带来了更多的不确定因素。职业教育再也不能满足于仅仅帮助学生为特定职业作准备,而应当着眼

---

① NASDCTEc. The State of Career Technical Education: An Analysis of State CTE Standards [EB/OL]. [2014-09-10]. http://www.careertech.org/state-CTE-standards.

② 王文槿,闫红.生涯技术教育下的美国中等职业群课程[J].中国职业技术教育,2010(25):72.

于为学生在整个职业生涯中从事不同类型的职业作好准备。这就要求职业教育不仅要为学生提供"专业"的教育,还要为学生提供"通用"的教育。《标准》的三级标准,既考虑到了不同职业间的相通性,又兼顾到了不同职业的特殊性,使学生成为既"通"又"专"的人才,能够有效提高学生在劳动力市场上的适应性。

4.利益相关者的广泛支持

由于各州是研发《标准》的主角,所以相较于联邦层面推动的改革,《标准》似乎更易于被各方接受。事实上自发布以来,《标准》确实得到了来自官方和个人多方面的支持。如,来自加利福尼亚州教育部的帕特里克·安斯沃思(Patrick Ainsworth)称赞《标准》是职业教育领域的黄金标准(Gold Standard),它成功为各州开发和实施新的职业教育标准提供了基准模型。国家生涯学院联盟(National Career Academy Coalition)明确支持《标准》,其主席安吉·格拉斯堡霍夫(Angie Grasberger)曾评价《标准》是提高全国职业教育项目质量与一致性的共同基准,其对于提升美国在全球经济中的竞争力意义重大。[①] 但是,《标准》在美国出台时间毕竟不长,究竟能为美国的职业教育带来多大的变化尚待观察。

二、职业教育外部质量评估

外部质量评估是指政府和社会对职业教育机构达成质量目标情况的检查。在美国,政府主要通过认可制、质量问责制和整体性评估这三大工具保障职业教育质量。认证机构作为独立于政府和教育机构的社会力量,通过提供认证服务来保障职业教育质量。

(一)政府评估

1.政府评估的内容

(1)认可制

获得认可(Approval)是教育机构创建或继续实施职业教育项目的前提。[②]按照美国现行的教育管理制度,各州政府掌握着批准教育机构设立职业教育项

---

① NASDCTEc. Voices of Support for the Common Career Technical Core[EB/OL]. [2014-09-25]. http://www.careertech.org/voices-support.

② National Research Center for Career and Technical Education. State Approval Policies for Postsecondary Career and Technical Education[R]. 2007.8.

目的权力。作为认可项目的依据,各州政府通常会要求教育机构用文件说明职业教育项目的目标、规模、组织架构、资源供应等信息。只有当州政府认为项目满足最低标准时,才会批准教育机构开设项目并给予一定的经费支持。

第一,认可的标准。

标准是各州教育主管部门对职业教育项目进行认可评估的依据,也是教育机构创建职业教育项目的指南。为提升全美职业教育项目的整体质量,联邦政府于 2010 年发布了《学习项目:地方实施准备与能力自我评估工具》(Programs of Study:Local Implementation Readiness and Capacity Self-Assessment Tools,以下简称《自我评估工具》),明确了高质量职业教育项目的要素及其准入标准。[①] 由于该文件已成为各州教育主管部门开发项目认可标准的参照对象,本研究将对这份文件的分析作为管窥全美职业教育项目认可标准的窗口。从内容架构来看,《自我评估工具》以联邦教育部在《一个学习项目设计框架》中确定的高质量职业教育项目应当具备的 10 个要素为基本框架,将每个要素细化为数条具有可操作性的认可评估标准。本部分以课程序列要素为例,展现美国确定项目认可标准的逻辑及标准的内容。

《自我评估工具》指出高质量的职业教育项目应当提供一个跨越中学和中学后教育阶段、非重复性的课程序列,以确保学生不需要重复修课或修习补救课程。分教育阶段来看,中学阶段的课程须确保学生满足州制定的毕业要求,同时帮助学生为升学与就业做好准备;中学后阶段的课程须确保学生满足获得相关凭证、证书和学位的要求,同时帮助学生为转学和就业做好准备。基于上述理念,《自我评估工具》要求教育机构提供的职业教育项目在课程序列这一要素上满足以下 4 条标准:①确定项目推荐的学术和职业教育课程。②中学阶段的教育侧重于教授具有广泛适用性的基础知识和技能。③中学后阶段的教育开始关注与职业关联性更强的课程,专注于特定职业群的高级知识与技能。④为高中生提供获得中学后教育学分的机会。具体到如何实施职业教育项目认可评估,《自我评估工具》确定了 4 条非开放性评估部分,供项目管理人员对照自身实践进行打分。同时,《自我评估工具》还设置了 7 个开放性评估部分,要求项目管理人员描述课程序列要素的重要性、面临的困难以及克服困难的步骤。(如表 3.3 所示)

---

① U. S. Department of Education. Programs of Study:Local Implementation Readiness and Capacity Self-Assessment[EB/OL]. [2010-8]. https://s3. amazonaws. com/PCRN/docs/POSLocal ImplementationTool-9-14-10. pdf.

表 3.3　针对"课程序列"要素的认可评估表①

非开放性评估部分		
实施要点	当前状态	重要性
职业教育项目完全符合州政府针对阅读、数学和科学科目设定的学术标准。	□ 无 □ 开发中 □ 已实施	□ 低 □ 重要 □ 关键
明确课程衔接的目的是确保知识和技能逐步精进且不重复，并尽力为学生提供获得中学后教育学分的机会。	□ 无 □ 开发中 □ 已实施	□ 低 □ 重要 □ 关键
职业教育项目创造了一条帮助学生顺利过渡到中学后教育的路径。与学生的职业目标相适应，职业教育项目必须包括一个正式的凭证项目、一个两年制学位项目或一个四年制学位项目。	□ 无 □ 开发中 □ 已实施	□ 低 □ 重要 □ 关键
职业教育项目的课程在中学阶段是比较宽泛的，后随着教育的推进逐步实现专业化。	□ 无 □ 开发中 □ 已实施	□ 低 □ 重要 □ 关键
开放性评估部分		
自我评估	关键要素或行动步骤	
• 有哪些值得继续保持的方面？ • 在维持和提高伙伴协作水平方面，有什么目标与策略？ • 如何判断伙伴协作关系的成功与否？	• 将采取哪些新举措或修改已有的举措？ • 将如何集中力量发展关键要素？ • 将用什么样指标来衡量所取得的进步？ • 将在何时、以何种方式确定自身成功与否？	

第二，认可的实施。

美国各州间在认可职业教育项目的具体方式上存在较大的不同。本部分以田纳西州实行的认可制为例，展现州政府开展认可的实践。在田纳西州，田纳西州教育部（Tennessee Department of Education）统一开发职业教育项目。2013 年起，田纳西州教育部重新开发了本州的职业教育项目清单，以期符合《帕金斯法Ⅳ》对于职业教育项目的新规定。

田纳西州教育认可的实施分三个阶段：在第一阶段（2013—2014 学年），田纳西州教育部为州内 17 个职业群分别设立了行业咨询委员会（Industry Advisory Council）。行业咨询委员会由来自中学和中学后教育机构、企业、行业的

---

① U. S. Department of Education. Programs of Study：Local Implementation Readiness and Capacity Self-Assessment［EB/OL］.［2010-8］. https://s3. amazonaws. com/PCRN/docs/POSLocalImplementationTool-9-14-10. pdf.

代表组成,负责确定每个职业群内部职业教育项目的标准。确定标准后,行业咨询委员会可删除已有项目清单上那些不符合标准的职业教育项目。据统计,田纳西州教育部在第一阶段共叫停了 15 个职业教育项目。第二阶段(2014—2015 年),田纳西州教育部除继续淘汰项目外,还致力于修改、完善已有项目。在此阶段,田纳西州教育部共淘汰了 37 门课程,修改了 117 门课程并新增了 74 门课程。2015 年底,田纳西州教育部公布了获得认可的职业教育项目清单。第三阶段(2015—2017 年),田纳西州教育部重点关注如何将业界公认的评估整合到职业教育项目中,以更好地评估学生学习成果。田纳西州教育部的做法是应用形成性评估,确保教育工作者能在教学过程中获得学生进步信息并进行相应调整。

为持续监控州内职业教育项目的质量,田纳西州教育部推行年度职业教育项目审核制。换言之,田纳西州教育部每年都会重新审核职业教育项目清单,确保项目协调中学教育、中学后教育和劳动力市场需求。每年,行业咨询委员会都会执行审核程序,识别那些不符合要求的职业教育项目。如果行业咨询委员会认为某个职业教育项目必须被中止,会尽快通知对应的教育机构,并给教育机构 2 年的时间逐步淘汰该项目。

田纳西州教育部在创建和中止职业教育项目方面拥有非常大的权力,但田纳西州教育部同样意识到政府统管存在的局限性。政府开发的职业教育项目在落实到机构实践的过程中,其质量往往会大打折扣。因此,田纳西州教育部非常重视为教育机构及其工作人员提供技术援助、专业发展等支持,以期持续提升项目质量。例如,为帮助教育机构及时、动态地监控学生表现,田纳西州教育部注意收集州内学生的各项表现数据,并向教育机构管理人员开放。这种做法使得管理人员无需等待一年一度的项目审核,就能根据已有的数据自行调整职业教育项目。与此同时,为增强利益相关者的支持和参与意愿,田纳西州教育部通过多种方式吸引利益相关者参与项目认可。在审查职业教育项目的初始阶段,田纳西州教育部就咨询了包括教师和学校管理人员在内的众多利益相关者,听取他们对于认可评估标准的看法与建议。此外,田纳西州还按季度为教师提供专业发展机会,召集州内的职业教育项目管理人员分享最佳实践,学习如何使用数据推动持续改进。

(2)质量问责制

根据美国学者马丁·特罗(Martin Trow)的观点,质量问责即向利益相关者汇报、解释、证明、回答资源如何被使用以及达到了何种效果。[1] 在职业教育领域,质量问责指教育机构向利益相关者解释、证明职业教育项目的资源使用

---

① 辛涛.我国教育问责制建立的几个关键问题[J].北京大学教育评论.2013,11(1):165.

情况及其效果,由利益相关者判断教育项目质量并据此选择支持、变革或淘汰教育项目。[①] 自 1917 年《史密斯-休斯法》实施,国会每一次职业教育立法都对构建质量问责制作出了许多规定。[②] 2006 年,国会颁布《帕金斯法Ⅳ》,质量问责制再次成为职业教育改革的焦点问题。为评价职业教育效能,优化职业教育拨款的投入产出收益率,联邦政府在继续强化州层面问责的基础上,首次将问责扩展到地方层面。《帕金斯法Ⅳ》实施以来,各州和地方先后建立了适合自身的职业教育教育质量问责系统,有效促进了职业教育质量的提高。

第一,质量问责指标。

评价是问责的基础,要判断问责对象是否达成了预定的绩效目标,必须明确绩效评价指标。《帕金斯法Ⅳ》确定了核心指标、附加指标和已有指标三类绩效评价指标。与此同时,《帕金斯法Ⅳ》还调整了特殊人群的清单,将中学职业教育质量问责指标与《中小学教育法》(Elementary and Secondary Education Act)相对接。

①核心指标。

《帕金斯法Ⅳ》为中学和中学后职业教育设计了三项相同的核心绩效评估指标:指标一,技术技能成就。该指标主要检测学生所达到的技术技能熟练程度,即学生在州政府举办或产业认可的技术评估中的通过率。指标二,毕业生安置率。该指标主要检测学生中继续接受中学后教育、接受高级培训、服兵役或就业的比例。指标三,非传统领域的就业率。"非传统领域"(Nontraditional Fields)指那些特定性别的从业人员占从业人员总数 75% 以上的职业或工作领域。非传统领域的就业率这一指标主要检测学生在参加或完成中学职业教育项目后,在非传统领域的就业情况。具体分为 2 个指标:指标一,参与职业教育项目后在非传统领域的就业率,即因参与到中学职业教育项目(指已在职业教育项目中获得 1—2 个学分)而在非传统领域就业的学生中,在性别上处于弱势的学生所占的比例。指标二,完成职业教育项目后在非传统领域的就业率,即因完成中学职业教育项目(指已在职业教育项目中获得 3 个或 3 个以上学分)而在非传统领域就业的学生中,在性别上处于弱势的学生所占的比例。

与此同时,《帕金斯法Ⅳ》还为中学和中学后职业教育设计了数项不同的核

① Paul T. Hill. Pandora's Box: Accountability and Performance Standards in Vocational Education[EB/OL]. [1992-12]. http://www. officinadelconteruggero. com/pandoras box accountability_and_performance_standards_in_vocational_education_download. pdf.

② U. S. Congress, Office of Technology Assessment. Testing and Assessment in Vocational Education[R]. 1994.

心绩效评估指标。中学职业教育特有的绩效评价指标包括:指标一,学术成就。该指标主要检测学生完成学业内容和达到学术成就标准的情况。具体分为2个指标:一是阅读和语言艺术成就,即在州依照 ESEA 相关规定实施的阅读和语言艺术评估中达到熟练水平及以上的学生比例。二是数学成就,即在州依照 ESEA 相关规定实施的数学评估中达到熟练水平及以上的学生比例;指标二,中学教育完成率。该指标主要检测接受中学职业教育的学生中成功获得中等教育文凭、学术教育发展证书,或是其他州政府认可的、效力等同于中等教育文凭的技能证明、证书的比例。指标三,学生毕业率。该指标主要检测接受职业教育的学生中,在规定年限内成功获得文凭的比例。中学后职业教育特有的绩效评价指标包括2个指标:指标一,证明文件、证书或文凭的获得率。该指标主要检测学生中获得产业认可的证明文件、证书或文凭的比例;指标二,学生保留或转移率。该指标主要检测接受中学后职业教育的学生中继续留在原来的中学后教育机构就读或转读学士学位的学生的比例。(如图 3.1 所示)

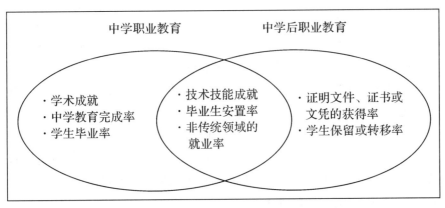

图 3.1　绩效评价指标分布图

②附加指标和已有指标。

在《帕金斯法Ⅳ》给定的核心指标之外,各州政府和地方职业教育办学机构可根据本州本学校的实际情况,在问责的过程中设置附加指标。比如华盛顿州就设置了3个附加指标,分别为毕业生收入、雇主满意度和学生满意度。① 州政府和地方职业教育办学机构在附加指标的制定方面享有足够的自主权,联邦教

---

① United States Government Accountability Office. States Have Broad Flexibility in Implementating Perkins IV[EB/OL]. [2009-7]. https://www.gao.gov/assets/300/293150.pdf.

育部无权过问。此外,如果州政府或地方职业教育办学机构在《帕金斯法Ⅳ》颁布实施前就已经在全州或地方范围内开发了职业教育问责指标体系,当这一体系符合《帕金斯法Ⅳ》的相关规定时,州政府和地方职业教育办学机构可申请直接使用已有的体系。从指标的构成来看,《帕金斯法Ⅳ》所提供的核心指标是各州政府和地方职业教育办学机构在建构问责指标体系时都需要包含的部分,这使得职业教育问责的内容在全国范围内基本保持一致。同时,各州和地方被允许自定附加指标,自定是否继续使用已有指标,这使得问责具有了更多的灵活性。

第二,质量问责实施的程序与方法。

在《帕金斯法Ⅳ》框架下,美国职业教育问责主要在州和地方 2 个层面开展,一般需经历计划制订、评价报告和结果反馈 3 个阶段。由于州和地方 2 个层面在问责实施的程序与方法上基本类似,因此这里主要以州层面的问责为例,介绍美国职业教育问责实施的程序和方法。

①计划制订阶段。

为鼓励各州实施职业教育问责,联邦教育部设立了专门的资助项目,凡是定期向教育部上交问责计划,且计划得到批准的州均可获得资助。一般情况下,问责计划的上交周期为 6 年,但在《帕金斯法Ⅳ》实施后的头一年,考虑到州政府需要时间来建立符合该法规定的问责系统,教育部允许州政府根据自身的实际情况选择直接上交六年计划或先上交一年计划,在一年计划即将完成时再补交剩下五年的计划。一年计划又称"过渡计划",相较于六年计划其所包含的项目较少,制定的难度也要低些。但不管提交的是一年计划还是六年计划,各州政府都需在计划中详细描述他们将如何构建既符合本州实际情况,又满足《帕金斯法Ⅳ》相关要求的问责体系。

问责计划主要包括 3 个方面内容:首先,展示本州计划构建的问责指标系统并说明各项指标的具体测量方式。其次,明确本州未来 2 年内在每一个核心指标上计划达到的绩效标准。最后,描述本州将采取哪些措施,保证所获得数据的精确性、可靠性和兼容性。绩效标准指州在未来 2 年内期望达到的学生成绩目标,它必须以百分比或数值等可衡量的形式出现,且须具有挑战性,即各州无法轻松实现这一标准,需付出一定的努力才能达到。在州政府将计划提交到教育部之后,教育部长会与各州商议签署 2 年内所能达到的绩效标准协议。这个协议可以称为"协商后州的绩效水平"(State Adjusted Levels of Performance)。以后,每过 2 年教育部长和州政府都会根据当时的情况确定新的"协商后州的绩效水平"。如有意外情况(自然灾害、经济危机等)发生,州政府还可通过与联邦教育部协商来变更以上标准。

②评价报告阶段。

在问责计划获得批准后,州政府有权自行在全州范围内开展职业教育问责,收集相关数据,联邦教育部可通过派遣专家、提供评价工具等方式进行协助,但无权强行干涉州的行为。作为对联邦拨款使用情况的汇报,各州政府需每年向教育部上交问责报告,汇报本州在达成绩效标准的过程中所取得的进步。同时,在形成报告的过程中,为提高数据的质量,各州被要求参照 ESEA 等文件规定的学生分类标准,按性别、种族、贫富等变量对学生进行分类汇报。此外,除非被评价学生的数量少到无法获得统计学意义上可信的信息,抑或数据将不可避免地暴露学生的个人信息,报告应该识别不同类别学生之间存在的差异,并对每一类学生在达成各项问责指标的绩效标准上所取得的进步进行量化描述。

③结果反馈阶段。

收到各州上交的问责报告后,联邦教育部会在对报告内容进行深入分析的基础上形成总报告并向国会说明。如果问责报告显示州在任何一个核心指标上未达到"调整后州的绩效水平"的 90%,那么该州政府须在下一年度实施"改善计划"(Improvement Plan),改进本州在发展职业教育上的不足。当教育部认定州政府没有很好履行职责或州政府在提升本州教育质量上存在困难时,会及时向该州提供技术援助,帮助其顺利实施"改善计划"。若州政府未实施"改善计划",或在同一个核心指标上连续 3 年未能达到"调整后州的绩效水平"的90%,那么联邦教育部有权部分或者完全收回该州所获得的资助。

(3)整体性评估

在美国,联邦政府和州政府都定期组织人员对下级单位的表现进行整体性评估。所谓整体性评估,包含 2 层意思。一是指评估的对象不再局限于教育投入、过程、结果等某一侧面,而是对全国或特定州范围内所有职业教育项目的所有方面进行全面、系统的调查。二是指评估的目的不仅限于研究全国或特定州职业教育项目的发展情况,而且重在分析政府出台的法律法规和政策是否产生了预期效果,以期为未来的政策调整指明方向。根据实施主体不同,美国存在 2 种职业教育整体性评估,即联邦教育部组织开展的国家评估和州教育主管部门组织开展的州评估。本部分以联邦政府定期开展的职业教育国家评估为例,展现美国开展国家评估的实践。

1963 年《职业教育法》首次要求州和地方的职业教育项目定期接受评估。该法授权联邦教育部每 5 年对相关法律的实施情况进行整体性评估,同时对下一阶段的职业教育立法活动提供建议。① 此后,美国国会每一次出台的职业教育法律都要求联邦教育部实施国家评估。本部分以美国联邦教育部开展的最新一轮职业教育国家评估为例,对联邦层面整体性评估的实施机构、评估内容和方法等进行探究。

第一,国家评估的实施机构。

2006 年《帕金斯法Ⅳ》要求联邦教育部实施一次独立的职业教育国家评估,评估《帕金斯法Ⅳ》实施情况以及全美职业教育的发展成果。在《帕金斯法Ⅳ》正式颁布实施后,联邦教育部即授命规划、评估与政策开发办公室(Office of Planning, Evaluation and Policy Development)开展国家评估。联邦教育部还要求规划、评估与政策开发办公室分别于 2013 年提交中期报告,于 2014 年提交终期报告。

根据 1917 年《史密斯-休斯法》,职业教育经费由联邦生涯与技术教育委员会(Federal Board for Vocational Education)管理,该委员会直接向总统和国会负责。1933 年,联邦生涯与技术教育委员会被取消,委员会主任被任命为联邦教育部长(Commissioner of Education)的助理(Assistant Commissioner)。这种调整大大限制甚至阻断了职业教育首席行政官员与立法部门直接沟通的机会。② 目前,联邦教育部(Department of Education)是联邦层面的教育主管部门,下设了 24 个管理具体教育事务的部门,分为部长办公室(Office of Secretary)、副部长办公室(Office of Deputy Secretary)、顾问部长办公室(Office of Under Secretary)3 个由高到低的级别。(如表 3.4 所示)按照美国联邦教育部分部长办公室、副部长办公室和顾问部长办公室三级的组织架构,规划、评估与政策开发办公室隶属于部长办公室,在联邦教育部内部拥有较高的地位。从职责定位来看,规划、评价和政策发展办公室作为一个整体直接向教育部长负责,对联邦教育部的政策制定、绩效评估和经费预算等重要事务进行监管。③

---

① Vocational Education Act of 1963[Z].

② John L. Scott. Overview of Career and Technical Education[M]. Orland Park: American Technical Publisher, Inc,2014:179.

③ The Office of Planning, Evaluation and Policy Development[EB/OL]. [2017-11-10]. http://www2. ed. gov/about/offices/list/opepd/index. html.

表 3.4　美国联邦教育部内设机构 ①

级别	内设机构
部长办公室	教育科学院(Institute of Education Sciences)
	民权办公室(Office for Civil Rights)
	通信与联络办公室(Office of Communications and Outreach)
	教育技术办公室(Office of Educational Technology)
	法律顾问办公室(Office of the General Counsel)
	监察长办公室(Office of Inspector General)
	立法与国会事务办公室(Office of Legislation and Congressional Affairs)
	规划、评估与政策开发办公室(Office of Planning, Evaluation and Policy Development)
副部长办公室	首席财务官办公室(Office of the Chief Financial Officer)
	首席信息官办公室(Office of the Chief Information Officer)
	初等与中等教育办公室(Office of Elementary and Secondary Education)
	英语语言习得办公室(Office of English Language Acquisition)
	创新与改进办公室(Office of Innovation and Improvement)
	管理办公室(Office of Management)
	特殊教育与康复服务办公室(Office of Special Education and Rehabilitative Services)
顾问部长办公室	联邦学生救助办公室(Federal Student Aid)
	生涯、技术与成人教育办公室(Office of Career, Technical, and Adult Education)
	中学后教育办公室(Office of Postsecondary Education)
	基于信仰与邻里关系的伙伴中心(Center for Faith-based and Neighborhood Partnerships)
	白宫印第安人与阿拉斯加原住民教育倡议(White House Initiative on American Indian and Alaskan Native Education)
	白宫亚裔美国人和太平洋岛民倡议(White House Initiative on Asian Americans and Pacific Islanders)
	白宫非裔美国人教育卓越倡议(White House Initiative on Educational Excellence for African Americans)
	白宫西班牙裔美国人教育卓越倡议(White House Initiative on Educational Excellence for Hispanics)
	白宫历史性黑人学院与大学倡议(White House Initiative on Historically Black Colleges and Universities)

---

① U. S. Department of Education. ED Operating Structure[EB/OL].[2017-12-11]. https://www2. ed. gov/about/offices/list/index. html? src=ft.

与此同时,规划、评价和政策发展办公室还下设有项目研究与分析办公室(Division of Program Analytic Studies),该办公室任命的研究团队长期负责协助教育部开发职业教育绩效评估系统,对职业教育项目的实施情况进行描述性评估,研究可行的职业教育质量提升策略。[①] 由此可见,联邦政府将实施国家评估的重任交付给了一个重要、适切且有影响力的政府部门。

为保证国家评估的质量,国会还要求联邦教育部组建一个独立的顾问小组。就目的来看,国会希望顾问小组发挥两大作用。一方面,协助联邦教育部规划新一轮的职业教育国家评估,包括确定评估的理念、方法、内容等;另一方面,向联邦教育部和国会提交一份独立报告,客观分析国家评估的结果并提供相应的改进建议。从人员构成上来看,顾问小组包含 6 类成员:①教师、管理人员、州生涯与技术教育董事、行政长官以及整合学术课程和职业课程方面的专家。②评估和研究领域的专家。③来自劳工组织和企业的代表。④家长。⑤为学生提供职业指导的专业人员。⑥具有相关专长的其他个人。最终教育部任命了一个由 13 位专家组成的顾问小组,这些专家来自大学、社区学院、高中、州教育部和研究机构。在开展职业教育国家评估的过程中,顾问小组一共在华盛顿召开 7 次会议,积极参与了研究设计、结论分析、报告撰写等过程。

第二,国家评估的主要内容与实施方法。

《帕金斯法Ⅳ》要求国家评估涵盖以下 7 个方面的内容:①各州和地方是否已经以学习项目为模板,开发或改进了职业教育项目;②学生选择职业教育项目和课程的情况;③职业教育教师的数量和质量水平;④职业教育学生在学校和劳动力市场上的表现;⑤在线教育、远程学习等新技术在职业教育中的推广情况;⑥校企合作的现状以及雇主对职业教育学生的满意程度;⑦绩效水平是否对职业教育教学产生了积极影响。经过长时间的研究与论证,联邦教育部最终将上述 7 个方面的内容转化成 5 个具有可操作性的研究问题并确定了相应的数据来源。(详见表 3.5)总体而言,国家评估所使用的数据主要来自 3 个渠道:教育部委托专业机构开展的调查研究;工作人员对已有文献资料的分析综述;工作人员按需从美国国家教育统计中心已经收集的数据中抽取。

① U. S. Department of Education. Policy and Program Studies Service[EB/OL]. [2016-12-01]. https://www2.ed.gov/about/offices/list/om/fs_po/opepd/ppss.html.

表 3.5　国家评估的内容与数据来源统计表①

研究问题	主要的数据来源
学生选择职业教育的趋势如何	从美国国家教育统计中心建立的数据库中抽取数据
职业教育对学生的学业成绩和就业表现产生了何种影响	以案例的形式,分析费城、圣地亚哥和佛罗里达州教育管理部门掌握的数据;开展针对雇主的调查
联邦政府提供的经费是如何被层层下拨和使用的	对教育部已经掌握的经费数据进行分析;开展针对州职业教育管理人员、职业教育办学机构工作人员的调查,在其中选取典型案例加以深入研究
绩效数据在何种程度上是有效、可信、可比的	对教育部已经掌握的绩效数据进行分析;开展针对州职业教育管理人员、职业教育办学机构工作人员的调查,在其中选取典型案例加以深入研究
各州和地方是否正在按要求创建学习项目	组建专家顾问团,对各州的学习项目进行审查;开展针对州职业教育管理人员、职业教育办学机构工作人员的调查,在其中选取典型案例加以深入研究

　　为获得相关数据,联邦教育部委托美国三角国际研究中心(RTI International)、圣地亚哥教育研究联盟(San Diego Education Research Alliance)、加州大学、约翰霍普金斯大学等专业机构开展了一系列既相互独立又具有内在联系的调查研究。其中,三角国际研究中心于 2014 年 10 月向联邦教育部提交了一份长达 246 页的研究报告,详细分析了各州和地方在《帕金斯法Ⅳ》框架下完善经费拨款、强化质量问责和创建学习项目的情况。② 另外,出于考察职业教育对学生学习成果影响的需要,联邦教育部还支持大学、研究机构等分别对费城、圣地亚哥和佛罗里达 3 个州内的高中生进行了持续多年的跟踪调查。③

　　除此之外,教育部工作人员还对大量已有的数据库和文献资料进行了深度分析。根据联邦政府公布的文件,教育部工作人员使用的数据库包括:"1988 级高中生教育纵向研究"(National Education Longitudinal Study of 1988)、"2002 级高中生教育纵向研究"(Education Longitudinal Study of 2002)、"学生高中及高中后纵向研究"(High School and Beyond Longitudinal Study)、"国家教育进

① U. S. Department of Education. National Assessment of Career and Technical Education: Interim Report[R]. 2013: xiv.

② RTI International and FHI 360. Evaluation of the Implementation of Carl D. Perkins Career and Technical Education Act of 2006[EB/OL]. [2014-10]. https://www.rti.org/sites/default/files/resources/evaluationofimplementationofperkinsactof2006.pdf.

③ U. S. Department of Education. National Assessment of Career and Technical Education: Final Report to Congress[R]. 2014.9.

步评估"(National Assessment of Educational Progress)、"高中成绩单研究"(High School Transcript Studies),以及中学后教育集成数据系统(Integrated Postsecondary Education Data System)等。

2. 政府评估的特点

(1)强调结果与过程并重

美国的职业教育质量评估关注结果(Outcome)而不是投入(Input)。起初,教师学历、教学设备、教学时间等投入因素被当作衡量职业教育质量的主要指标,这样的评估方式虽有益于扩大职业教育办学规模,却也导致教育资源浪费现象严重。到 20 世纪中后期,美国民众越来越强烈地意识到不能再无视教育资源浪费问题,职业教育应该让每一个学生有所收获,学校应该对学生的学习成就负责,此后以学生成就为主要内容的"结果"要素成为质量问责的关注重点。[①]《帕金斯法Ⅳ》明确指出职业教育的目的是帮助学生达到具有挑战性的学术和技能标准,为学生获得高要求、高技能、高工资的职位做好准备。以此为指导,《帕金斯法Ⅳ》所设计的质量问责核心指标体系始终围绕学生的学习成就是否得到改善、学生的就业能力是否得到发展这两大问题展开,体现了美国职业教育质量问责理念的先进性。

《帕金斯法Ⅳ》要求凡是接受联邦资助的教育机构都必须至少举办 1 个学习项目,从而在短期内催生出了数量庞大的新型职业教育项目。过去,各州或多或少存在职业教育项目准入条件过宽的问题。比如,新州教育部只规定了 9 条项目认可原则,对项目认可所依循的具体标准和流程全无规定。在联邦政府突出强调变革职业教育人才培养模式,提升职业教育项目质量后,各州在项目认可上的短板暴露无遗。经过改革,各州开始重视为中学和中学后职业教育项目认可设定统一标准,开始对教育机构在促进教育衔接、提高学生学术素养、加强学校与工作场所联系等方面提出了更为具体的要求。比如,田纳西州要求所有申请认可的项目都提供与田纳西应用技术学院系统签署的衔接协议副本,从而支持学生将高中阶段获得的学分转换为中学后学分。

(2)明确各主体的权责边界

美国职业教育政府评估重视发挥联邦的引导作用。在美国独特的联邦制下,教育管理的权力主要由各州保留,联邦教育部在国家教育事务中能发挥的

---

① U. S. Congress, Office of Technology Assessment. Testing and Assessment in Vocational Education[R]. 1994.

作用是十分有限的。在这样的制度背景下,为加强联邦教育部对职业教育的质量管理,教育部通过拨款资助的方式鼓励各州政府实施认可、质量问责和整体性评估。对于联邦设立的资助项目,州政府有选择是否参与的权利,而一旦州政府选择接受教育部的资助,那么州政府就有义务在教育部相关规定的框架内开展质量评估。这种拨款引导的方式,非常巧妙地强化了教育部在职业质量保障中的地位和作用。

美国职业教育政府评估赋予了州和地方较为充分的自主权。不管评估指标的选取、评估流程的确定还是评估工具的开发,各州政府和地方职业教育机构都有权根据本州本地区的实际自主进行选择。充分的自主权有益于激发州政府和地方职业教育机构开展质量评估的自觉意识,使各州和地方"因地制宜",构建最适合自身的质量评估体系,对提高质量评估实施的有效性产生积极的影响。然而,这样的方式也存在明显的弊端。多样化、个性化的质量评估实践方式,降低了评估数据的兼容性,使得联邦教育部无法通过直接合并各州的数据获得整个国家的职业教育质量信息,也不便开展州际职业教育质量的比较。

(二)社会评估

认证制(Accreditation)是一种基于自我评估和同行评估的教育质量保障机制,呈现出由非政府机构实施、教育机构自愿参与的特点。[①] 在美国,认证制作为一种独特的职业教育质量保障机制,成为政府评估的有益补充。[②] 认证是独立于政府和学校的认证机构对职业教育质量的肯定。美国职业教育机构争相成为认证机构的会员。一方面,成为会员说明机构及其提供的项目质量得到了社会的广泛认可,有利于赢得公众、用人单位和同行的信任。另一方面,政府、基金会等拨款者将认证作为分配资源的重要依据,那些获得认证的机构将获得更多的投资。

项目认证主要指全美设立 70 余个专业认证机构,由这些专业认证机构对本专业内教育项目的质量进行评估和认证。比如,美国烹饪联合会教育基金会(American Culinary Federation Education Foundation,以下简称"美国烹饪教育基金会")是一个国家级非营利性厨师和烹饪专业人员联合会,旨在促进食品

---

① 美国中部州高等教育委员会.美国高等教育质量认证与评估[M].谢笑珍,译.北京:北京大学出版社,2013.

② 教育部调研团.美国职业教育调研报告[J].中国职业技术教育.2016,(1):33.

准备、食品服务、烹饪艺术、糕点烘焙等职业领域的教育与培训。[①] 认识到烹饪行业的未来将取决于进入该行业的人才质量,美国烹饪教育基金会组建了认证委员会(Accrediting Commission),对中学和中学后教育机构提供的烹饪教育项目进行认证。

1. 认证标准

认证标准是对职业教育质量的定性解释。项目认证标准针对特定行业内的职业教育项目,较为具体、专业。比如,美国烹饪教育基金会公布的《标准:中学与中学后认证》(Standards:Postsecondary Accreditation and Secondary Certification)依照 8 条标准对职业教育项目进行认证评估,包括项目资格条件、使命与目标、组织与管理、教师、课程、设施设备、学生服务和项目评估。[②] 对标准内容进行分析,可发现美国烹饪教育基金会将每条标准都细分为若干条二级标准,并分别规定了教育机构获得认证所需提供的信息。

以"项目资格条件"标准为例,美国烹饪教育基金会从 4 个方面对项目进行评估。第一,项目的提供机构必须获得州法律授权办学,并获得联邦教育部或高等教育认证委员会认可的认证机构的认证。具体而言,教育机构必须向美国烹饪教育基金会提供办学许可和认证证书的复印件。同时,教育机构须撰写一份书面的叙述性材料,介绍机构获得办学许可和认证的情况。第二,项目的认证申请必须得到机构主管或指定人员的授权。具体而言,教育机构必须向美国烹饪教育基金会提供认证申请表。第三,该项目必须已经至少培养了 1 年的学生,并拥有较高的毕业率。具体而言,教育机构必须介绍 5 名新近毕业学生及其工作信息,包括毕业生及其雇主的姓名、地址、电子邮件和电话号码。同时,教育机构须撰写一份书面的叙述性材料,介绍机构的毕业率目标及其达成情况。第四,该项目必须符合美国烹饪教育基金会规定的"知识和技能"标准。具体而言,教育机构必须证明项目符合知识与技能模板。同时,营养、卫生和人际关系管理领域的项目必须满足最低学习时间要求。

2. 认证实施的程序与方法

申请项目认证,教育机构都需经历长达几年的酝酿和努力。通常,职业教

---

① American Culinary Federation. Postsecondary Accreditation and Secondary Certification for Culinary Arts and Baking and Pastry Programs[EB/OL]. [2017-11-10]. http://www. acfchefs. org/ACF/Education/Accreditation/ACF/Education/Accreditation/.

② American Culinary Federation Education Foundation. Standards:Postsecondary Accreditation and secondary Certification[EB/OL]. [2017-11-10]. http://www. acfchefs. org/download/documents/Accreditation/standards. pdf.

育申请认证需经历资格审查、评估报告和认证决策三个阶段。

（1）资格审查阶段

资格审查是认证过程的预备阶段。在此阶段，认证机构要求的流程有繁有简，但其目的都是初步审查教育机构的申请意愿与资质，从而决定是否给予教育机构申请认证的资格。美国烹饪教育基金会只将预备阶段细分为 3 个简单的步骤。第一步，教育机构从美国烹饪教育基金会获得申请认证所需的说明资料。第二步，教育机构将申请书、证明文件和不可退还的申请费提交给美国烹饪教育基金会。第三步，美国烹饪教育基金会对申请材料进行审核，并确定是否给予教育机构继续申请项目认证的资格。

（2）评估报告阶段

评估报告是认证过程的主体阶段。在此阶段，认证机构将要求教育机构开展自我评估，组织同行小组对教育机构进行现场评估。美国烹饪教育基金会将认证阶段细分为 6 个步骤。第一步，教育机构向大众公开申请认证项目的基本信息，供大众进行评论。第二步，美国烹饪教育基金会与教育机构商定实地考察（Site Visit）的日期。第三步，美国烹饪教育基金会告知教育机构即将开展实地考察的评估团队成员，并可根据教育机构的合理要求更换团队成员。第四步，教育机构须在实地考察前 60 个工作日内向美国烹饪教育基金会提交自我评估计划以及相关的证明材料、可用于实地考察的数据表、实地考察的费用。同时，教育机构须在实地考察前 60 个工作日内向评估团队成员提交完整的自我评估报告和证明材料。第五步，评估团队在商定的日期到教育机构进行实地考察，并在离开机构前将实地考察的结果以口头交流的形式告知项目负责人，包括项目协调员、教研组长和其他被指定的人员。第六步，在实地考察后的两周内，美国烹饪教育基金会将评估团队撰写的书面报告发送给教育机构。对于实地考察当中出现的问题，教育机构须在规定的日期内以书面的形式给予美国烹饪教育基金会反馈。

（3）认证决策阶段

认证决策是认证过程的收尾阶段。在此阶段，认证机构的管理委员会将基于前期评估结果，作出多种认证决定。值得关注的是，认证机构提供的认证并非一劳永逸、一次性的，而是存在有效期、循环进行的。一般，认证的周期为 5—10 年，教育机构每隔一段时间后都需接受复评，仍需经历自我评估、同行实地考察等实质性环节。

美国烹饪教育基金会负责人有权作出多种决定。如果认为项目已经达到了认证标准,负责人可根据项目符合标准的程度授予教育机构 3 年拨款、5 年拨款或示范拨款(Exemplary Grant)。其中,3 年拨款面向首次申请项目认证的教育机构;5 年拨款面向再次申请项目认证的教育机构;示范拨款面向再次申请项目认证,且百分百符合美国烹饪教育基金会设定标准的教育机构。给予中学教育机构的示范拨款为 5 年,而给予中学后教育机构的示范拨款为 7 年。对于首次申请认证的项目,如果美国烹饪教育基金会负责人认为该项目存在不符合认证标准的地方,则可直接拒绝认证或要求教育机构在 1 年内对项目进行整改。对于再次申请认证的项目,如果美国烹饪教育基金会负责人认为该项目存在不符合认证标准的地方,则可直接取消认证或要求教育机构在 6 个月内对项目进行整改。

3. 认证制的特点

(1)半自愿半强制的评估

在美国,认证被标榜为教育机构的自愿行为,教育主管部门从不对教育机构提出硬性要求。但事实上,美国认证制度的强制性在二战后不断增强。《退伍军人法》生效后,联邦政府已经将获得认证作为教育机构申请众多教育拨款项目的先决条件。换言之,认证机构实际上可以决定教育机构是否具备获得联邦资助的资格。[①] 此外,美国教育市场化程度较高,职业教育机构间对生源、师资等资源的竞争十分激烈。由于认证意味着社会各界对教育机构及其项目质量的广泛承认,职业教育机构想要招收足够的生源,想要获得政府、社会团体、个人的投资,想要确保雇主接受自己的毕业生就必须获得认证。因此,美国的职业教育认证制呈现出半自愿半强制的特点。

(2)发挥中介机构的监督作用

尽管政府和教育机构都热切关注着认证结果,但他们中的任何一方都无法左右认证。在美国,认证是由中立、客观的中介机构具体操作的。中介机构独立于政府之外,不受任何教育机构的控制,也不从属于任何的社会团体或个人,他们公平地为教育机构及其项目提供认证服务。作为中介机构实施认证的依据,各认证机构都会聘请专业人员开发认证标准,并定期对标准进行研究、修正。在这个过程中,认证机构会广泛听取教育机构、政府、公众的意见建议,但认证机构牢牢掌握着制定标准的权力。作为中介机构的运行费用,接受认证服务的院校须缴纳评估费(包括现场评估人员的食宿费用)、年度会员费等。中介

---

① 王建成.美国高等教育认证制度研究[M].北京:教育科学出版社,2007.

机构独立地提供认证服务,不会干涉教育机构的日常工作,也不允许教育机构插手其认证活动。

当然,认证机构的独立自治也是有限度的。特别是随着认证结果对政府教育资源流向的影响力日益增强,中介机构被要求对政府和公众负责。目前,为确保其所认证的机构和项目能够得到政府的经费支持,认证机构需接受美国联邦教育部和高等教育认证委员会的定期认可。其中,高等教育认证委员会也是一个非政府的民间中介机构。与诸多认证机构一样,它也不受外部力量控制,客观公正地评估认证机构的认证能力和质量。

三、职业教育机构内部质量管理

为回应政府、社会等外部力量的责任诉求,也为持续改善教育质量,美国职业教育机构参考全面质量管理理论,实施机构内部质量管理。

(一)机构内部质量管理的理论基础

在美国,职业教育机构拥有较为充分的自主权。联邦政府在《职业教育法》《帕金斯法》中屡次强调要加大对职业教育机构的放权力度。自由与责任相生相伴。教育机构拥有更多进行自主管理的空间,自然也需承担起更多的质量保障责任。为增强自身满足利益相关群体教育需求的能力,美国职业教育机构引入了工商界盛行的现代管理理论——全面质量管理。全面质量管理信奉顾客至上的原则,强调全方位、全过程、全员参与的"三全"管理。①

出于对学术自由的保护和教育公益属性的强调,美国教育界在 20 世纪 80 年代中期仍十分排斥全面质量管理。20 世纪 90 年代,在学术质量联盟(Academic Quality Consortium)、社区和技术学院持续质量改进网络(Continuous Quality Improvement Network of Community and Technical College)等机构的推动下,美国教育机构纷纷开始运用全面质量管理方法。② 密歇根州职业教育委员会(Michigan State Council on Vocational Education)曾在一份工作报告中指出,教育界和工商界的质量管理存在许多相通之处:两者都希望将有效的流程应用到优质产品生产中;两者都使用特定的标准来定义质量;两者都以评估为手段确定标准是否得到满足、质量是否得到保障。因此,教育界可效仿工商

---

① Edward Sallis. 全面质量教育[M]. 何瑞薇,译. 上海:华东师范大学出版社,2005:13-37.
② Glunis M. Barber. Quality Assurance in The Community College: An Examination of a College Stratedic Plan[D]. Minneapolis: Capella University,2008.

界的做法,将全面质量管理应用于提升教育质量和改进教育成果。①

将全面质量管理理论应用到职业教育领域,存在 3 个要点。

其一,由于政府、机构、学生、纳税人等顾客的要求各不相同,职业教育质量实际上是一个相对概念。顾客是质量优劣的最终评判者,必须立足顾客需求探寻职业教育质量提升之路。

其二,高质量的职业教育包括横纵两个维度。② 横向上,职业教育机构输出的人才、提供的服务须达到预先设定的最低标准。作为检验这一维度质量的手段,机构内外可在事后组织人员按照预先设定的目标,对职业教育机构培养的人才、提供的服务进行评估。只要符合预先设定的标准,职业教育机构培养的人才、提供的服务就被认为是高质量的。纵向上,职业教育办学机构不能只盯着最低标准,应当培育持续改进的质量文化,确保每一次质量目标的达成都是对前一次的超越。在这个维度上,教育机构须将质量保障贯穿于人才培养和服务提供的全过程。

其三,在实施内部质量管理的过程中,职业教育机构须发动管理人员、教职工、学生、学生家长、企业雇主等全部利益相关者;职业教育机构须监控招生、师资、学生、课程、教学、管理等教育过程的全部环节。

以全面质量管理为理念内核,美国教育界还尝试引入 ISO 9000 系列标准、马尔科姆·波多里奇国家质量奖(Malcolm Baldrige National Quality Award,以下简称"波奖")等更为具体的质量管理方法。ISO 9000 系列标准由国际化标准组织(International Organization for Standardization)于 1987 年 3 月首发,是一套针对组织质量管理与保障的国际基准。它是一个庞大的标准系统,其核心标准有四个:ISO 9000——《质量管理体系:基础与术语》、ISO 9001——《质量管理体系:要求》、ISO 9004——《质量管理体系:业绩改进指南》、ISO 19011——《管理体系审核指南》。③ 获得 ISO 9000 质量认证是产品和服务赢得国际同行和消费者认可的象征。不过,产品和服务本身无法获得 ISO 9000 质量认证,ISO 9000 质量认证关注生产这些产品、服务的流程。要获得 ISO 9000 认证,机构须先提供 4 类文件:质量手册、质量流程记录、记录说明以及其他支持性信息。随后,国际化标准组织会派团队对机构的文件和实践进行审计,机

---

① Bettina Lankard Brown. Quality Improvement Awards and Vocational Education Assessment [EB/OL]. [1997-3]. https://www.ericdigests.org/1998-1/awards.htm.

② Bettina A. Lankard. Total Quality Mnagement: Application in Vocational Education[EB/OL]. [1992-2]. https://www.ericdigests.org/1992-3/total.htm.

③ American Society For Quality. ISO 9000-What Is ISO 9000? A Standards Series | ASQ[EB/OL]. [2017-9-8]. http://asq.org/learn-about-quality/iso-9000/overview/overview.html.

构能否获得 ISO 9000 认证取决于审计结果。[①]

波奖是美国国会在 1987 年设立的国家最高质量和绩效优异奖。与 ISO 9000 不同,波奖没那么关心生产产品和服务的流程,转而给予管理者、工作人员和顾客特别的关注。可以说,波奖在相当程度上是结果导向的,它压倒性地关注顾客满意度。[②] 1999 年,波奖首次向教育机构开放。《波多里奇卓越框架:教育》(Baldrige Excellence Framework:Education)是教育类波奖的评价标准,主要从 7 个方面对教育机构进行评估:领导能力(Leadership);战略(Strategy);顾客(Customers);测量、分析与知识管理(Measurement,Analysis and Knowledge Management);教职员工(Workforce);过程管理(Operations)和结果(Results)。[③] 作为一种质量保障工具,教育机构可将波奖用于评估机构整体绩效和特定质量举措的有效性。[④]

由于 ISO 9000 系列标准和波奖各有利弊,美国教育机构取两者之所长并应用到了内部质量管理中。[⑤] 美国产业与教师合作协会(National Association for Industry-Education Cooperation)在 20 世纪 90 年代末设计出一个整合了 ISO 9000 系列标准和波奖的学校质量管理模型。有学者随后撰文称,教育质量保障包括标准、评估和质量控制三大核心要求。经过十余年的努力,标准与评估已在美国获得广泛认可与实施,但质量控制却始终缺失。ISO 9000 系列标准和波奖共同为教育机构实施质量控制提供了有价值的参照对象。[⑥]

综上所述,美国职业教育机构在开展内部质量管理时,并非采用某种单一的管理方法,而是综合借鉴了全面质量管理、ISO 9000 系列标准和波奖等多种质量管理方法。上述质量管理方法在本质上是相通的,完全可以并存和互补。其中,全面质量管理更多是一种管理理念上的引领,而 ISO 9000 系列标准和波奖则更具针对性和可操作性。

---

① Nair Ajay Thankappan. An examination of ISO 9001 implementation in career and technical education[D]. Doctoral Dissertation. The Pennsylvania State University:The Graduate School College of Education. 2002.

② 撒丽斯. 全面质量教育[M]. 何瑞薇,译. 上海:华东师范大学出版社,2005:75.

③ United States Department of Commerce. Baldrige Excellence Framework:2015-2016[EB/OL]. [2015-1]. http://www. oqepcm. com/documents/2015-2016_Baldrige_Excellence_Framework_Education. pdf.

④ Patrica Crum-Allen. Career and Technical Education and the Malcolm Baldrige Quality Award in Education[D]. Kalamazoo:Western Michigan University,2014.

⑤ Bettina Lankard Brown. Quality Improvement Awards and Vocational Education Assessment[EB/OL]. [1997-2-3]. https://www. ericdigests. org/1998-1/awards. htm.

⑥ Don Clark. Putting ISO 9000 Standards and Baldrige Quality Criteria to Work Now in Public Education[EB/OL]. [1999-1-3]. https://files. eric. ed. gov/fulltext/ED434221. pdf.

(二)机构内部质量管理实施的程序与方法

在美国,职业教育机构开展内部质量管理并不存在某一种现成的模式,每个机构都基于其独特的需求和文化构建了适合自身的机制。总体而言,美国职业教育机构实施内部质量管理一般需经历计划、执行、评估和改进 4 个阶段。计划阶段重在明确质量管理所要达到的目标;执行阶段重在按计划实施各项工作;评估阶段重在实时监控预期目标的实现情况;改进阶段重在根据评估中暴露的问题制订合理的改进方案。

以欧文斯伯勒社区与技术学院(Owensboro Community and Technical College,以下简称"欧文斯伯勒社区学院")为分析案例,该案例从一个侧面展现美国职业教育机构实施内部质量管理的程序与方法。2010 年,美国国家生涯与技术教育研究中心启动了一项针对全美高质量职业教育的纵向跟踪研究,欧文斯伯勒社区学院成功入选为三所院校之一。[①] 该研究认为,欧文斯伯勒社区学院实施的内部质量管理,可在一定程度上代表美国高质量职业教育机构实施内部质量管理的通行做法。

欧文斯伯勒社区学院位于肯塔基州的欧文斯伯勒市,是一所开放入学的两年制公立社区学院,获得南部学院与学校协会(Southern Association of Colleges and Schools Commission)认证。[②] 作为一所衔接中学和中学后职业教育的示范院校,欧文斯伯勒社区学院与州内四个县的多所高中签订了衔接协议。[③] 2001 年,欧文斯伯勒社区学院全面引入内部质量管理,并将其作为保障教育质量的常态机制。[④] 由于欧文斯伯勒社区学院以 5 年(或 6 年)为周期完成一轮内部质量管理,本研究选择以欧文斯伯勒社区学院于 2010—2016 年实施的最新一轮内部质量管理为分析对象。

---

① National Research Center for Career and Technical Education. Mature Programs of Study: Examining Policy Implementation at the Local Level[EB/OL]. [2013-12]. https://files. eric. ed. gov/fulltext/ED574510. pdf.

② Owensboro Community and Technical College. About OCTC[EB/OL]. [2017-09-08]. https://owensboro. kctcs. edu/About_Us/.

③ National Research Center for Career and Technical Education. Mature Programs of Study: A Psotsecondary Perspective-Year 3 Technical Report[EB/OL]. [2011-12]. http://s3. amazonaws. com/PCRN/docs/Mature_POS_Year_3_Final_Report. pdf.

④ Owensboro Community and Technical College. Strategic Plan: With Embedded Annual Plan for 2008-2009[EB/OL]. [2008-04]. https://owensboro. kctcs. edu/media/about/strategic-plan/Strategic%20Plan%202008-09. pdf.

1. 计划阶段

制订适切的计划是教育机构实施内部质量管理的第一步。欧文斯伯勒社区学院以 5 年(或 6 年)为周期制订战略计划(Strategic Plan)。2010 年 5 月,欧文斯伯勒社区学院公布《战略计划:2010—2016》(Strategic Plan:2010—2016),分 5 个维度描述了学院计划在 6 年内实现的 10 大质量目标,涉及课程内容、教学方法、资源管理、师资队伍建设、利益相关者参与、学院声誉提升等方方面面。(如表 3.6 所示)除了对目标进行定性描述,为事后评估六年质量目标的实现情况,欧文斯伯勒社区学院还在《战略计划:2010—2016》中预先设定了评估的工具与标准。以"学习与成效"目标为例,作为以学生为中心的社区学院,欧文斯伯勒社区学院需证明其有效帮助学生实现人生目标和养成终身学习的良好习惯。

表 3.6　《战略计划:2010—2016》规定的 6 年质量目标[①]

5 大维度	10 大目标
促进教学、学习和服务的创新与卓越	1. 教学与创新:借助创新和尖端技术,帮助学生在文理科领域实现卓越
	2. 学习与成效:增加接受学术教育的学生比例,确保学生通过学院教育获得更高水平的能力
	3. 服务:为所在社区提供服务,提高社区的生活质量
增加学生转学和成功的可能性	4. 通往中学后教育的路径:建立无缝衔接通道,增加学生成功转入中学后教育的可能性
	5. 灵活的教学:通过提供不同时间段和授课方式的课程,增加学生的受教育机会
	6. 期望或参与:创设一种环境,使学生了解教师设定的高期望,感受课堂中创造的支持性环境,并认识到在共同体中学习的好处
	7. 通往学士学位的路径:创建无缝路径,提高学生从学院成功转入四年制高校的可能性
培养多元性和包容性	8. 平衡多样化和统一性:组织学生、教师和员工参与活动,提升他们的全球意识,鼓励他们包容别人的观点
推动社区的经济和劳动力发展	9. 经济增长和竞争力:扩展现有的伙伴关系,以支持社区的经济和劳动力发展
提高院校声誉和价值	10. 影响力:加强在社区中的宣传,争取社区成员对学院和学生的支持

---

① Owensboro Community and Technical College. Strategic Plan:With Embedded Annual Plan for 2015-2016[EB/OL]. [2015-4]. https://owensboro. kctcs. edu/media/about/strategic-plan/Strategic% 20Plan%202015-16. pdf.

到 2016 年,学院学生首次参加美容师、放射师、房地产销售助理、护士等执照考试的通过率必须高于全美和全州的平均水平。

在确定整个学校层面的 6 年质量目标后,欧文斯伯勒社区学院进一步要求校内负责教学、日常运营、信息技术支持、学生事务和学生就业的 5 类部门各自制定 6 年质量目标。由于教学质量是职业教育机构开展内部质量管理的核心任务,本部分主要分析教学部门针对第二个目标"学习与成效"制定的 6 年质量目标。欧文斯伯勒社区学院内承担教学任务的机构共 9 个,即高级制造技术部(Advanced Manufacturing Technologies Division)、发现学院(Discover College);人文与美术部(Humanities and Fine Arts Division)、图书馆服务(Library Service)、数学、科学和联合卫生部(Mathematics,Science,and Allied Health Division)、护理部(Nursing Division)、个性化服务与技能贸易部(Personal Service and Skilled Trades Division)、社会科学、商业和公共服务部(Social Sciences,Business,and Public Service Division)、教与学中心(Teaching and Learning Center)。上述 9 个教学部门都在综合考虑学校整体规划和部门实际的基础上确定了 6 年质量目标。譬如,高级制造技术部的目标是到 2016 年至少增加 3 个获得国家级认证的教育项目。(如表 3.7 所示)

表 3.7　9 个教学部门制定的 6 年质量目标[①]

教学部门	6 年质量目标
高级制造技术部	到 2016 年至少增加 3 个获得国家级认证的教育项目
发现学院	开发 1 份针对学生和学校合作伙伴的电子调查问卷,评估发现学院在过去 10 年间提供双重学分和教师专业发展机会的成效
人文与美术部	通过开设写作、信息检索、口语交流和人文类课程,提高学生的学术教育能力
图书馆服务	建立评估图书馆资源和服务的新流程
数学、科学和联合卫生部	追踪每门课程的成功率。要求不同教师在教授同一门课程时使用相同的课程大纲和期末考试 通过开设数学和科学课程,提高学生的学术能力

① Owensboro Community and Technical College. Strategic Plan: With Embedded Annual Plan for 2015-2016[EB/OL]. [2015-4]. https://owensboro. kctcs. edu/media/about/strategic-plan/Strategic% 20Plan%202015-16. pdf.

续表

教学部门	6 年质量目标
护理部	确保护理项目学生通过全国性注册(或执业)护士执照考试的比例高于肯塔基州护理董事会(Kentucky Board of Nursing)规定的最低标准 使护理项目获得护士教育认证委员会(Accreditation Commission for Education in Nursing)的官方认证
个性化服务与技能贸易部	努力使自动化技术项目、碰撞修理项目和柴油技术项目获得美国汽车技术员教育基金会(National Automotive Technicians Education Foundation)的官方认证
社会科学、商业和公共服务部	通过开设社交互动、遗产继承和计算机课程,提高学生的学术能力 使 Office 系统技术(Office Systems Technology)项目、工商管理项目和获得商业院校和项目认证委员会(Accreditation Council for Business Schools and Programs)的官方认证 引入一个学习管理系统,即时给予学生反馈,从而增强学生对课程材料的理解 与西肯塔基大学和戴维斯县警长办公室合作,优化实习项目 与戴维斯县警长办公室、欧文斯伯勒警察局等合作,创建一个计算机凭证项目
教与学中心	在课程开始前,开展面向护理和放射项目学生的学习能力测试

2. 执行阶段

为逐步实现《战略计划:2010—2016》确定的 10 大目标,欧文斯伯勒社区学院以一年为周期制定年度计划(Annual Plan)。就两者的关系而言,战略计划指明了学院在 5 年(或 6 年)内开展质量管理的总体目标,而年度计划则将每个目标都细化为年度行动步骤,具体指导学院逐年实现总体目标。以第二个目标"学习与成效"为例,欧文斯伯勒社区学院制定了 5 个 2010—2011 年度行动步骤:第一步,为 6 年评估做好准备;第二步,使用批判性思维评估(Critical Thinking Evaluation)来衡量学术教育的效果。第三步,推行技术项目评估,以接受《帕金斯法Ⅳ》框架下的质量问责。第四步,与州内四年制大学合作,确保学院提供的学术课程与州内四年制大学相协调。第五步,试用面向学生和项目的招生反馈工具。

成功实施战略计划需要多个部门及其工作人员相互配合。职业教育机构必须赋予计划实施人员一定程度的灵活性和自主权,确保教师和管理人员间形成和谐有序的关系。欧文斯伯勒社区学院要求负责教学、日常运营、信息技术支持、学生事务和学生就业的 5 类部门各尽所能、各司其职,共同努力实现质量目标。基于 6 年质量目标,5 类部门纷纷确定本部门的行动步骤。仍以第二个目标"学习与成效"为例,9 个教学部门各自制定年度行动计划。其中,基于 6 年质量目标(到 2016 年至少增加 3 个获得国家级认证的教育项目),高级制造技术部将 2010—2011 年度的目标确定为:识别相对有可能获得认证的项目,在充分考虑需求和效益的基础上,确定下一年度的重点发展对象。

教职工的专业能力对于教育机构实施内部质量管理至关重要。欧文斯伯勒社区学院确定了严格的教师选聘用标准,并特别重视教师的专业发展。[①] 学院鼓励教师定期阅读专业文献,及时了解本领域的最新发展动态和相关研究成果。需注意的是,考虑到职业教育教师具有"双师型"的特点,教师不仅要阅读教育领域的文献资料,更要阅读其专业领域的文献资料,两者不可偏废。同时,欧文斯伯勒社区学院还鼓励教师成为全国或地区性职业教育教师协会的会员。譬如,作为目前美国最大的职业教育教师协会,职业教育协会为成员提供丰富的教师专业发展活动。其中,最有影响力的是职业教育协会在每年年末组织的年会。年会为期 4 天,将全国各地的职业教育教师聚集在一起,从教师的视角出发共同研讨职业教育发展问题。[②] 另外,欧文斯伯勒社区学院同样鼓励教师参与美国家庭与营销科学协会(American Association of Family and Consumer Science)、美国商业教育协会(National Business Education Association)等服务某个领域内职业教育教师的专业机构。值得一提的是,欧文斯伯勒社区学院本身也提供丰富的教师专业成长活动,包括定期组织校内教师共同分享其在教学、职业指导、管理等活动中的创新与挑战;为教师提供大量的在线书籍、视频、软件等辅助性资料等。

3. 评估阶段

评判战略计划实施效果需收集、分析与质量目标相关的结果信息。我们知道,欧文斯伯勒社区学院拥有中长期的 6 年质量目标和细分的年度质量行动计划。相应地,欧文斯伯勒社区学院每 6 年会评估 6 年目标的达成情况,每年年末都会评估年度目标达成情况。欧文斯伯勒社区学院收集的绩效指标包括:学生的学习参与度、师生互动情况、学生的各类凭证获得率、学生获得双重学分的情况、学生转学率、学生保留率、学生就业率、学生群体的多样性、学院对于社区

---

① Owensboro Community and Technical College. Faculty and Staff[EB/OL]. [2017-11-21]. https://owensboro. kctcs. edu/Faculty_and_Staff/.

② Association of Career and Technical Education. ACTE's CareerTech Vision[EB/OL]. [2017-12-1]. https://www. careertechvision. com/.

经济发展的贡献,学生的收入水平、学院获得的各类拨款等。上述绩效信息能够反映欧文斯伯勒社区学院提供职业教育的基础情况,但尚不足全面、深入地展现学院实现质量目标的过程。为此,欧文斯伯勒社区学院注意收集来自在校生、学生父母、管理人员、教师、毕业生、雇主等利益相关群体的反馈信息。

毕业生、雇主、行业组织等是职业教育的外部利益相关者。毕业生对于职业教育帮助他们为升学与就业做好准备的效果有切身体会。追踪调查可以提供有关毕业生的多种数据,包括毕业生从事的工种、供职的单位、获得的薪资,以及他们是否在工作中应用所学知识。通过追踪调查,职业教育机构还可以了解毕业生在地域间的流动情况,以及他们是否选择接受高等教育或者由产业提供的各类培训。

开展针对学生的跟踪调查需经历开发问卷、选择调查对象、发送调查问卷、收集信息等重要环节。在时间点的把握上,追踪调查一般在学生毕业后的第2年进行。时间过早会导致学生无法就其继续教育和工作情况给出足够的信息,时间过晚则会导致学生对自身教育经历的印象模糊,从而使调查结果失去准确性。问卷调查、电话采访、现场面对面采访是开展追踪调查的常用方法。由于现场访谈成本过高,教育机构一般采用问卷调查和电话访谈相结合的方法。

雇主对职业教育毕业生的优劣也有客观判断。通过实施面向雇主的调查,职业教育机构可在多个方面促进教育质量提升。其一,雇主可评估职业教育毕业生能力和工作岗位的匹配度,从而改进项目遵循的质量标准;其二,雇主也可就职业教育人才培养变革提供富有前瞻性的建议;其三,定期听取雇主建议是深化校企合作,吸引雇主参与职业教育人才培养的有效方式。与学生追踪调查类似,开展雇主调查也需经历问卷设计、样本选择、实施调查、收集数据等环节,问卷调查和电话访谈相结合也是开展雇主调查的理想路径。

在校生、学生家长、教师、管理人员等是职业教育的内部利益相关者。针对不同的群体,欧文斯伯勒社区学院收集反馈信息的侧重点有所不同。学生及其家长可提供有关学校专业设置、教学方式、基础设施、教职工表现、校园文化等方面的评价信息。教师和管理人员可提供有关学校的工作环境、管理风格、质量文化、获得专业发展的机会等方面的评价信息。开展问卷调查、焦点小组访谈、主题研讨、撰写反思报告是欧文斯伯勒社区学院面向内部利益相关者收集反馈信息的主要方式。

教学工作是职业教育机构开展内部质量管理的重中之重。欧文斯伯勒社区学院特别重视监控教学工作的质量。总体而言,欧文斯伯勒社区学院开展教学评估的方式包括教师自评、教师互评、专家评估 3 类。教师自评指教师主动反思课堂质量,总结学生喜爱的教学方式、开发丰富多样的学习资源。教师互评是指由同事基于各种信息对某位教师的教学行为与表现进行评价。教师互评的目的不是区分优劣,而是鼓励教师积极参与同事的课堂活动,以期互相启发、共同进步。专家评估指聘请退休教师或外校专家组成教学督导小组,以旁听课程的方式对教师的教学能力及效果进行客观评价。

4. 改进阶段

改进阶段是职业教育机构根据评估结果采取相应措施的阶段。在这一阶段,职业教育机构需分析本机构在特定质量周期内取得的成就和暴露的问题,并据此制定下一个质量周期的改进方案。对评估结果进行深入分析是职业教育机构寻求教育质量提升的前提。目前,不少美国职业教育机构将 SWOT 分析法作为归纳、解读利益相关者提供的各类信息的重要方法。简言之,SWOT 是优势(Strengths)、劣势(Weakness)、机遇(Opportunities)和挑战(Threats/Challenges)4 个英文单词的首字母缩写,可用于全面分析职业教育机构所面临的内外部环境,客观定位职业教育机构存在的优势和不足。

在开展质量改进的过程中,欧文斯伯勒社区学院同样引入了 SWOT 分析法。《战略计划:2010—2016》列举了一个经典的案例,从中我们可以管窥欧文斯伯勒社区学院开展质量改进方法。首先,该例子所处的质量周期是欧文斯伯勒社区学院于 2001 年初发布《战略计划:2001—2005》(Strategic Plan:2001—2005)之时,所面临的大环境是欧文斯伯勒社区学院决定合并另一所院校。其对应的 5 年质量目标是:加强宣传,使合并后的学院将成为一所广受认可的、以顾客为中心的教育机构。为实现这一目标,欧文斯伯勒社区学院首先确定了2001—2005 年的 5 项质量行动:行动一,确定新的学院徽章和口号;行动二,制定开展公关和营销的方案;行动三,为营销单个教育项目创建一份模板或框架;行动四,实施多媒体营销工作;行动五,根据项目完成情况,作出更高的质量承诺。2002 年中,欧文斯伯勒社区学院对上一年度 5 项质量行动的实施成效进行了评估,评估结果显示:学院启用了新的口号;公开了公关和营销的方案;开发了可用于营销单个教育项目的模板;在春秋两季使用广告牌、收音机、电视和平面媒体进行了推广。

基于评估结果,欧文斯伯勒社区学院将网站和广播作为下一年度的工作重点,并制定了 2002—2003 年的 5 项质量行动:行动一,开发学院的官网;行动二,进一步整合课程时间表;行动三,完成引导标识项目;行动四,利用 OCC-TV

广播台推广项目和服务;行动五,推广即将开展的赠品活动。2003 年,当需要再次对上一年度 5 项质量行动的实施成效进行评估时,欧文斯伯勒社区学院首次引入了 SWOT 分析法,分析结果如表 3.8 所示。基于评估结果,欧文斯伯勒社区学院又制定了 2003—2004 年的 6 项质量行动:行动一,继续加强对徽章和口号的解读与宣传;行动二,举办赠品活动,借此宣传学院的故事;行动三,扩大学校广播台在市区和东南区域的影响力;行动四,加强学校公共关系办公室与广播台的合作;行动五,根据学院的发展情况调整引导标识;行动六,利用草坪管理项目和高尔夫课程改善校园环境。

表 3.8　2003 年欧文斯伯勒社区学院的 SWOT 分析结果[①]

优势	学院官网已于 2002 年上线 2003 年首次实现了课程的合并
劣势	学院的新徽章与口号难以在短期内获得认同 学院广播台的辐射面、影响力和可获得的资源不足
挑战	2003 年春,学院将参加社区学生参与度调查(Community College Survey of Student Engagement),届时评估结果将被公开,学院将面临院校排名压力
机遇	即将推出的赠品活动对于学院宣传大有裨益 新的草坪管理方案将降低学院的日常运营成本

　　可见,在制定质量改进方案时,欧文斯伯勒社区学院较充分考虑了学校在特定质量周期内的成败得失,分析了学校所面临的机遇与挑战。欧文斯伯勒社区学院的质量改进方案包括 2 类内容,即对评估中暴露的问题进行修正,对新出现的问题进行回应。从确定质量改进方案到付诸实施,欧文斯伯勒社区学院设立了环环相扣的 10 个步骤。(如图 3.2 所示)值得注意的是,教职工的支持与理解程度直接影响到改进方案的实施效果。因此,欧文斯伯勒社区学院通过加强学校管理层与教职工的交流、提升教师的相关专业能力、为教职工提供有针对性的咨询服务等多种方式调动员工的积极性。

　　[①]　Owensboro Community and Technical College. Strategic Plan: With Embedded Annual Plan for 2015-2016[EB/OL].[2015-4]. https://owensboro. kctcs. edu/media/about/strategic-plan/Strategic%20Plan%202015-16. pdf.

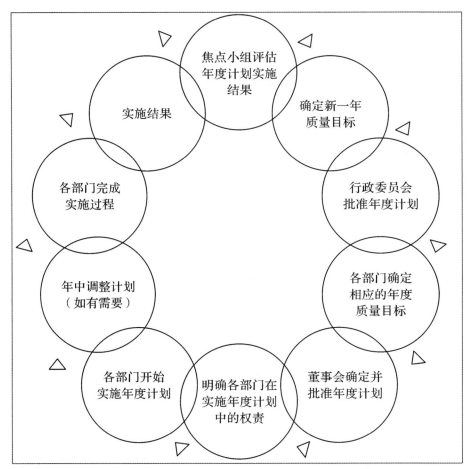

图 3.2 欧文斯伯勒社区学院的内部质量管理思路图[1]

(三)职业教育内部质量管理的特点

1. 全员参与质量管理

只有利益相关者广泛而深入地参与,职业教育的内部质量提升行动才能获得充分认同,从而形成"众人拾柴火焰高"的良性局面。在美国,职业教育所涉及的利益群体包括院校外部的毕业生、企业雇主、行业机构等,以及院校内部的教职工、在校生、学生家长。在院校外部,职业教育毕业生对就业市场需求、所

---

① Owensboro Community and Technical College. Strategic Plan: With Embedded Annual Plan for 2015-2016〔EB/OL〕.〔2015-4〕. https://owensboro. kctcs. edu/media/about/strategic-plan/Strategic% 20Plan%202015-16. pdf.

学知识与技能在工作场所的价值等有切身的感受。企业雇主、行业机构最了解职业教育毕业生在职场的工作表现和发展前景。与此同时,企业雇主和行业机构还被期许积极参与课程开发和教学活动,持续为学生提供工作本位学习机会等。可见,在质量规划、实施、评估和改进各环节,外部利益相关者的参与都是必不可少的。欧文斯伯勒社区学院与校外利益相关者建立了较为稳定、有效的合作关系,借助问卷调查、焦点访谈、专题研讨等形式定期收集毕业生和雇主对于学校教育质量的看法。

在院校内部,坚持以学生为中心,倾听学生及其家长对于课堂教学、课外实践、新技术运用等方面的意见建议是质量管理的核心要素之一。与此同时,如何平衡管理人员引导和教职工自主参与之间的关系是职业教育机构实施内部质量管理时面临的一大挑战。如前文所言,教职工的自主参与和践行是实现质量管理与日常教学管理相融合的关键。良好的内部质量管理需要管理人员自上而下的引导,也需要教职工自下而上的支持。为此,欧文斯伯勒社区学院选择以"质量目标"为抓手,将院校的总目标逐步分解,细分到每一个具体的部门和个人,通过这些细分目标来实现院校的大目标。这种做法类似于美国现代管理大师彼得·德鲁克(Peter F. Drucker)于 1954 年提出的目标管理法:组织可先确定总体目标,再层层进行分解、落实到各个部门和个人,辅之以各种考评,最终确保目标得到实现。[①]

2. 追求质量的持续改进

职业教育机构开展内部质量管理的目的不是确保其培养的人才和提供的服务满足最低标准,而是不断追求对质量的改进。换言之,职业教育机构不能安于现状,不能以通过某种评估或达成某个具体的目标为终点,不能低水平重复过去的行为。欧文斯伯勒社区学院以 5 年(或 6 年)为周期制定具有适度挑战性的质量目标,每一个质量周期所实现的质量都是对前一个周期的突破和飞跃,从而保证学校的质量始终处于螺旋上升的良好态势。

根据全面质量管理理论,职业教育机构实施内部管理的高级阶段是形成自发自觉的质量文化。此时,质量将成为校内外利益相关者共同的信念和价值观,以成文或不成文、正式或非正式的形式体现在日常管理、教育教学、后勤服务等方方面面。就目前掌握的信息来看,美国职业教育机构尚未形成质量文化,还要依靠管理人员有计划、有目的地开展质量管理活动。

---

① 赵曙明.人力资源管理理论研究现状分析[J].外国经济与管理.2005,27(1):20.

第五节　美国职业教育质量保障的数据管理

高质量数据是美国保障职业教育质量的重要工具。尤其在当前大数据环境下,高质量数据已经被公认在驱动职业教育决策、加强职业教育监管、优化职业教育投资回报等方面蕴藏着巨大的潜能。为提升数据质量,美国当前正致力于升级数据系统、完善数据架构、构建数据服务平台,倡导有节制的数据使用。

一、美国提升职业教育数据质量的动因

(一)政策倡导是提升职业教育数据质量的外因

经济危机后,美国职业教育系统面临财政拨款缩减和教育期望增加的双重考验。[①] 为应对挑战,美国推出了职业教育改革政策,其中一个重要方面就是提升职业教育数据质量,充分发挥职业教育数据的追踪、评估、分析和预测功能。这从国会近 3 年的职业教育立法中可见一斑。2014 年以来,《劳动力创新与机会法》《每个学生都成功法》《帕金斯法Ⅳ》和《高等教育法》这几部与职业教育相关的法都经历了修订。尽管这些法关注的教育项目和人群有所不同,但它们提升职业教育数据质量、发挥职业教育数据价值的目标是一致的。[②] 例如,作为《帕金斯法Ⅳ》的修订案的《面向 21 世纪加强职业教育法》要求进一步强化职业教育评估和问责制,精简职业教育绩效指标,为利益相关者提供高质量的数据。[③] 作为全国性职业教育协调与管理机构,美国联邦教育部生涯、技术与成人教育办公室每年都会召开数据质量研讨会。研讨会旨在帮助各州依法创建职业教育数据系统,提高职业教育数据质量。从 2011 年以来近 6 次研讨会的主

---

① Lyndsay Pinkus. National Perspectives on Implementation of State Longitudinal Data Systems [EB/OL]. [2011-06-07]. http://s3. amazonaws. com/PCRN/docs/DQI/2011-06-07 OVAE_CTE_Overview_Keynote_Pinkus. pdf.

② Workforce Data Quality Campaign. Data Across Reauthorizations[EB/OL]. [2016-12]. http//www. workforcedqc. org/federalsolutions/data-across-reauthorizations.

③ Washington D. C. The Strengthening Career and Technical Education for the 21st Century Act [EB/OL]. [2016-06]. http://edworkforce. house. gov/news/documentsingle. aspx? DocumentID = 400892.

题与核心议题可以看出,研讨会集中分享和推广各级政府在现有法律框架内提升职业教育数据质量的政策、策略与经验。(如表 3.9 所示)

表 3.9 美国近 6 次"数据质量研究所"会议主题与核心议题表①

年份	会议主题	核心议题
2011	将职业教育数据纳入纵向教育数据系统	增强纵向教育数据系统跨州连接 P-20W 数据的能力 确保职业教育数据可以被访问、分析和使用 增强利益相关者使用职业教育数据开展决策的能力 联邦教育部推出数据隐私倡议
2012	发挥纵向教育数据系统对于开展职业教育项目问责与改进的价值	增强纵向教育数据系统采集劳动力数据的能力 制定职业教育数据共享协议 利益相关者使用职业教育数据开展决策的典型案例
2013	优化职业教育项目评估与数据使用策略	制定职业教育数据研究议程 确保职业教育数据有意义、可访问和可操作 将职业教育数据用于驱动职业教育持续改进
2014	改进职业教育信息、财务与问责系统	介绍《帕金斯法IV》的各项职业教育绩效评估规定 公开职业教育数据的典型案例 完善职业教育数据架构
2015	优化职业教育数据公开与使用策略	关注学生职业生涯准备、凭证获得情况等数据 保护学生数据隐私,协调职业教育与其他教育 有效使用职业教育数据的方法与典型案例
2016	改进职业教育数据系统以适应《帕金斯法IV》的修订要求	关注基于工作的学习、生涯技术学生组织等数据 分解职业教育数据,更好地提供技术援助 数据公开的原则、平台和创新性方法

(二)数据质量危机是提升职业教育数据质量的内因

由于职业教育系统缺乏统一性和正式计划,提升职业教育数据质量在美国

---

① 根据美国教育部网站公布的近六次研讨会会议议程、报告资料、现场视频等整理。

可谓异常艰难。① 美国教育行政制度属于地方分权制,教育管理权在州,各州又不同程度地将权力下放到学区。职业教育也不例外。与此同时,不同于德国等其他欧洲国家,美国反对过早分流学生,坚持为学生提供自助餐式的职业教育。② 在美国,职业教育项目通常不是结构化的,也没有导向特定职业证书的课程序列,且几乎每一位学生都会修习一些职业教育课程。另外,美国正在经历职业教育概念与内涵转变。从职业教育到生涯与技术教育的名称改变是职业教育重塑自身形象的表现,也体现了美国更加强调学生终身发展,更加关注学术教育与技术教育融合,更加提倡中学和中学后教育衔接的职业教育发展理念。

职业教育数据质量在美国频繁受到质疑。20 世纪 60 年代起,联邦政府试图从州管理记录中获得各州职业教育数据,再将其整合成国家职业教育数据。然而,由于州管理记录分别服务于 50 个州的特定数据需求,通过这种方式收集的职业教育数据缺乏一致性、可比性和有用性。于是,美国行政管理和预算局(Office of Management and Budget)于 1983 年作出暂停收集国家职业教育数据的决定。③ 随后,美国国家教育统计中心重新设计了国家职业教育数据系统——职业教育数据系统(Data on Vocational Education),并且该系统在一定程度上取得了成功,但提升数据质量直到今天仍是职业教育系统面临的挑战。2014 年 9 月,美国生涯与技术教育国家评估独立咨询小组(Independent Advisory Panel for the National Assessment of Career and Technical Education)在提交给联邦教育部的报告中指出,缺乏高质量数据是充分评估职业教育成果和有效开展职业教育立法的最大障碍。同时,缺乏高质量数据也是一线管理人员面临的挑战,因为他们无法持续追踪学生的高中、大学和工作场所经历,也就无法评估职业教育项目在帮助学生获得成功上的有效性。④

(三)数据使用文化转变是提升职业教育数据质量的催化剂

20 世纪 90 年代以来,随着责任履行、绩效评估等概念引入教育领域,开展

① Felix Rayner, Rupert Maclean. Handbook of Technical and Vocational Education and Training Research[M]. New York: Springer,2008.

② UNESCO. Work and Education in America: The art of Integration[M]. New York: Springer,2012.

③ Hoachlander, E. Gareth; Levesque, Karen A. Improving National Data for Vocational Education: Strengthening a Multiform System [EB/OL]. [1993-11]. https://archive. org/stream/ERIC_ED363725♯page/n1/mode/2up.

④ Independent Advisory Panel of the National Assessment of Career and Technical Education. Putting "career" in "College and Career Ready"[EB/OL]. [2014-9]. https://www2. ed. gov/rschstat/eval/sectech/nacte/career-technical-education/independent-advisory-panel-report. pdf.

结果导向的质量问责是美国收集和报告职业教育数据的主要驱动力。而在过去10年间,职业教育数据为决策提供超经验判断和预测的价值受到关注。从数据在各级政府间流动的视角看,职业教育数据已经从以"自下而上"的单向流动为主拓展为"自下而上＋自上而下"的双向流动并行(详见图3.3)。过去,人们关注职业教育数据是否按"学区—州—联邦"逐级向上收集和报告,以评估职业教育机构遵守各项联邦和州规定的情况。职业教育数据的价值通常被形容为"锤子"。现在,为持续支持职业教育发展与创新,人们越来越重视职业教育数据是否按"联邦—州—学区"逐级向下反馈和服务。职业教育数据的价值正在被拓展为"手电筒"。

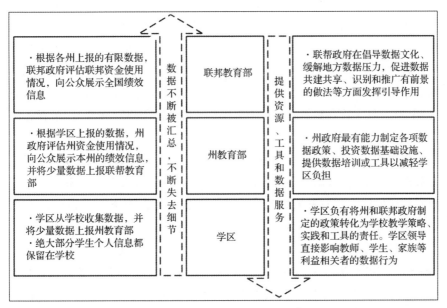

图 3.3　职业教育数据流动图[1]

"数据质量运动"(Data Quality Campaign)将上述现象称为数据使用文化转变,并概括了其遵循的5大指导原则:第一,以学生为中心。数据必须被用于支持学生学习,以确保每位学生都能实现个性化发展。第二,充分发挥数据系统的价值。各级政府应逐渐将关注点从建构数据系统转向赋权利益相关者。第三,为用户量身定制数据。所有教育利益相关者都需要高质量数据,但他们对数据类型与详细程度的要求是不同的。例如,州职业教育决策者需要州或学区层面的年度数据,以便制定教育政策;而教师则需要学生层面的实时数据,以

---

① Data Quality Campaign. Who Uses Student Data[EB/OL]. [2014-11]. http://2pido73em67o3eytaq1cp8au. wpengine. netdna-cdn. com/wp-content/uploads/2016/03/Who-Uses-Student-Data-Infographic. pdf.

便随时调整教学。第四,准确使用数据。数据可服务于提高透明度、实施问责和促进改革等多种目的,但不是所有数据都能同时服务于这三类目的,不合理的数据使用会带来信任危机等负面影响。第五,利益相关者参与。教育利益相关者必须参与制定数据访问和使用政策,以确保数据真正发挥价值。[①]

二、美国提升职业教育数据质量的核心策略

(一)升级数据系统

为持续评估全美职业教育的实践得失和绩效表现,美国近年来成功构建起了一个多样的职业教育数据系统。[②] 在联邦层面,美国国家教育统计中心设立了生涯或技术教育统计(Career/Technical Education Statistics),致力于从已有的联邦教育数据系统(如高中成绩单研究、中学后教育信息整合系统等)和其他联邦数据系统(如美国人口普查局的人口普查数据,美国劳工部的青年纵向调查等)中抽取职业教育数据,以全面展示美国职业教育的发展情况,包括各级教育机构、项目、教育内容、参与者、教育成果等。

在州层面,各州政府将职业教育数据纳入纵向教育数据系统,实现了职业教育数据的集中管理、动态追踪与深度分析。所谓纵向教育数据系统是指在各州政府构建的综合性教育数据系统。综合美国国家教育统计中心[③]和"数据质量运动"[④]给出的相关定义,纵向教育数据系统包含 5 个基本要素:①为每一位学生、教师和教育机构建立唯一的识别系统,并在它们之间形成关联。②为每一位学生建立完整的学习成长档案。③跨越时空整合、对接和共享各类教育与就业数据。④借助报告和分析工具公开数据,并注重保护个人的数据隐私与安全。⑤建立"数据审计系统"评价数据的质量、有效性和可靠性。简言之,纵向教育数据系统在横向上全面整合各类学生、教育工作人员和教育机构数据,在纵向上动态追踪每一位学生的发展历程。最初,纵向数据系统只涵盖 K-12 教育阶段,近 10

---

① Data quality Campaign. Time to Act: Making Data Work for Students[EB/OL]. [2016-4]. http://2pido73em67o3eytaq1cp8au. wpengine. netdna-cdn. com/wp-content/uploads/2016/04/Time-to-Act. pdf.

② Hoachlander, E. Gareth; Levesque, Karen A. Improving National Data for Vocational Education: Strengthening a Multiform System[EB/OL]. [1993-11]. http://eric. ed. gov/? id=ED363725.

③ National Forum on Education Statistics. The Forum Guide to Longitudinal Data Systems: What is an LDS? [EB/OL]. [2010-7]. https://nces. ed. gov/pubs2010/2010805. pdf.

④ Data Quality Campaign. Creating a Longitudinal Data System[EB/OL]. [2006-03]. http://2pido73em67o3eytaq1cp8au. wpengine. netdna-cdn. com/wp-content/uploads/2016/03/109_Publications-Creating_Longitudinal_Data_System. pdf.

年来各州开始将纵向数据系统拓展到 P-20W(从学前教育至劳动力就业阶段)。

目前,在联邦政府的支持下,各州几乎都基于自身情况构建了纵向数据系统。本部分以华盛顿州为例,展示州层面创建纵向数据系统的历程。(如图 3.4 所示)早在 1993 年,华盛顿州就在《1209 法案》中规定了州内学生的学习目标,并建立了面向四年级、八年级和十年级学生的评估制度。2001 年《不让一个孩子掉队法》生效后,华盛顿州进一步将三年级、五年级、六年级和七年级学生纳入了评估制度。此时,华盛顿州已基本具备采集学生表现数据的能力,但这些数据不仅在不同年份间缺少一致性,而且分散在特殊教育办公室(Special Education Office)、学习援助项目(Learning Assistance Program)、评估办公室(Assessment Office)等多个孤立的系统中。这种现象既不利于全面展示学生个体的发展历程,也不利于探索特定教育项目与学生表现之间的关联性。

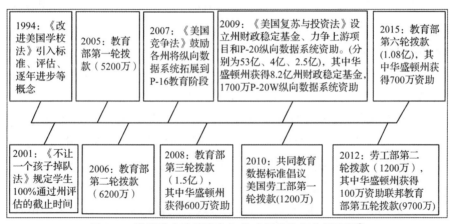

图 3.4 联邦政府政策演变与华盛顿州的相应行动图[①]

为改变现状,华盛顿州立法机构于 2003 年作出开发 K-12 纵向数据系统的决定。2007 年,由于决策者们越来越意识到完整对接学前教育、K-12、高等教育和劳动力数据的重要性,时任州长克里斯汀·格雷瓜尔(Christine Gregoire)亲自组建了教育研究与数据中心(Education Research and Data Center),负责创建 P-20W 纵向数据系统。在华盛顿州开发纵向数据系统的过程中,联邦政府的支持发挥了举足轻重的作用。[②] 事实上,受困于经费短缺,华盛顿州创建纵

① Melissa M. Beard. Educator-driven Data use? A Case Study of P-20 Data Use in Washington State[D]. Washiugton: University of Washington. 2015. 15-25.

② Melissa M. Beard. Educator-driven Data use? A Case Study of P-20 Data Use in Washington State[D]. Washington: Universsity of Washington,2015;15-25.

向数据系统的工作在前几年进展十分缓慢。直到 2009 年,华盛顿州先后获得联邦教育部和劳工部给予的多项拨款,才加快了开发纵向数据系统的步伐。比如,2009 年,华盛顿州获得了教育科学研究院提供的 600 万美金拨款;2010 年华盛顿州从《教育复苏与投资法》设立的 P-20W 纵向数据系统拨款项目中获得了 1700 万美金资助;2012 年,华盛顿州从美国劳工部获得了 100 万美金的劳动力数据质量倡议拨款。2014 年 10 月,华盛顿州成功建成了名为"综合性教育数据与研究系统"(Comprehensive Education Data and Research System)的 K-12 纵向数据系统。目前,华盛顿州已经建成了"华盛顿州 P-20W 纵向数据系统"(Washington P-20W Statewide Longitudinal Data System),该系统由教育研究和数据中心维护,集中管理来自学前教育部门(Department of Early Learning)、公共教育总监办公室(Office of Superintendent of Public Instruction)、州社区与技术学院董事会(State Board of Community and Technical Colleges)、劳动力培训与教育协调董事会(Workforce Training and Education Coordinating Board)、就业保障部(Department of Employment Security)、劳工部(Department of Labor)、管教部(Department of Correction)等部门的数据。

纵向教育数据系统需集中管理来自多个数据源的数据。按数据管理策略不同,美国各州的纵向教育数据系统大致分为集中式(Centralized)数据系统和联合式(Federated)数据系统两类。前者在州层面建立统一的数据中心,定期收集、备份来自多个动态数据源的数据;后者则不再建立统一的数据中心,只通过签订数据共享协议临时缓存数据,以便形成特定的数据集和报告。(如图 3.5 所示)大部分州都创建了集中式数据系统,联合式数据系统是近年来才出现的一种替代模式。但由于其在成本、隐私保护、多样性、灵活性等方面更具优势,这种模式迅速流行。[1] 据统计,截至 2016 年,已有 11 个州建立了联合式数据系统。[2] 例如,堪萨斯州开发了联合式 P-20W 数据系统,其拥有的"堪萨斯州学位统计"(Kansas Degree Stats)主要通过与教育部、劳工部、商务部和校董事会四方签订数据共享协议临时连接数据,以便向用户展示州内四年制大学的入学、费用和毕业生薪酬信息。

---

① National Center for Education Statistics. Centralized VS. Federated: State Approached to P-20W Data Systems[EB/OL]. [2012-07]. https://nces. ed. gov/programs/slds/pdf/federated_centralized_print. pdf.

② Education Commission of the States. State Longitudinal Data Systems: How are the connections structured? [EB/OL]. [2016-04]. http://ecs. force. com/mbdata/MBquestnb2? Rep=SLDS1604.

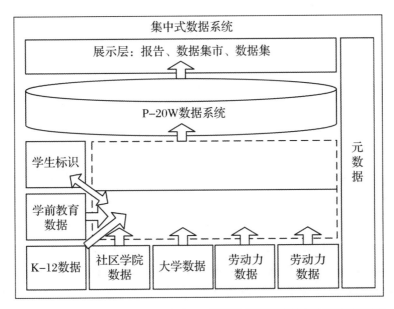

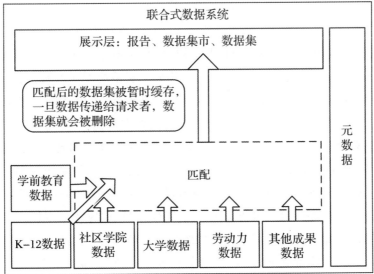

图 3.5　集中式数据系统和联合式数据系统的基本结构图①

①　National Center for Education Statistics. Centralized VS. Federated：State Approached to P-20W Data Systems[EB/OL].［2012-12］. https://nces. ed. gov/programs/slds/pdf/federated_centralized_print. pdf.

(二)完善数据架构

为保障职业教育质量,职业教育数据系统必须涵盖和职业教育相关的所有数据。在美国,职业教育数据大致包含组织和治理信息、项目提供信息、设施设备信息、学生参与信息、学生成就信息、教育工作者信息以及成本收益信息7种类型。[①] 近年来,随着证书、证明、许可等非学位凭证在就业市场上扮演越来越重要的角色,美国非常重视非学位凭证数据与教育数据系统的对接。目前,联邦教育部正在开发国家数据交换中心(National Data Exchange Clearinghouse),旨在为各类颁证机构和各州职业教育数据系统提供匹配、交换数据的平台。作为前期试点,伊利诺伊州已于 2012 年率先探索将社区学院学生记录与技术产业协会(CompTIA)掌握的认证数据进行匹配的可能性,并取得了很大成功。受该项目启发,加利福尼亚州、佛罗里达、艾奥瓦州、肯塔基州、北卡罗来纳和俄克拉何马州也纷纷与各类颁证机构合作匹配数据。[②]

同时,为实现跨州共享就业数据,美国劳工部开发了工资记录交换系统(Wage Record Interchange System,以下简称"工资系统"),以实现工资记录在全国范围内的自由交换。工资系统的工作原理可概括为"1 个前提,4 个步骤"。"1 个前提"指各州需事先签订数据共享协议,承诺遵守各项信息保密规定。"4 个步骤"则包括:①发送请求,州劳动力机构向工资系统发送跨州获取工资记录的请求,并附上具体的名单和时间段。②定位数据,工资系统通过全国指数(Nationwide Index)确定哪些州拥有数据。③查询数据,工资系统向各州工资记录管理机构发送查询请求。④反馈数据,工资系统将查询到的数据整合成一个文件,反馈给请求机构。(如图 3.6 所示)目前看来,工资系统顺利实现了跨州交换工资记录,但该系统的数据交换协议极为严格,只允许州长指定的劳动力机构使用个体数据,无法满足职业教育工作人员、研究人员等广大普通利益相关者的数据需求。在此背景下,西部高等教育委员会(Western Interstate Commission for Higher Education)开始促成爱达荷州、夏威夷州、俄勒冈州和

---

① Hoachlander, E. Gareth; Levesque, Karen A. Improving National Data for Vocational Education: Strengthening a Multiform System [EB/OL]. [1993-11]. https://archive. org/stream/ERIC_ED363725#page/n1/mode/2up.

② Association of Career and Technical Education. Certification Data Exchange Project[EB/OL]. [2016-2]. https://www. acteonline. org/uploadedFiles/Policy_and_Advocacy/Key_Issues/CDEP_Fact_Sheet_FINAL. pdf.

华盛顿州签订区域数据共享协议。根据协议,4州定期将各项教育和就业数据提交给国家学生中心(National Student Clearinghouse),由国家学生中心统一将4个州的数据进行清理、匹配、整合,再将数据反馈给各州。[①]

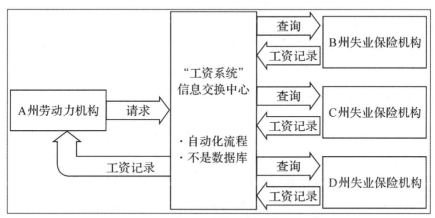

图3.6　工资记录交换系统工作原理图[②]

　　跨系统、跨区域对接职业教育数据是职业教育数据系统面临的另一项重要挑战。众所周知,美国的职业教育系统极具多样性,各州和地区拥有各不相同的职业教育术语与数据标准。此外,美国还是一个具有高度流动性的国家,有超过五分之一的学生在大学毕业前拥有转学经历,超过500万劳动者选择跨州就业。[③] 在此背景下,制定统一的数据标准体系成为实现职业教育数据整合、交换和共享的前提。

　　目前,美国已拥有开放式的职业教育绩效指标、常用术语、学校分类、课程分类系统和职业分类系统,主要包括"帕金斯核心绩效指标"(Perkins Core Indicators of Performance)、"通用教育数据标准"(Common Education Data Standards)、"教学项目分类"(Classification of Instructional Programs)和"标准职业分类"(Standard Occupation Classification),供各级各类职业教育部门和机

　　① Iris Palme. Is Stitching State Data Systems the Solution to the College Blackout? [EB/OL]. [2016-4-5]. https://static. newamerica. org/attachments/13023-stitching-the-states/Stitching-the-States. 164b328831414e9ebb2d986bafbfee46. pdf.

　　② Rachel Zinn, John Dorrer. Employing WRIS2:Sharing Wage Records across States to Track Program Outcomes[EB/OL]. [2014-5-2]. http://www. workforceqc. org/sites/default/files/images/WRIS2％20Report％20May％202014. pdf.

　　③ Workforce Data Quality Campaign. Cross-State Data Sharing[EB/OL]. [2016-5]. http://www. workforceqc. org/federal-solutions/cross-state-data-sharing.

构灵活选用。例如,美国国家教育统计中心于 2013 年将职业教育纳入"通用教育数据标准",开发了一张全国通用的职业教育核心术语表,该表从标准定义、选项集(Option Sets)和技术规范 3 个维度界定了职业教育学生、项目、课程、课程内容和工作人员 5 类职业教育数据元素。[1] 随后,各州也相应调整了本州的职业教育核心术语表。比如在州社区学院系统的主导下,科罗拉多州参考通用教育数据标准,将职业教育纳入了名为"加强教育的相关信息"(Relevant Information to Strengthen Education)的系统中。[2]

(三)构建数据服务平台

美国建成了覆盖联邦、州和地方的职业教育网站群,成为公开职业教育数据、提供职业教育数据服务的重要平台。其中,由联邦教育部生涯、技术与成人教育办公室管理的职业教育门户网站——帕金斯协同资源网络(Perkins Collaborative Resources Network)以及美国国家教育统计中心官网是最重要的两大全国性职业教育数据网站。

以帕金斯协同资源网络为例,自 2002 年起,联邦教育部每年都会在该网站上发布绩效报告,对上一年度各州的职业教育绩效目标达成情况进行总结,供客户随时查看、下载。如,在综合各州提交的绩效评估报告后,联邦教育部于 2016 年 6 月发布了最新的《提交给国会的各州年度绩效报告:2013—2014 项目年》(Report to Congress on State Performance:Program Year 2013—2014),该报告完整展示了各州的绩效指标,以及各州达成绩效目标的情况。[3] 另外,帕金斯协同资源网络还通过"帕金斯数据资源管理器"(Perkins Data Explorer)公开了各州自 2002 年来向教育部提交的所有职业教育绩效数据,用户可通过限定州、年份、指标、学生类别等条件获取需要的绩效数据。

2016 年,联邦教育部向内布拉斯加州提供了一份名为《内布拉斯加州生涯与技术教育数据传播策略》(Data Dissemination Strategies for Career and Technical Education in Nebraska)的技术援助报告,该报告提出了优化职业教

---

① Common Education Data Standards. Integrating Adult Education,Career Technical Education,and Workforce Data into CEDS[EB/OL].[2014-2].https://ceds.ed.gov/pdf/ceds-integrating-adult-education.pdf.

② Common Education Data Standards. Integrating Adult Education,Career Technical Education,and Workforce Data into CEDS[EB/OL].[2014-2].https://ceds.ed.gov/pdf/ceds-integrating-adult-education.pdf.

③ U. S. Department of Education. Report to Congress on State Performance:Program Year 2013-14p[EB/OL].[2016-6].https://s3.amazonaws.com/PCRN/uploads/Perkins_RTC_2013-14.pdf.

育数据网站体验,改进职业教育数据传播的4大策略。尽管该报告主要以内布拉斯加州的职业教育数据网站——"数据+研究+分析网站"(Data+Research+Analytics Website)为分析对象,但该报告所提供的建议具有普遍的指导意义,适用于全美各州。[①]

首先,职业教育数据网站须以用户为中心。在设计与改进职业教育数据网站的过程中,应充分听取职业教育管理人员、教师、学生、家长、公众、传媒等多类利益相关者的诉求。其次,职业教育数据网站的设计应当符合简单、精准和多功能的特点。为避免将用户淹没在信息海洋中,职业教育数据网站可以一种层级化的方式呈现数据,即首先为所有用户提供宽泛的、州层面的数据,然后再为有特殊需要的用户定制更为详尽的数据访问工具。比如,职业教育数据网站可先总结全州职业教育项目的绩效情况,再提供各个学区、学校乃至学生在各项绩效指标上的表现数据。再次,职业教育数据网站应当将数据转化为洞察。深入解读职业教育数据对统计学、计算机科学、教育学等专业知识有较高的要求,但绝大部分用户并不具备这样的兴趣和能力,因此,职业教育数据网站需通过适当添加图片、图标、标题等帮助用户分析、洞察数据背后的含义。最后,赋权用户自行设计报告。由于用户拥有多样的数据需求,职业教育数据网站可允许用户通过选择人口统计学变量、绩效指标、地区特征、项目类型等变量自行生成报告。

(四)倡导"有节制"地使用数据

只有确保职业教育数据被利益相关者有效使用,职业教育数据系统的价值才能得到有效发挥。为兼顾职业教育数据的有用性与安全性,利益相关者被赋予"有节制"的数据使用权。"有节制"包括两层含义:第一,规避隐私和安全风险是满足利益相关者数据需求的前提条件。第二,最大限度地满足利益相关者多样的数据需求。保护数据隐私是采集、公开和使用数据的前提。

美国国会颁布的《家庭教育与隐私法》(Family Education Rights and Privacy Act of 1974,FERPA)将数据隐私界定为父母和成年学生拥有审查、修改学生教育记录的权力,并且只有他们才能授权他人获得学生的个人可识别信息(Personally Identifiable Information)。所谓个人可识别信息是指可用于区分或追踪个人身份的信息,包括学生的姓名、社会安全码、指纹、DNA等直接标识

---

① RTI International. Data Dissemination Strategies for Career and Technical Education in Nebraska[EB/OL]. [2016-6]. https://s3.amazonaws.com/PCRN/docs/TA_to_States_Nebraska_Report.pdf.

符,也包括学生的生日、出生地、父母的名字等间接标识符。尽管隐私问题过去一直在有关教育数据质量的对话中处于边缘地带,但 2013 年初以来,随着教育数据越来越被频繁地收集、交换与使用,如何妥善保护学生数据隐私成为各州开展教育立法的一大重点。据统计,2013—2016 年间,共有 49 个州(佛蒙特州除外)提出了有关学生数据隐私的 410 个议案,其中有 36 个州通过了 73 项新法。

总体来看,各州立法的内容集中在规范管理人员、教师、学生、家长、研究人员、在线服务商等利益相关者的行为、建立健全退出机制等。各州立法的策略分为"禁止"(Prohibition)和"治理"(Government)两种。前者重在限制收集某类数据(如生物特征数据)或以某种方式使用数据(如预测分析),以保证学生隐私;后者重在建立和完善数据使用程序(如安全审计)、角色(如设立首席隐私官)和支持(如州政府),以确保数据被合理使用。[①] 当然,上述 2 项策略并不是相互排斥的,同一项法律有可能采用 2 种策略。

在法律和政策许可的范围内,各州重视为利益相关者量身定制数据。俄亥俄州教育部职业教育办公室曾专门绘制了一张利益相关者的职业教育数据需求表。[②] 根据该表,所有利益相关者都需要学生的文凭获得情况、大学预科学术基准达标情况、技术评估通过情况、满足地方工商业需求情况、就业与薪酬情况 5 类数据。其中,学生和家长希望借助数据来比较各类学校、职业领域和课程,以确保学生顺利过渡到大学和职场;教师希望详细、持续记录每位学生的学习表现,以根据学生的学习风格和需求定制教学方案;雇主希望借助数据来分辨各类文凭的价值,作出校企合作的决定,以及将业务转移到那些能够持续提供优质劳动力的区域;决策者希望将数据用于解决教育管理中的现实紧迫问题,以便将有限的资源用于支持高质量的教育项目。

为有效满足利益相关者多样的数据需求,各州开发了大量的数据报告与工具。例如,加州社区学院系统最近开发了两大在线毕业生就业成果展示工具:"学院工资跟踪器"(College Wage Tracker)和"薪水冲浪"(Salary Surfer Tool)。前者重在展示不同社区学院和职业教育项目毕业生在三年后的平均工资;后者重在

---

① Student Data Privacy Legislation: A summary of 2016 State Legislation[EB/OL]. [2016-9]. http://2pido73em67o3eytaq1cp8au. wpengine. netdna-cdn. com/wp-content/uploads/2016/09/DQC-Legislative-summary-09302016. pdf.

② Data Quality Institute. Ensure Data Can Be Accessed, Analyzed and Used[EB/OL]. [2011-6]. http://s3. amazonaws. com/PCRN/docs/DQI/CTE_Stakeholders_Data_Needs_Enright-Wilkins_053111. pdf.

追踪拥有不同学位的毕业生在两年和五年后的收入水平。[①] 俄亥俄州开发了新的在线劳动力供应工具(Workforce Supply Tool),旨在帮助雇主利用劳动力市场信息作出更明智的招聘决策。[②]

三、美国提升职业教育数据质量的特点

(一)优化职业教育数据系统

开发优质的职业教育数据系统是提升职业教育数据质量的前提。过去十余年间,美国成功建构起了一个综合、开放、多样的职业教育数据系统。该系统由覆盖各级各类政府部门、职业院校和社会机构的多个数据平台构成。通过制定统一的数据标准和技术规范,美国有效实现了职业教育数据在不同平台间的衔接与共享。以立法的形式完善各项数据制度是美国确保职业教育数据系统有序运行的重要经验。总体而言,美国拥有较为成熟的职业教育数据开放和隐私保护制度、职业教育利益相关者参与制度、职业教育数据治理制度等。

(二)培育科学应用职业教育数据的文化

提升职业教育数据质量本身只是手段,它服务于提升职业教育质量这一总体目标。以各州纷纷将职业教育纳入纵向数据系统为契机,美国国内兴起了一场职业教育数据使用文化转型。不同于过去只注重自下而上的数据报告与评估,人们开始关注自上而下的数据反馈与应用,开始关注数据对于确保职业教育更好地满足学生和劳动力市场需求的价值。可见,美国拓展了职业教育数据的价值,并将其发挥作用的重心下移。正如数据质量运动的主席阿米(Amiee Guidera)所言,"过去,我们遵循批量生产的模式,错误地将对部分学生有效的方法应用于所有学生。近十年来,随着大数据技术应用到教育领域,我们开始强调为每位学生量身定制个性化教育。我从未像今天这样对数据改变学生人生的潜能如此深信不疑。"[③]

---

① Workforce Data Quality Campaign. Scorecards for Students and Workers[EB/OL]. [2016-11]. http://www. workforcedqc. org/state-solutions/scorecards-students-workers.

② Jenna Leventoff. New Indiana Legislation Mandates Supply/Demand Analysis[EB/OL]. [2016-4]. http://www. workforcedqc. org/news/blog/new-indiana-legislation-mandates-supplydemand-analysis.

③ Data Quality Campaign. Time to Act:Making Data Work for Students[EB/OL]. [2016-4]. http://2pido73em67o3eytaq1cp8au. wpengine. netdna-cdn. com/wp-content/uploads/2016/04/Time-to-Act. pdf.

(三)发挥数据对职业教育治理的支撑作用

职业教育数据质量与职业教育治理现代化互为前提、互相制约。当前,随着互联网、大数据、云计算技术的发展成熟,量化治理(又称循数治理)已是大势所趋。的确,相较于传统的经验式治理和试验式治理,量化治理更为科学、有效,也更具包容性。就职业教育治理而言,美国十分重视吸引行业、企业、院校、家长、学生等层面的主体参与职业教育管理和改革活动,并将高质量的数据作为耦合多元主体的重要梁桥之一。一个典型的例证是,国会在启动每一轮职业教育立法前都会要求联邦教育部提交职业教育国家评估报告,用数据详细汇报全美职业教育的规模、经费使用、绩效水平和人才培养模式变革情况。与此同时,国会还会要求教育部组建一个由职业教育管理人员、职业教育研究人员、职业教育评估和数据处理专家、雇主等组成的独立咨询小组,由他们分析、评估职业教育数据并撰写决策建议报告。

参考文献

[1] 美国国家教育统计中心.现代美国职业教育纵览——1990—2005年数据分析报告[M].和震,高山艳,译.郑州:河南科学技术出版社,2013.

[2] 吴雪萍.国际职业技术教育研究[M].杭州:浙江大学出版社,2004.

[3] 托马斯·弗里德曼.世界是平的:一部二十一世纪简史[M].何帆,肖莹莹,郝正非,译.湖南:科学技术出版社,2008.

[4] 赵一凡.美国的历史文献[M].北京:生活·读书·新知三联书店,1989.

[5] 马骥雄.战后美国教育研究[M].南昌:江西教育出版社,1991.

[6] 贺国庆,何振海.战后美国教育史[M].上海:上海交通大学出版社,2014.

[7] 中国教科院教育质量标准研究课题组.教育质量国家标准及其制定[J].教育研究,2013.

[8] 教育部调研团.美国职业教育调研报告[J].中国职业技术教育.2016.

[9] 吴雪萍,郝人缘.中国职业教育的转型:从数量扩张到质量提升[J].中国高教研究,2017.

[10] 郤海霞,王世斌,董芳芳.美国中等职业教育外部质量评价机制及启示——以亚利桑那州为例[J].比较教育研究,2013.

[11] GORDON H. The History and Growth of Career and Technical Education in America [M]. Long Grove: Waveland Press, Inc,2014.

[12] BARLOW M L. The Philosophy for Quality Vocational Education Programs[M]. Arlington: The American Vocational Association, Inc,1974.

[13] UNESCO-UNEVOC. Work and Education in America: The Art of Integration[M].

Dordrecht：Springer Dordrecht，2012.

[14] WANGV C X. Definitive Readingsinthe History，Philosophy，Practiceand Theories of Career and Technical Education[M]. Hangzhou：Zhejiang University Press，2009.

[15] FREEBURG B W，HALLME. Foundations of Workforce Education[M]. London：Pearson Custom Publishing，2008.

[16] SCOTT J L. Overview of Career and Technical Education[M]. Orland Park：American Technical Publisher，Inc，2014.

[17] FIELD K M S. ASkill Beyond School Reviewof United States[M]. Paris：OECD Publishing，2013.

[18] LAW C J. Tech Prep Education：A Total Quality Approach. Lancaster：Technomic Publishing Company，Inc，1994.

[19] STONE J R，LEWIS M V. College and Career Ready in the 21st Century：Making High School Matter[M]. New York：Columbia University Press，2012.

[20] BARLOW M L. History of Industrial Education in the United States[M]. Illionis：Chas. A. Bennett Co.，Inc，1987.

[21] STONE J RIII. More than One Way the Case for High Quality CTE[J]. American Educator，2014.

[22] STONE J R III，LEWIS M V. Governance of Vocational Education and Training in the United States[J]. Research in Comparative and International Education，2010.

[23] SCROGGS L E. Student Assessment in the Context of Quality：One Community College's Journey[D]. Normal：Illinois State University，2003.

[24] BARBER G M. Quality Assurance in The Community College：An Examination of a College Strategic Plan[D]. Minneapolis：Capella University，2008.

[25] CRUM-ALLEN P. Career and Technical Education and the Malcolm Baldrige Quality Award in Education[D]. Kalamazoo：Western Michigan University，2014.

[26] Smith-Hughes Act of 1917[Z].

[27] Vocational Education Act of 1963[Z].

[28] Vocational Education Amendments of 1968[Z].

[29] Vocational Education Amendments of 1976[Z].

[30] Carl D. Perkins Vocational Education Act of 1984[Z].

[31] Carl D. Perkins Vocational and Applied Technology Education Act of 1990[Z].

[32] Carl D. Perkins Vocational and Technical Education Act of 1998[Z].

[33] Carl D. Perkins Career and Technical Education Act of 2006[Z].

[34] Strengthening Career and Technical Education for the 21st Century Act[Z].

[35] STAAZ C，BODILLY S. Efforts to Improve the Quality of Vocational Education in Secondary Schools：Impact of Federal and State Polices[R]. Washington，DC：US Department of Education，2004.

第四章
俄罗斯职业教育质量保障

苏联解体后,俄罗斯在政治、经济及文化等领域进行了系列改革,对人才的需求在不断增长,人才的培养质量在不断提高。为了保障和提高职业教育质量,俄罗斯联邦政府颁布了《2010年前俄罗斯教育现代化构想》,将构建教育质量保障体系作为教育现代化的重要任务。时至今日,在政府、社会与教育机构的多方努力和协作下,俄罗斯初步形成了有特色的,包含质量标准体系、外部评估体系及内部监控体系在内的职业教育质量保障体系。

第一节　俄罗斯职业教育质量保障的形成背景

苏联解体后,俄罗斯将整个教育体系划分为2大块:普通教育与职业教育,职业教育分为初等、中等、高等和大学后职业教育4个层次。中等职业教育是其中一个独立的教育层次。1995年,俄罗斯联邦教育部颁布的《俄罗斯中等职业教育国家教育标准》规定,中等职业教育是以基础普通教育(初中)、完全中等教育(高中)或初等职业教育学历为起点的,在拥有相应办学许可证的中等职业教育机构,按照与国家教育标准相一致的基本职业教育大纲予以实施的,并以终结性考试和发给毕业生中等职业教育证书而告结束的一种教育。[①] 2012年,俄罗斯国家杜马通过了新版《俄罗斯联邦教育法》。该法取消了初等职业教育阶段,明确规定:普通教育包括学前教育、初等普通教育、基础普通教育和中等普通教育;职业教育包括中等职业教育、高等职业教育(学士)、高等教育(专家/硕士)、高等教育(高水平人才培养)。按照联合国教科文组织统计局制定的《国际教育标准分类法》,俄罗斯的中等职业教育相当于高等教育的第5级中的5B,

---

①　Постановление Правительства РФ от 18. 08. 1995 N 821 Об утверждении государственного образовательного стандарта среднего профессионального образования [EB/OL]. [2014-11-03]. http://www.bestpravo.ru/federalnoje/gn-praktika/h6g.htm.

注重实用性和技术性。① 本研究中"职业教育"主要指俄罗斯中等职业教育。

俄罗斯中等职业教育在促进个体与社会发展中发挥着重要作用。根据俄罗斯统计署公布的数据,2012—2013 年间,俄罗斯共有 2087100 名学生在 2981 所中等职业教育机构中获得技能、智力、身体和道德的发展。同时,中等职业教育既为社会若干工作岗位输送生产或服务一线上的高级技能型人才,也为其提供初级管理人才,源源不断地为社会经济的稳定发展输入新的血液。"现在,中等职业教育体系涵盖了俄罗斯 22% 的居民。在经济与社会领域,有近 2000 万的专家受过中等职业教育,这占据了俄罗斯就业总人数的 33% 或就业的专家总数的 62%。"②

进入 21 世纪,俄罗斯已经拥有了发达的中等职业教育体系,这为俄罗斯促进创新型经济的发展提供了可能性。但是,在将这种可能性变为现实的过程中,教育质量危机成为职业教育发展和经济发展的瓶颈问题。为了解决本国中等职业教育质量危机问题,在西方教育质量保障运动的影响下,俄罗斯构建了中等职业教育质量保障体系。影响俄罗斯构建中等职业教育质量保障体系的原因有以下三点。

一、实现教育现代化任务的需要

俄罗斯联邦政府于 2001 年底通过,并于次年 2 月正式公布实施了《2010 年前俄罗斯教育现代化构想》(以下简称为《构想》)。"教育现代化是在社会积极促进下而实施的国家重要纲要。它应该促进俄罗斯实现教育质量的新突破,这首先取决于教育可以符合国家现代生活的当前和未来的需求。"③《构想》指出,教育现代化的目的在于建立促进教育系统稳定发展的机制。为了实现这一目的,该《构想》指出俄罗斯必须优先完成:国家保证每个公民平等获得优质教育的机会、促进公民获得现代的教育质量、在教育系统中创建吸引并利用预算外资金的法规机制和组织-法律机制、提高教育工作人员的社会地位及素养、创建开放的教育系统等几大任务。在保持教育的奠基性及其符合个人、社会和国家

---

① Агранович М. Л. Российское образование в контексте международных индикаторов 2009[M]. Москва:Сентябрь,2009,24.

② Система среднего профессионального образования[EB/OL]. [2014-05-20]. http://knowledge.all-best. ru/pedagogics/2c0a65625a2ad78b5d53b89421306d26_1. html.

③ Распоряжение Правительства РФ от 29. 12. 2001 N 1756-р. О Концепции модернизации российского образования на период до 2010 года[EB/OL]. [2014-05-20]. http://www. bestpravo. ru/rossijskoje/ej-pravila/c5g. htm.

目前和未来需要的基础上,保障教育质量成为教育现代化的主要任务。

俄罗斯领导人普京在会见俄罗斯大学校长协会代表时说:"高质量的、现代化的教育是我们国家稳定发展的基础,是每个人自我实现的根本,也是国家所有公民扩大社会机会和经济机会的基础。它是俄罗斯的战略资源,我们应该强化并充分利用这一资源。"[①]为了获得优质职业教育,《构想》提出了最近几年旨在提高职业教育质量的若干举措,其中包括以下几项:第一,恢复国家在教育领域的责任。由于俄罗斯拥有悠久的集权式管理传统,"公民社会"发展尚不完善,教育机构的"自适应机制"尚不成熟,因此,《构想》规定,俄罗斯必须恢复国家对各级教育的责任心,国家应该"回归"教育,致力于保障教育大纲的质量。第二,建立监控体系,以监控劳动力市场对技能型人才的当前和长远需求。第三,为了保障教学过程的质量,促进教育机构的物质技术基础和基础设施现代化。第四,评估教育大纲质量。第五,保证初等和中等职业教育的优先发展,参考国际质量标准以提高教育质量,促进教育质量满足当地劳动力市场的需求。第六,国家与雇主合作制定符合现代技能要求的教育标准。

二、实施职业教育优先发展战略的需要

俄罗斯中等职业教育优先发展战略,即需要在中等职业教育体系中模拟和配置前瞻性的社会结构,使其培养的人才不是一味地顺应社会的发展,而是推动社会的进步。"朝前跑是任何革命式改革的客观规律,这个时代的任何改革只能走在它要改革的那个现实的前头,否则就不是真正的改革。"[②]《构想》指出,要优先发展初等和中等职业教育。

俄罗斯实施中等职业教育优先发展战略具有现实必要性:中等职业教育在恢复与发展经济、促进教育公平等方面本应发挥重要作用,但其发展现状并不令人满意。首先,人才培养结构不合理。俄罗斯社会经济发展对人才培养结构的要求是,每百名工程师需要 70 名技术人员与 500 名工人;现实是,高等、中等与初等职业教育所培养的人才数量之间的比例是 1∶1∶1。人才培养结构与人才需求结构不匹配,这使得目前俄罗斯劳动力市场对工人的需求有 90% 的缺位,有近 20% 的空缺岗位需要受过中等和高等职业教育的工程师。[③] 其次,人

---

① Министерство образования и науки РФ. Главные событйя в современном образовании2004-2011 [R]. Москва :медиалайн,2012:107.

② 肖甦.俄罗斯教育 10 年变迁[M].北京:北京师范大学出版社,2003:158.

③ Ткаченко E. B. Начальное, среднее и высшее профессиональное образование России: Возможности сохранения и развития [EB/OL]. [2014-05-27]. http://www.urorao.ru/konf2005.php_mode=_exmod=tkachenko.html.

才培养数量不能满足需求。除了受出生率较低的影响外,由于俄罗斯高等职业教育表现出更大吸引力,这使得每年进入中等职业教育机构学习的年轻人逐渐减少,且一大部分毕业生选择升入大学继续深造。"2013 年,35％的中等职业教育毕业生升入大学"①,其结果是,最终进入劳动力市场的、受过中等职业教育的学生不断减少,而劳动力市场对技能型人才和中级专家的需求在增加,供求之间的数量差额强化了中等职业教育的质量危机。这使得"中等技术学校和高等专科学校的毕业生仅仅能满足基础经济部门需求的 30％—40％"②。最后,人才培养内容不合理。苏联解体之初,在中等职业教育领域,有三分之二的专业集中在军工、中型和重型机械制造等领域,而社会急需的专业较少,例如金融、小型企业经营管理等。人才培养内容严重不符合社会需求,这是"初等和中等职业教育体系培养的专业人员能够对口就业的人数不超过 30％—50％"③的重要原因。

俄罗斯中等职业教育的人才培养结构、数量与内容严重不符合社会需求,这使得它不仅不能推动社会的发展,甚至不能适应社会的发展。优先发展战略的提出旨在改变中等职业教育落后于社会发展的局面,使其成为促进社会发展的助推力。俄罗斯中等职业教育机构校长联合会主席捷明(В. М. Демин)对中等职业教育优先发展的内涵作了明确的表述:中等职业教育优先发展意味着更优质的人才培养质量,其培养的人才具有自主学习能力;"优先发展"不是简单地使教育机构适应劳动力市场,而是意味着教育机构的职能与市场机制合理有机结合在一起;要实现中等职业教育的优先发展,需要创建符合现代经济与社会发展新形势的中等职业教育模式;"优先发展"不只是涉及个别行业的职业教育机构的发展及发展路径问题,而是涉及整个中等职业教育体系的优先发展机制,主张保障中等职业教育质量,保障优质教育的准入性和有效性。④

三、规范职业教育机构办学秩序的需要

苏联解体后,在教育民主化改革运动的推动下,一方面,俄罗斯扩大了中等

①　Т. Л. Клячко. Образование в России：основные проблемы и возможные решения[М]. Москва,Дело. 2013：30.

②　Виктор Михайлович Демин. Приоритеты среднего и начального профессионального образования в деле повышения качества подготовки кадров[J]. Образование в России,2006：206-211.

③　奇塔林 Н. А. 俄罗斯职业教育现代化进程中的矛盾[J]. 大学·研究与评价,2008(09)：50-51.

④　Виктор Михайлович Демин. Приоритеты среднего и начального профессионального образования в деле повышения качества подготовки кадров[J]. Образование в России,2006：206-211.

职业教育机构的自主权,例如教学自主权、人事自主权以及财务自主权;另一方面,允许非国立中等职业教育机构的存在。根据俄罗斯统计署公布的数据,2003—2004 年间,俄罗斯有 182 所非国立中等职业教育机构,有 110500 名学生在这些学校中接受教育。[①] 实施中等职业教育机构的非国有化,赋予中等职业教育机构一定的自主权,这在一定程度上造成办学秩序的混乱,引起教育质量的下降。因为,中等职业教育机构在获得办学自主权之后,开发设计了一些没有经过严格质量审查的教学大纲和教科书。部分非国立中等职业教育机构为了营利,在没有取得办学资格的条件下或者缺乏实施教育的标准条件下大批量招生、开展教育活动。这些办学现象的存在从整体上降低了教育质量。因此,为了克服办学自主权扩大及非国立中等职业教育机构的无序发展对教育质量的潜在威胁,俄罗斯需要一套质量检查机制,对中等职业教育机构的基本教育资源的投入、教学的实施以及教学结果进行系统和全面的检查,以规范办学秩序。

同时,构建质量保障体系是引导中等职业教育机构合理定位的需要。在俄罗斯,实施中等职业教育的机构主要有两种:中等技术学校与高等专科学校。简单地说,中等技术学校传授从事工作的专门技能,旨在培养生产一线工人;高等专科学校侧重于"智力"教育,旨在培养初级领导者。中等技术学校与高等专科学校在培养大纲、师资、专业设置等方面均遵循不同的标准。例如,在"培养大纲"方面,中等技术学校实施中等职业教育基础阶段的大纲,高等专科学校则实施基础阶段和提高阶段(高层次)的大纲。与基础阶段的大纲相比,提高阶段的大纲的人才培养深度和广度都有所提高,且学期期限要多一年。"提高阶段的职业教育大纲为毕业生提供获得优质新技能的机会。目前,提高阶段的中等职业教育毕业生占到中等职业教育所有毕业生的 11.6%(1994 年该数据为3.5%)。"[②]除此之外,2 种中等职业教育机构获取的国家财政拨款标准不同。

中等职业教育机构的多样化发展涉及其合理定位问题——哪种学校属于中等技术学校,哪种属于高等专科学校。判断一所中等职业教育机构是否具备

① Федеральная служба государственной статистики. Российский статистический ежегодник: 2004 [M]. Статистический сборник /Росстат2004:207.

② Хватов Сергей Евгеньевич, Сущность и особенности образовательного процесса в колледже[EB/OL]. [2014-06-20]. http://knowledge. allbest. ru/pedagogics/2c0b65635a3bd78b4c43a89521306c27_0. html.

了升级或转型的条件和资格,确定其实施的基本职业教育大纲的类型与层次
(基础阶段/提高阶段)变得异常重要。除此之外,中等职业教育机构的多样化
发展意味着教育服务需求者选择的多样化,如学生选择什么类型的基本职业教
育大纲,雇主选择在什么类别的中等职业教育机构中招聘毕业生等等。在这种
背景下,俄罗斯需要一套质量保障机制,从而为各类学校提供一定的办学标准,
引导中等职业教育机构自主合理定位;为教育管理机构或部门提供一套质量检
查的工具以及时发现并矫正不合理的办学行为;为教育服务需求者提供相关质
量信息,帮助其合理选择教育服务。

第二节　俄罗斯职业教育质量保障的主要理念

俄罗斯职业教育质量保障体系的形成与俄罗斯的政治、经济、文化与教育
因素相关。联邦制的建立、"公民社会"的构建、经济结构的调整、创新发展战略
的提出、国家民族主义的兴起等因素使得其质量保障体系建设体现了强调国家
作用、主张多元主体合作、重在促进发展和注重结果等理念。

一、强调国家作用

20世纪90年代,在政治民主化、经济市场化改革的推动下,俄罗斯中等职
业教育获得一定的自主权,非国立中等职业教育机构在教育市场中占据了一定
的发展空间。中等职业教育在获得发展的同时也面临一定的发展困境。由于
20世纪90年代发生的社会−经济危机,国家几乎退出教育领域,教育在自谋生
路的过程中处处碰壁,面临教育经费短缺、无序发展及内容陈旧等问题,这些问
题成为危及教育与社会稳定发展的因素。为了消除这些问题,俄罗斯强调国家
在教育发展中的作用。2001年底,俄罗斯联邦政府通过了《2010年前教育现代
化构想》(以下简称为《构想》)。《构想》将提高教育质量作为实现教育现代化的
核心任务。为了提高教育质量,《构想》指出,要构建质量保障体系,必须要"恢
复国家对该领域的责任心和积极作用"[1]。

① Министерство образования Русский Федерации. Концепция модернизации российского образования на период до 2010года[EB/OL]. [2014-12-27]. http://www. al-news. r-u/zakony/dejstvuju-wie/34-politika-v-oblasti-obrazovanija/139-z.

俄罗斯强调国家在中等职业教育质量保障运动中的作用,并不是要再恢复到苏联模式,而是意在加强国家对教育的管理职责。在中等职业教育质量保障运动中,国家的作用主要体现在2个方面。

(一)保障秩序

俄罗斯政府通过颁布法规、条例,制定建议等举措,不仅规范了中等职业教育机构的办学秩序,保障俄罗斯境内的中等职业教育机构开展活动的一致性,而且规范教育管理部门的管理秩序,明确各级各类管理部门(联邦、地区、地方三级管理部门,以及政府管理部门与社会管理部门)的权利与义务。

(二)倡导和推动变革

1992年,俄罗斯国家杜马通过、联邦委员会批准了《俄罗斯联邦教育法》。该法提出,俄罗斯需要构建国家教育标准以及包括认可、鉴定和国家认定在内的政府评估体系,以规范教育机构的办学秩序,保障教育机构达成最低质量要求。俄罗斯联邦政府以该法为契机,掀起了教育质量保障运动。除此之外,在推动质量管理民主化运动中,俄罗斯政府以"国家-社会"共管原则为指导,制定了一系列教育政策,鼓励社会力量参与教育质量评估,并通过立法、制定条例和建议等措施,以确定社会力量参与质量评估的合法地位,规范社会力量实施质量评估的行为。

二、主张多元主体合作

苏联解体后,伴随着市场机制的引入和政治民主化进程的推进,中等职业教育权力由"以中央政府为中心"向"多元主体中心"转变,中等职业教育由单一的政府管制向公共治理转变。《俄罗斯联邦教育法》明确规定,"国家-社会"共管是制定国家教育政策的重要原则之一。2010年通过的《2010年前俄罗斯教育现代化构想》将提高教育质量作为实现教育现代化目标的核心任务,且认为"俄罗斯教育系统只有与国民经济、科学、文化、保健、所有利益相关部门和社会组织的代表、家长及雇主建立经常的协作关系的条件下,才能实现教育现代化的战略目标"[①]。为了提升教育质量,职业教育应该成为一个开放的系统,"主张多元主体合作",主要表现在2个方面。

---

① Министерство образования Русский Федерации. Концепция модернизации российского образования на период до 2010года[EB/OL]. [2014-02-27]. http://www. al-news. r-u/zakony/dejstvuju-wie/34-politika-v-oblasti-obrazovanija/139-z.

(一)制定国家教育标准和职业标准

国家教育标准是评估和监控教育质量的重要依据。设计出既符合职业教育发展规律,又体现利益相关者价值诉求的教育标准是质量保障的逻辑起点。《2010 年前俄罗斯教育现代化构想》指出,要保障雇主和其他社会伙伴参与解决职业教育问题,包括制定符合现代技能的教育标准(职业标准)。[①] 职业标准是一个多功能的规范性文件,该文件规定了劳动力市场对具体工作内容与条件、工作人员需要具备的资格、实践经验以及所受教育与培训的最低要求。2013 年俄罗斯《制定、批准和使用职业标准的规则》[②]指出,职业标准是在俄罗斯联邦劳动与社会保障部的协调下,由雇主、雇主协会、职业社团、自我管理组织及其他非营利性组织、职业教育机构合作制定的。多元主体在相互理解、尊重和信任的基础上,在协商讨论中达成质量标准的共识,在多元价值诉求中寻找利益一致性。

(二)实施质量评估

基于《俄罗斯联邦教育法》,俄罗斯最先发展了包括认可、鉴定和国家认定三个环节在内的政府评估。在政府评估中,政府行政部门并未把控和垄断保障质量的权力。例如,2003 年《对俄罗斯中等职业教育机构及其分校实施鉴定的方法建议》规定,鉴定委员会的成员不仅包括国家权力机关和(或)地方自治机关的代表,而且包括国家-社会组织的代表、中等职业教育机构的领导、联邦教育管理机构的代表、教学方法协会的代表。

除此之外,根据实施质量评估的主导者不同,俄罗斯中等职业教育质量评估的形式有 3 种:政府评估、社会评估与院校自我评估。《全俄罗斯教育质量评估体系方案(第二版)》规定,俄罗斯教育质量评估体系包括内部评估与外部评估两部分。如图 4.1 所示,俄罗斯教育质量外部评估的主体有国家(联邦、地区

[①]　Министерство образования Русский Федерации. Концепция модернизации российского образования на период до 2010года[EB/OL]. [2014-02-27]. http://www. al-news. r-u/zakony/dejstvujuwie/34-politika-v-oblasti-obrazovanija/139-z.

[②]　Постановление Правительства Российской Федерации от 22 января 2013 г. N 23 г. Москва"О Правилах разработки, утверждения и применения профессиональных стандартов"[EB/OL]. [2014-02-27]. http://www. rg. ru/2013/01/28/profstandarty-site-dok. html.

和地方三级政府管理机构）、社会（雇主、社会组织、教育界等）、生产部门（企业、雇主联合会、工商局等）、公民个人。教育质量内部评估由 5 个基本要素构成：学生、教师、教育大纲、教育管理机构、教育机构保障体系（组织、物质技术、教学方法、信息、资金等）。这 5 个基本要素相互作用形成 3 种内部评估形式：自评、互评和单向评估。

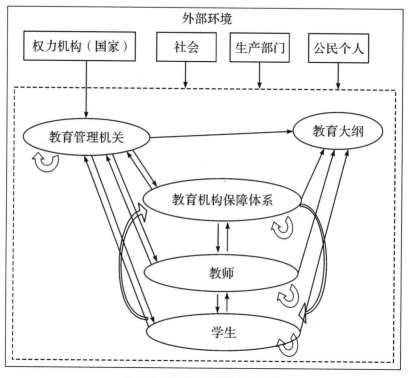

图 4.1　教育质量评估示意图[1]

　　由此一来，俄罗斯通过颁布相应的政策法规来引导和鼓励多元主体参与质量保障，从制度上保障公众在管理职业教育质量的话语权。苏联解体之初，从整体上讲，俄罗斯职业教育质量保障是一种国家主导下的政府行为，但是随着政府管理形式的转变，官僚制有被渐渐淡化的趋势，越来越体现出公共治理的特点。俄罗斯联邦政府不再是无所不包的"全能型政府"和唯一的权力中心，它

　　[1]　Концепция общероссийской системы оценки качества образования（Втораяредакция）［EB/OL］.［2015-03-08］. http://yandex. ru/clck/jsredir? from＝yandex. ru％3Byandsearch％3Bweb％3B％3B.

与其他官方的或民间的公共管理组织通过协商、合作来达成共识和对职业教育质量的管理。

三、重在促进发展

俄罗斯中等职业教育质量保障活动不仅是利益相关者依据一定的标准对教育质量进行事后检测的过程，而且是一个贯穿教学活动始终、以推进院校教育质量改进为目的的持续的、系统化过程。中等职业教育质量标准、评估和监控并非质量保障的目的，它们只是保障质量的一种工具和手段，最终指向持续性的改进教育质量、促进职业院校的可持续发展。促进职业院校发展作为俄罗斯职业教育体系的理念，主要体现在以下几个方面。

(一)制定动态发展目标

在中等职业教育质量保障运动中，中等职业教育机构各项工作的基本目标是培养一大批社会需要的技能型人才和中级专家，使得人才培养质量符合国家教育标准的要求。达成国家教育标准是中等职业教育机构最直接的发展目标。《俄罗斯联邦教育法》明确规定，至少每10年更新一次国家教育标准。国家、雇主、教育界、社会组织等各界力量要在对劳动力市场的人才需求进行短期和长期预测的基础上，将未来几年的人才需求动态写入联邦国家教育标准，这有利于克服教育中的一个矛盾：授予学生昨天的知识和技能，期望学生有能力解决明天的社会问题。由于中等职业教育机构办学水平高低不一，整个中等职业教育体系的质量优劣不齐，劣势部分往往会影响整个中等职业教育体系的质量，有时甚至决定着整个中等职业教育体系的质量水平。国家教育标准正如"木桶效应"中的那块短板，随着社会经济发展水平的提高及人才需求的改变，该短板会不断被提升，进而提高木桶的整体水容量。

(二)推动学校内部建设

推进质量改进工作的关键是保证中等职业教育机构的质量主体地位，强化中等职业教育机构自主参与、自主规划和改进教学。中等职业教育质量政府评估是俄罗斯一种重要的外部评估形式，是俄罗斯政府通过立法规定、自上而下推行的一种强制性行为。因为通过政府评估，俄罗斯政府控制了事关中等职业教育机构生存的核心资源——办学许可证及给毕业生颁发毕业证书的权力,所以,为了生存,中等职业教育机构不得不参加政府评估。此外,由于自我评估报告是政府部门了解中等职业教育机构培养内容及培养水平的重要数据来源,所以,中等职业教育机构实施的自我评估是政府评估的一个必要环节。自我评估的目的是确定中等职业教育机构对外部评估的准备情况,促进教育机构内部质量监控体系的建立。因此,通过"政府评估—自我评估—内部监控体系"这一逻辑,俄罗斯实施政府评估的一个重要目的是推动中等职业教育机构内部监控体系的建设。政府评估是一种事后检测,有利于保障中等职业教育机构达成预定的质量标准,而在推动教育机构改进质量方面的作用是有限的。中等职业教育机构通过构建内部监控体系,便于建立学习型组织,关注"内发"的质量意识,对自身质量进行定期和长期、事前和事中的持续性检测,这有利于将外部评估校本化,有利于激发、提高教育质量的内部动力。

四、注重结果

苏联解体后,俄罗斯中等职业教育机构的经费来源多元化。"初等职业教育机构的预算拨款只占总开支的 90.7%,而在中等职业教育机构仅占 61%—20%,差额部分——来自有偿教育服务的经济核算制的收入,基本上依靠的是学生的学费。"①在市场化改革和财政来源多元化改革的推动下,学生及其家长、企业、国家等成为职业教育的消费者和最主要的利益相关者,它们需要中等职业教育机构对资金使用情况做出合理的说明和解释。相应的,中等职业教育机构需要通过一系列活动来回应政府与社会的"问责",解除公众对教育质量的"信任危机"。"问责强调的是结果——它侧重的是教育系统产生了什么,而不是投入了什么。"②在中等职业教育质量保障运动中,"注重结果"主要体现在两个方面。

(一)制定国家教育标准

在俄罗斯,国家教育标准作为测量教育产出的重要模型,它反映了国家-社会中等职业教育质量的一种期望,亦是职业教育机构设计教育大纲与开展教育

---

① И.П斯米尔诺夫,E.B特卡琴科.俄罗斯职业教育的改革[M].王长纯,译.大学·研究与评价,2007(06):66-76.

② E·格威狄·博格,金伯利·宾汉·霍尔.高等教育中的质量与问责[M].毛亚庆,刘冷馨,译.北京:北京师范大学出版社.2008:125.

活动的风向标。从苏联解体至今,俄罗斯共颁布了三代国家教育标准。"制定第三代联邦国家教育标准的基本原则之一是以结果为导向:建议将教育标准从教育内容和过程转向学生的学习结果,学生所需达到的最低要求反映在毕业生的技能和能力中。"①

(二)设计联邦国家资格框架

国家资格框架作为制定联邦国家教育标准的基础,同样以学习结果为导向。国家资格认证是实施教育质量评估的重要手段之一,俄罗斯联邦国家资格框架为国家职业资格认证的实施提供依据。俄罗斯联邦国家资格框架是对全联邦范围内各级水平资格及其获得路径的简要描述,它从知识、技能和能力 3 个维度描述了学习者的学习成果,并以学习结果为基础将资格水平分为 9 个等级,这 9 个等级跨越教育的各个阶段,能有效地对学习成果进行认证而不依赖于所受教育的形式,体现了以结果为导向的教育理念。国家资格框架以学习结果为导向有利于提高不同国家现行资格水平的可比性,提高学术和劳动的流动性。

在俄罗斯中等职业教育质量保障运动中,强调教育结果并不意味着不重视教育投入和教育过程,这只是一个相对的概念。在国际教育质量内部保障运动的影响下,俄罗斯很多中等职业教育机构基于全面质量管理思想和 ISO 9000 标准,构建了质量内部监控体系,注重质量监控的"全面性",即把与教育活动有关的人和物都包含在持续改进的事业中,包括"输入""过程"和"输出"质量。

第三节　俄罗斯职业教育质量保障的基本框架

我国于 2010 年审议并通过的《国家中长期教育改革和发展规划纲要(2010—2020 年)》指出,"制定职业学校基本办学标准。要建立健全职业教育质

---

① Федеральный государственный образовательный стандарт:от идеи к реализации[EB/OL].[2014-04-05]. http://yandex. ru/yandsearch? lr = 111444&text = Федеральный + государственный + образовательный＋стандарт％3Аот＋идеи＋к＋реализации.

量保障体系,吸引企业参加教育质量评估"①。构建质量保障体系是我国职业教育改革的重要任务。目前,俄罗斯构建了较为完善的职业教育质量保障体系,其经验对我国具有重要的借鉴意义。俄罗斯职业教育质量保障体系是指特定组织依据一定的质量标准对教育质量施以评估与监控的所有政策、活动与过程的总和,它包括质量标准体系、质量外部评估体系与内部监控体系3部分。

一、质量标准体系

《俄罗斯联邦教育法》规定,国家教育标准是对基本教育大纲必修内容的最低限度、学生学习负担量的最高限度、毕业生培养水平最低要求的规定。它是实施质量评估与监控的重要依据。

该法规定,至少每10年修订一次国家教育标准。所以,在中等职业教育领域,自1995年俄罗斯颁布第一代国家教育标准之后,又于2002年、2009年对国家教育标准进行了2次修订。现行的是2009年以来陆续颁布的第三代国家教育标准(以下简称为国家教育标准)。国家教育标准是一个专业标准,因为不同专业对学生所需具备的知识、技能、经验、态度及能力的要求不同,所以不同专业对应着不同的国家教育标准。根据2009年9月28日俄罗斯联邦教育科学部第355号令批准的新中等职业教育专业目录,目前,俄罗斯共设计了238个国家教育标准。俄罗斯中等职业教育质量保障体系由这238个国家教育标准构成。

(一)国家教育标准的主要内容

1.对教育结果的要求

在科学技术进步周期急速缩短、单一工种向复合工种转变的背景下,劳动力市场对人才的培养规格提出更高要求,以"知识"作为单一评价维度的旧一代国家教育标准已经不能适应中等职业教育改革与发展的需要。在这样的背景下,第三代国家教育标准重视培养学生的能力,从"一般能力"(общие компетенция 简称"ок")和"职业能力"(профессиональные компетенция 简称"пк")2个维度界定对教育结果的要求(如图4.2所示)。

---

① 中华人民共和国教育部.国家中长期教育改革和发展规划纲要(2010—2020年)[EB/OL].[2014-02-27].http://old.moe.gov.cn/publicfiles/business/htmlfiles/moe/info_list/201407/xxgk_171904.html.

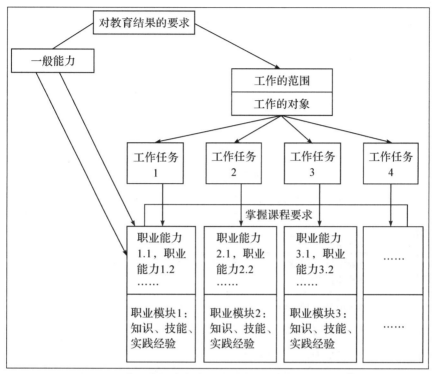

图 4.2　第三代国家教育标准对教育结果要求的结构[①]

（1）一般能力

一般能力是指个体在所学知识、技能、态度、经验与真实的工作情景之间建立联系的能力，是指学生在多变条件下确定准确的行动方向并以此开展行动的能力。以"音乐教育"为例，国家教育标准规定依据该专业的基本职业教育大纲（基础阶段）实施教学，其目标是培养音乐教师及音乐总监，规定该专业的学生应该具备以下几种一般能力（如表 4.1 所示）。从这个例子可以看出，一般能力是一种跨学科能力，包括解决问题的能力、团队合作能力、为工作负责的能力、自主学习能力等。在知识更新及科学技术进步周期缩短，劳动分工由单一工种向复合工种转变的背景下，培养学生具备这些一般能力有利于促进其适应瞬息万变的工作环境，解决非标准性的工作问题。除此之外，一般能力又是与专业相关的一种能力，它要求学生对自己的职业感兴趣，为完成一定的职业任务而采用相关技术等，它是围绕"职业任务""职业活动""职业价值"等延伸出来的一组能力的组合。

---

①　Станулевич Ольга евгеньевна. Реализация ФГОС：содержание，условия，результлты[J]．Научные исследования в образовании，2012（01）：56-68．

表 4.1 "音乐教育"专业毕业生应具备的一般能力[①]

序号	一般能力
OK1	理解自己未来职业的本质和社会价值,表现出对该职业的持久兴趣
OK2	组织自己的活动,选择完成职业任务的标准化方法,评价该方法的有效性和质量
OK3	设计完成标准化和非标准化职业任务的决策,并对其负责
OK4	搜索并使用对于有效完成职业任务、促进职业发展和个体发展所必需的信息
OK5	在职业活动中采用信息通信技术
OK6	团队合作,与领导、同事和社会伙伴协作
OK7	设计学生活动的目标,论证组织该活动的重要性,组织并监控学生的活动,并为教育过程的质量负责
OK8	自主确定促进职业发展和个体发展的任务,开展自我教育,自觉做好提高自身教学技能的规划
OK9	在职业活动目标、内容与技术发生了改变的条件下,开展职业活动
OK10	预防外部伤害,保障孩子们的安全和健康
OK11	遵守有关职业活动的法律规范
OK12	履行军事义务,包括应用所获得的专业知识(针对男孩)

(2)职业能力

职业能力是一个由多层面构成的复杂结构,不仅包括可以外显的知识与技能,而且包括态度和经验等心理结构的内容,它是在一定工作情景中,对知识、技能、态度与经验的运用。"与普通能力(如思维能力、想象能力)通常依据心理要素进行界定不同,职业能力是把心理形式与具体职业任务的内容相结合,依据工作成果所表达的能力。"[②]如图 4.2 所示,俄罗斯遵循"工作范围与对象—工作任务—职业能力"这一逻辑,通过确认、分析与描述解决某一问题或完成某类工作时所必需的工作任务,继以确定完成一个或若干工作任务所需要的职业能力。以"音乐教育"为例,该专业(基础阶段)毕业生未来从事工作的特点如表 4.2 所示,该专业毕业生应该具备的职业能力如表 4.3 所示。

---

① Федеральные Государственные Образовательные Стандарты среднего профессионального образования по специальности 050130 Музыкальноеобразование [EB/OL]. [2014-10-12]. http://xn-80abucjiibhv9a. xn-p1ai/документы/923.

② 徐国庆. 工作知识:职业教育课程内容开发的新视角[J]. 教育发展研究,2009(11):59-63.

表 4.2　"音乐教育"专业（基础阶段）毕业生未来从事工作的特点①

项目	内容
专业	音乐教育
大纲类型	基础阶段的基本职业教育大纲
工作范围	在学前或普通教育机构，从事音乐教育
工作对象	音乐教育的任务、内容、方法、工具、组织形式
	围绕音乐教育问题，与同事、社会合作伙伴、家长协作完成任务、内容、方法、工具、组织形式及协作过程
工作任务	在学前教育机构，开设音乐课和组织音乐娱乐活动
	在普通教育机构，教习音乐并组织课外音乐活动
	教育类的音乐表演活动
	音乐教育过程的方法保障

表 4.3　"音乐教育"专业（基础阶段）学生应该具备的职业能力②

工作任务	职业能力
1. 在学前教育机构，开设音乐课和组织音乐娱乐活动	ПК1.1 确定在学前教育机构中开设的音乐课及娱乐活动的目标和任务，拟定完成这些目标和任务的计划
	ПК1.2 在学前教育机构，组织实施音乐课及音乐娱乐活动
	ПК1.3 确定并评价音乐的教学结果和儿童的学习效果
	ПК1.4 分析音乐课及娱乐活动
	ПК1.5 遵守保障学前音乐教育过程的相关文件
2. 在普通教育机构，教授音乐并组织课外音乐活动	ПК2.1 确定音乐课及课外音乐活动的目标、任务，拟定完成这些目标和任务的计划
	ПК2.2 组织并实施音乐课
	ПК2.3 在普通教育机构，组织并实施课外音乐活动
	ПК2.4 发现儿童的音乐天赋，并给予他们一定的支持和帮助
	ПК2.5 确定并评价音乐的教学结果和学生的学习效果
	ПК2.6 分析音乐课及课外音乐活动
	ПК2.7 在普通教育机构，遵守保障音乐教育过程的相关文件

---

① Федеральные Государственные Образовательные Стандарты среднего профессионального образования по специальности 050130Музыкальноеобразование［EB/OL］.［2014-10-14］. http://xn-80abucjiibhv9a. xn-p1ai/документы/923.

② Федеральные Государственные Образовательные Стандарты среднего профессионального образования по специальности 050130Музыкальное образование［EB/OL］.［2014-10-14］. http://xn-80abucjiibhv9a. xn-p1ai/документы/923.

续表

工作任务	职业能力
3. 教育类的音乐表演活动	ПК3.1 表演戏剧、声乐、合唱和器乐形式的教育类作品
	ПК3.2 运用乐队指挥技能,管理孩子们的合唱团
	ПК3.3 以表演团成员的身份,给孩子们伴奏
	ПК3.4 考虑到学生表演的机会,安排具有不同风格的教育类戏剧作品
4. 音乐教育过程的方法保障	ПК4.1 考虑到教育机构类型、儿童的年龄、班级、个别儿童的特点,在此基础上,设计教学主题计划和工作大纲
	ПК4.2 为了促进儿童发展,在室内创建相应的设备条件
	ПК4.3 将教学经验系统化,说明自己所选的教学实践方法和工具的理由

2. 对教育内容的要求

国家教育标准通过规定基本职业教育大纲的结构,确定了对教育内容的要求。国家教育标准规定,每个专业的基本职业教育大纲由理论课、实践课与考核3个部分构成。以"音乐教育"为例,国家教育标准规定,该专业的基本职业教育大纲(基础阶段)的结构如表4.4所示。

表 4.4 "音乐教育"专业的基本职业教育大纲(基础阶段)的结构①

项目	讲座、章节、模块的名称,对知识、技能与实践经验的要求	学生的最高学时量	必修课的学时量	课目及跨学科课程的代码和名称	发展能力的代码
	必开讲座(基础部分)	3510	2340		
ОГСЭ.00	一般人文与社会经济讲座	702	468	基础哲学,历史,外语,体育	ОК 1-12 ПК1.1-1.4 ПК2.1-2.3 ПК2.5-2.6 ПК 3.1 ПК4.2-4.3

---

① Федеральные Государственные Образовательные Стандарты среднего профессионального образования по специальности 050130Музыкальное образование[EB/OL].[2014-10-16]. http://xn-80abucjiibhv9a. xn-p1ai/документы/923.

续表

项目	讲座、章节、模块的名称,对知识、技能与实践经验的要求	学生的最高学时量	必修课的学时量	课目及跨学科课程的代码和名称	发展能力的代码
ЕН.00	数学与一般自然科学讲座	114	76	信息通信技术	ОК 1-9 ПК 1.2 ПК 1.5 ПК2.2-2.3 ПК 2.7 ПК 3.4 ПК4.1-4.3
П.00	专业讲座	2694	1796		
ОП.00	专业基础课	1170	780	教育学,心理学,职业活动的法律保障,音乐史及音乐文学等	ОК 1-12 ПК1.1-1.5 ПК2.1-2.7 ПК3.1-3.5 ПК4.1-4.3
ПМ.00	职业模块课	1524	1016	学前教育儿童音乐教育的理论与方法基础等	ОК 1-12 ПК1.1-1.5 ПК2.1-2.7 ПК3.1-3.4 ПК4.1-4.3
	教育大纲的可变部分	1512		1008	
	教育大纲的所有学时	5022		3348	
УП.00	教学实践	16 周	576		ОК 1-12 ПК1.1-1.5 ПК2.1-2.7 ПК3.1-3.4 ПК4.1-4.3
ПП.00	生产实践(专业实践)				
ПДП.00	生产实践(毕业实习)	4 周			
ПА.00	中期鉴定	5 周			
ГИА.00	国家总结性鉴定	6 周			
ГИА.01	准备毕业技能作品	4 周			
ГИА.02	毕业技能作品的答辩	2 周			

（1）理论课

第一，普通文化课。

国家教育标准规定，中等职业教育机构需要开设的普通文化课包括"一般人文与社会经济讲座"与"数学与一般自然科学讲座"。所谓讲座是指为了保障学生掌握相应科学和（或）职业活动领域的知识、技能与能力，学校应该开设的课目的总和。

国家教育标准从"学会""了解"及"获得能力"3个方面描述了普通文化课的教学目标。通过学习某课目，学生需要了解所学课目的相关概念、基本原理等知识；需要在一定的情景中学会运用所学的知识和技能解决复杂的问题；需要具备自我教育、团队合作等一般能力，以及解决标准和非标准化工作问题所需的若干职业能力。

俄罗斯中等职业教育承载着满足受教育者智力发展与道德发展的任务，履行着对每一个个体进行文化和智力再生产的职能。普通文化课是中等职业教育机构完成该项任务及职能的重要中介。除此之外，占很大比例的中职学生在毕业后选择进入大学继续接受教育，"2013年，35％的中等职业教育毕业生升入大学"[①]，在这种背景下，开设普通文化课有利于促进各级教育之间的衔接，为学生继续接受教育奠定文化基础。

第二，专业课。

中等职业教育机构开设的专业课有两种：专业基础课与职业模块课。

中等职业教育机构开设专业基础课的目的是为学生提供系统化的专业基础理论知识、基本的专业方法和技能，提高学生的专业素养。与普通文化课相同，国家教育标准从"学会""了解"及"获得能力"3个方面描述了专业基础课的教学目标。以"音乐教育"为例，中等职业教育机构需要开设的专业基础课有教育学、心理学、职业活动的法律保障、音乐史及音乐文学、音乐初级理论及和声学、音乐作品鉴赏、音乐练习曲、舞蹈原理及旋律、生命安全等。每门专业基础课内部的知识结构具有较强的系统性和相对稳定性，专业基础课的内容之间具有较强的关联性。

在第三代国家教育标准中，"基本职业教育大纲结构的新特点是，引进了新的概念'职业模块'。职业模块的内容以形成学生的知识、技能和职业经验为导

---

① Т. Л. Клячко. Образование в России：основные проблемы и возможные решения[М]. Москва，Дело. 2013：30.

向,这些知识、技能和经验对完成该标准规定的工作任务来讲是必需的"①。复制现实工作任务是俄罗斯设计职业模块课程的理念。不同的职业能力来自不同的知识与知识结构。为了有效地培养学生的职业能力,俄罗斯将课程结构与工作结构对应起来,完全参照工作任务的名称设计职业模块的名称,有几种工作任务就有几种相对应的职业模块。

在单一工种向复合工种转变的背景下,若想顺利完成某项工作任务,个体需要的不再是单一的、封闭式的专门化知识,而是具有跨学科性质的综合知识。新一代国家教育标准规定,职业模块课程由一个或若干个跨学科课程构成。这种课程设计理念注重课程内容与工作任务之间的联系,有利于在学生头脑中建立起以工作任务为核心的知识结构。国家教育标准规定,跨学科课程的教学目标是:"具备实践经验""学会完成工作任务的相关技能""了解完成工作任务所需的知识"。

(2)实践课

俄罗斯中等职业教育机构为学生开设的实践课的形式有两种:教学实践与生产实践。教学实践与生产实践是教学的重要环节,它们有利于巩固学生的理论知识,培养学生分析问题与解决问题的能力,帮助学生更深入地了解将来要从事的工作。

教学实践与生产实践的目的相同,都是帮助学生获得并掌握完成所有工作任务所需的知识、技能与实践经验,培养学生的一般能力和职业能力。教学实践与生产实践的主要区别在于:教学实践的场地主要是学校的教学厂房、教学农场、实验室等;生产实践的场地主要是与学校有合约关系的企业。中职学生只有在修完职业模块课程的相应章节、参加了教学实践并获得肯定评价的条件下,方可参加生产实践。

生产实践又分为专业实践与毕业实习。专业实践与教学实践侧重于对理论知识的运用与拓展,它们既可以在一个集中的时间段内完成,也可以与理论教学交替进行,通过贯穿于理论教学的始终的方式来完成。毕业实习的目的是深化学生在教学实践与专业实践中获得的初始实践经验,检查学生对即将参加工作的准备情况,帮助学生做好毕业设计。中职学生只有在顺利完成专业基础课和职业模块课程的课程要求、参加了教学实践和专业实践的条件下,方有资格参加毕业实习。

---

① Зайцева Елена Геннадъевна . Особенности формирования новых федеральных государственных стандартов профессионального образования[J]. Профессиональное образование в России и за рубежом,2010 (02):14-18.

(3)考核

国家教育标准主要规定了中职学生的 2 种考核方式:中期鉴定和国家总结性鉴定。

第一,中期鉴定。

中期鉴定是俄罗斯中等职业教育机构为了检查学生对某课目的掌握水平而自行组织的考核形式。中期鉴定的形式主要有:个别课目的考试、2 个或若干课目的综合考试、课程设计等。中期鉴定的目的在于:确定学生的培养质量是否与国家教育标准的要求相一致;检查学生在完成一定的实验或实践任务中应用理论知识的技能水平;检查学生对理论知识的掌握水平;检查学生是否具备独立使用科学文献的能力。

中等职业教育机构有权自主确定中期鉴定的程序和周期。中期鉴定一般是在某课目教学结束后进行。如果该课目的学习需要占用多个学期,则需要在每一学期组织一次考试。为了帮助学生准备考试,中等职业教育机构会提前告知学生有关考试形式、参考书、准备考试的建议等信息。

第二,国家总结性鉴定。

在中等职业教育机构,国家总结性鉴定的实施主体是国家考试委员会,其鉴定对象是该校顺利通过中期鉴定并完成个人学习计划的学生。国家考试委员会的成员不仅包括本校的教师,而且包括来自其他学校的、具备高级资格的企业雇主及教师,且本校的教师不能成为该委员会的主席。

国家总结性鉴定的形式主要有两种:毕业技能作品答辩和某课目的国家考试。毕业技能作品答辩旨在帮助某专业学生巩固所学的知识,并将所学知识系统化,检查毕业生对即将独立工作的准备情况。毕业技能作品的主题由教育机构确定,学生有权从中选择自己感兴趣的主题,或者自己选题。如果学生自己选题,那么他需要就选题的实践意义提供合理的依据。某课目的国家考试旨在确定学生对国家教育标准规定的最低教学内容的掌握水平。

3. 对教育条件的要求

为了有效实施基本职业教育大纲,并顺利达成国家教育标准描述的教育结果,国家教育标准还规定了相应的教育条件。

(1)中等职业教育机构的权利与义务

中等职业教育机构需要在考虑地区劳动力市场的需求、积极吸引雇主等利益相关者、基于示范性教育大纲的背景下,自主设计基本职业教育大纲。在设计基本职业教育大纲时,中等职业教育机构有权在市场调查的基础上,合理分配花费在可变部分课程的 30% 的学时。在设计基本职业教育大纲时,中等职业教育机构的义务有:在考虑到雇主需求及地区的科学、经济、文化、技术等发展需求的背景下,每年更新基本职业教育大纲;在课目或职业模块的教学大纲中,从能力、实践经验、知识与技能等方面,清晰地描述对学习结果的要求;保障学生有机会参与设计个性化的教学大纲;为学生的全面发展和社会化提供必要的社会环境;为了培养学生的能力,在教育过程中使用现代化的教学方式,例如角色互换、案例分析、小组讨论等。

(2)学生的权利与义务

为了培养和发展学生的个性,获得一定的能力、知识、技能与实践经验,学生有权参加学生自我管理部门、社会组织、运动及创新娱乐部的工作。国家教育标准规定学生有义务在规定的期限内,完成基本职业教育大纲规定的所有学习任务。除此之外,应该为学生提供相应的机会,以评价教育内容、教育组织和教育过程的质量。

(3)学生的最高学习负担

苏联解体后,教师拥有了依据教育大纲选择和编写教材的权利。由于教师往往凭主观认识理解"基础知识",这在一定程度上致使教材的知识量增加,并直接增加了学生的学习负担。为了减轻学生的学习负担,以"学时"为单位,规定学生的最高学习负担成为国家教育标准的重要内容。国家教育标准规定,学生每周用于课堂学习和课外独立学习的时间最多为 54 个学时。在俄罗斯中等职业教育领域,学生的学习形式有三种:面授、面授-函授、函授。其中,一周内,面授生课堂学习的最高学时为 36 个,面授-函授生为 16 个,函授生一年内课堂学习的最高学时为 160 个。[①]除此之外,该标准还规定了学生的假期时间,开设体育课、生命安全课的时间等。

(4)基本的教学资源

为了顺利实施基本职业教育大纲并完成国家教育标准对教育结果的要求,国家教育标准规定:第一,教师应该受过与所教授课目一致的高等教育,应该具备组织相应职业活动的经验。为了促进教师的专业化发展,不断提高师资水平,教师应该在 3 年内至少参加一次教师培训。第二,中等职业教育机构应该为教师提供教学方法方面的帮助,以帮助其顺利开展所有课目或职业模块的教学活动。第三,中等职业教育机构需要改进与完善本校的物质技术资源,并保障每名学生有机会使用这些资源,例如实验室、图书馆、实习场地、电子设备等。除此之外,中等职业教育机构之间应该建立协作关系以共享教育资源、提高教育资源的利用率。

---

① 吴雪萍,刘金花.俄罗斯现行中等职业教育标准探析[J].外国教育研究,2014(02):61-67.

(二)国家教育标准的特点

1.重视培养学生的能力

传统测试侧重于检查学生能够外显的知识与技能的范围与水平,按照这样的评价理念培养出的技能型人才与中级专家无法应对多变的工作世界。"能力和能力发展的概念适合用来描述向客观取向的观察方式进行的转变以及工作世界的快速改变。"①与传统测试不同,第三代国家教育标准作为质量评估与监控的重要依据,它非常关注评价学生的能力,要求确认学生是否掌握了在复杂工作情境中完成所有工作任务所需的一般能力与职业能力。第三代国家教育标准从"一般能力"与"职业能力"两个维度描述教育结果,这体现了新时代背景下,俄罗斯中等职业教育在社会全面转型与变革中的一种觉醒,有利于提高毕业生的职业流动性和竞争力。

2.增加学校设置课程的自主权

第三代国家教育标准将理论课程分为两部分:基础部分与可变部分。基础部分是由俄罗斯联邦统一制定的、实施某一层次教育大纲的所有中等职业教育机构必须据此开设的课程,其目的是保障联邦统一的教育空间。可变部分是中等职业教育机构依据地区的社会经济和文化发展的人才需求,基于基础部分而自主设计的课程,其目的是促进学生进一步拓展和深化教学内容,提高学生的知识和技能水平,提高学生在劳动力市场上的竞争力。如表4.4所示,以"音乐教育"为例,第三代国家教育标准规定,学生花费在理论课上的学时共5022个,其中,花费在"可变部分"上的学时有1512个,占总学时的30%。而原来的第二代国家教育标准规定,音乐教育专业学生花费在理论课的学时共1782个,其中,花费在中等职业教育机构自主设计课程的学时为232个,占所有学时的13%。由此可见,中等职业教育机构的课程设置权增强了。

3.重视学习结果

俄罗斯制定第三代联邦国家教育标准的基本原则之一是以结果为导向:建议将教育标准从教育内容和过程转向学生的学习结果,学生所需达到的最低要求反映在毕业生的技能和能力中。②国家教育标准用"一般能力"与"职业能力"

---

① P. Dehnbostel, U. Elsholz, J. Meister, J. Meyer-MenkVernetzte Kompetenzentwichklung: Llterna tive Positionen zur Weiterbildung[M]. Berlin: edition sigma. 2002:35.

② Федеральный государственный образовательный стандарт:от идеи к реализации[EB/OL]. [2014-02-27]. http://yandex. ru/yandsearch? lr = 111444&text = Федеральный + государственный + образовательный+стандарт%3Aот+идеи+к+реализации.

描述教育结果,并将其融合在所有课目或跨学科课程的课程目标中,将教育内容与教育结果交接。除此之外,国家教育标准强调学生通过学习某课目或跨学科课程,以此"了解相关的知识","学会相关的技能",并"具备实践经验",侧重于在学习过程结束后,学生在知识、技能、态度、经验和能力方面的发展。

二、质量外部评估体系

"质量评估成为一个纽带,连接起教育机构的私人的微观世界和社会政治的公共的宏观世界。"[①]在俄罗斯中等职业教育领域,质量外部评估体系是外部世界检测教育机构的微观世界是否满足宏观世界质量需求的重要工具。随着俄罗斯教育管理权民主化改革的推进,俄罗斯教育实现了"去国家化",国家与社会共管教育的局面得以形成。根据评估主体不同,俄罗斯中等职业教育质量外部评估体系包括政府评估与社会评估2个部分。

(一)政府评估

政府评估是由准政府机构组织、实施的对申请参加评估的所有中等职业教育机构进行质量判断的活动。政府评估包括认可(лицензирование)、鉴定(аттестация)和国家认定(государственная аккредитация)这3个连续的、相互依存、依次递进的环节。通过认可,中等职业教育机构有资格获得开展教育活动的许可证,许可证是有权参加鉴定的证明;通过鉴定,中等职业教育机构有资格获得鉴定证书,鉴定证书是有权参加国家认定的证明;通过国家认定,中等职业教育机构有资格获得国家认定证书,并有权为毕业生颁发国家统一样式的毕业证书。办学许可证、鉴定和国家认定证书的有效期限都是5年,证书满期之后,中等职业教育机构需要再申请认可、鉴定和国家认定。[②]

1.政府评估的内容

(1)认可——对基本办学条件的认可

依据俄罗斯联邦政府颁布的《教育活动认可条例》[③]的规定,认可是由俄罗

---

① [美]约翰·布伦南.高等教育质量管理——个关于高等院校评估和改革的国际性的观点[M].上海:华东师范大学出版社,2005:1.

② 吴雪萍,刘金花.俄罗斯中等职业教育质量外部评估探究[J].比较教育研究,2013(12):56-60.

③ Министерство образования и науки Русской Федерации. Об утверждении Положения о лицензировании образовательной деятельности[EB/OL].[2014-11-04].http://www.rg.ru/2011/03/23/license-obr-site-dok.html.

斯联邦教育科学检察署、俄罗斯联邦主体执行权力机关(以下简称为"认可机构")组织实施的、检查已注册的中等职业教育机构的基本办学条件是否符合既定要求的活动。俄罗斯联邦教育科学检察署隶属于俄罗斯联邦教育科学部,其职能主要是监督中等和高等职业教育机构的教育活动。

第一,认可指标。

认可指标是认可机构检查中等职业教育机构基本办学条件的依据。认可指标旨在描述中等职业教育机构应该具备的物质技术及教学资源。该指标包括5个二级指标:①基建标准,这一指标检测中等职业教育机构是否达到了国家和地方相关政策对生均占地面积的要求(所申请的教育大纲层次不同,对应的生均占地面积不同);②教学场地设备,该指标检测中等职业教育机构是否具备根据法规配备的教室、开展实践课所需的设备、体育及运动设施等;③保障教学过程顺利开展的物质基础和资金,这一指标检测中等职业教育机构是否实行相应的教育大纲,是否配备教科书,是否具备教学方法及其他方面的图书及电子资源;④学生及教育工作人员的卫生健康保健,这一指标检测中等职业教育机构为学生和教育工作人员提供的饮食、住宿条件,以及医疗保健、预防性和治疗性保健的情况;⑤教师受教育程度和人员编制,这一指标检测教师的数量和学历情况,检测教师是否具备从事相应教育活动所需要的技能与职业资格。①

第二,认可的实施。

首先,中等职业教育机构需要依据《教育活动认可条例》的相关规定,提出申请并提交相关的质量信息。其次,认可机构在广泛吸纳其他行政部门及社会力量参与认可的基础上,通过参观学校实地考察的方式,检查提交材料的真实性并得出专家结论。最后,认可机构在专家结论的基础上,做出是否为中等职业教育机构颁发许可证的决定。

(2)鉴定——对教学质量的鉴定

依据2003年俄罗斯学校国家鉴定督导司批准的《中等职业教育机构及其分校实施鉴定的方法建议》②的规定,鉴定是俄罗斯联邦教育科学检察署对已获得办学许可证的中等职业教育机构的培养内容、水平实施检查的活动,检查其

---

① 吴雪萍,刘金花.俄罗斯中等职业教育质量外部评估探究[J].比较教育研究,2013(12):56-60.

② Государственной инспекции по аттестации учебных заведений России. Методические рекомендации по реализации программы аттестацииобразовательныхучреждений среднего профессиональногообразования и их филиалов[EB/OL].[2014-11-06].http://www.edu.ru/db/portal/e-library/00000049/atte-st/att_04.pdf.

培养内容及水平是否符合国家教育标准的要求。鉴定费用由申请鉴定的教育机构支付。对刚成立的中等职业教育机构来讲,其第一次鉴定要在它获得许可证至少 3 年之后,且在第一届学生毕业后进行。

第一,鉴定指标。

质量鉴定指标主要有 3 个。①教育结果,该指标主要检测中等职业教育机构毕业生是否具备一定的能力。下设 2 个二级指标:一般能力,例如团队合作、自主学习、人际沟通等能力;职业能力,该指标检测学生对专业知识、技能和态度的掌握程度及在特定真实的工作环境下对其应用的能力。②教育内容,下设 3 个二级指标:理论课程,该指标检测中等职业教育机构是否开设了相应的课程,检查每课目的学时量及课程目标的实现情况;实践课,该指标检测中等职业教育机构组织开展生产与教学实践的学时及结果;考核,该指标检测中等职业教育机构是否组织实施了中期鉴定与国家总结性鉴定及鉴定结果如何。③教育条件,该指标主要检测教育机构及学生行使权利和履行义务的情况,检测面授及函授学生的学时安排、学生假期时间、教学资源及使用情况。

第二,鉴定的实施。

中等职业教育机构鉴定由中等职业教育机构自我检查、鉴定委员会的外部鉴定和得出鉴定结论 3 个连续的步骤构成。首先,自我检查类似于西方国家的自我评估,是中等职业教育机构依据一定的检查项目,对自身教学质量实施的自主检查活动。自我检查的目的是检查学校对参加鉴定委员会的外部鉴定的准备情况,制定自我检查报告,促进教育机构内部质量监控体系的建立,节省鉴定费用。其次,外部鉴定是鉴定委员会在中等职业教育机构提交的自我检查报告、中等职业教育机构的许可证、图书馆馆藏信息、考试大纲、学生中期鉴定、近 5 年内的课程教案等材料的基础上,检查中等职业教育机构的教学过程质量是否符合国家教育标准的活动。鉴定委员会的成员不仅包括国家和地区行政部门的代表,也包括中等职业教育机构、国家-社会组织、教学方法协会的代表。最后,得出鉴定结论。鉴定委员会基于中等职业教育机构提交的书面材料以及实地考察获得的质量信息,形成鉴定报告。俄罗斯联邦教育科学检察署基于该鉴定报告,得出是否给中等职业教育机构颁发鉴定证书的鉴定结论。如果中等职业教育机构得到了否定的鉴定结论,那么该机构需要制定改进不符合国家教育标准的教育活动的计划,并将与该计划相关的信息提交给俄罗斯联邦教育科学检察署。

(3)国家认定——对教育质量的综合评估

依据 2001 年俄罗斯教育部第 2574 号令《中等职业教育机构(中等专业学

校)国家认定条例》[①]的规定,国家认定是对中等职业教育质量的综合评估,是国家教育管理机构(以下简称为"认定机构")对已获得办学许可证和通过鉴定的中等职业教育机构的国家地位的认证过程。[②] 俄罗斯联邦教育科学检察署负责对隶属于联邦(中央)教育管理机构的中等职业教育机构进行国家认定;俄罗斯联邦主体国家教育管理机构对隶属于它的中等职业教育机构实施国家认定;联邦(中央)教育管理机构或联邦(中央)教育管理机构委托的联邦主体教育管理国家机构对非国立中等职业教育机构实施国家认定。国家认定的目的是确定中等职业教育机构的国家地位,即确定其所属类型与类别。

第一,国家认定指标。

国家认定指标包括两部分:类型认定指标和类别认定指标。[③]

类型认定指标。该指标用于确定教育机构的类型,下设 5 个二级指标:①培养内容,该指标检测教学计划和教学科目大纲是否符合国家教育标准;②培养质量,该指标检查教学过程的组织情况,检测学生的培养水平是否与国家教育标准相符合,以及教育机构是否具备质量管理和监控体系;③开展教育过程的资源和方法保障,该指标检测教育机构拥有的图书资源、资金状况;④教育过程的物质技术保障,该指标检测教育机构拥有的教学实验设备、办公室、生产及必要的实习设备以及该机构与企业部门的协作关系;⑤教育机构的培养活动,该指标从建设学生培训制度、负责学生培训的行政机构、学生自治机构、为学生开展课外活动的物质技术、财政保证等方面检测教育机构是否具备为学生开展课外活动的条件。此外,"教育机构的培养活动"这一指标还从公民爱国主义及道德教育、体育保健工作、心理咨询及预防工作等方面检测教育机构是否具备促进学生个性全面发展的条件。

类别认定指标。依据该指标,将中等职业教育机构区分为中等技术学校和高等专科学校,下设 4 个二级指标:①实行的职业教育大纲,高等专科学校应该具备通过鉴定的提高阶段的基本职业教育大纲,以保障提高学生的技能水平;②教育机构的信息化,即每百名全日制学生拥有的电脑数量,中等技术学校需要有 4 台,高等专科学校需要有 5 台;③优质的教师队伍构成,规定受过高等教

① Приказ Минобразования РФ от 02.07.2001 N 2574. Об утверждении Положения о государственной аккредитация образовательного учреждения среднего профессионального образования (среднего специального учебного заведения)[EB/OL].[2014-11-15].http://referent.mubint.ru/security/1/46356/1.

② 吴雪萍,刘金花.俄罗斯中等职业教育质量外部评估探究[J].比较教育研究,2013(12):56-60.

③ 吴雪萍,刘金花.俄罗斯中等职业教育质量外部评估探究[J].比较教育研究,2013(12):56-60.

育的教师比例：中等技术学校需达到90％,高等专科学校需达到95％；获得资格的教师比例：中等技术学校需达到48％,高等专科学校需达到54％；拥有高级别、学历和职称的教师比例：中等技术学校需达到10％,高等专科学校需达到18％；④教学和教学方法著作。

第二,国家认定的实施。

首先,为了实施国家认定,中等职业教育机构需要向认定机构提交申请书、鉴定结论副本、教育机构开展教育活动各项指标的信息(以下简称为"申请材料"),并保证提交信息的完整性与客观性。如果中等职业教育机构提交的材料不完整,认定机构有权拒绝该机构参加认定。其次,认定机构创建工作小组以申请中等职业教育机构提交的申请材料。工作小组的成员不仅包括俄罗斯联邦主体权力执行机关的代表,也包括中等职业教育机构的大学的领导以及与中等职业教育相关的社会组织的代表。最后,认定机构在审查申请材料的基础上,判定中等职业教育机构所属类型与类别,得出是否向中等职业教育机构颁发国家认定证书的决议,并采用十分制法对其教育质量做出总体评价(如表4.5所示)。

表4.5　俄罗斯中等职业教育质量国家认定的十分制法①

指标的评价	分数
未提交信息	0
不满意。没有开展工作	1
非常低的评价。工作开展不充分	2
较低的评价。工作开展水平较低,存在很多不足	3
及格评价。工作中存在不足	4
一般评价。工作在比较令人满意的水平上开展,存在个别不足	5
一般评价。工作在较好的水平上开展,有少量不足,且容易改正	6
好的评价。工作在较好的水平上开展,没有不足	7
较高的评价。基本符合要求	8
高的评价。完全符合要求	9
非常高的评价。完全符合要求,建议推荐其经验	10

---

① Приказ Минобразования РФ от 01.10.2001 N 3249. Об утверждении Перечня основных показателей государственной аккредитации и критериальных значений показателей, используемых при установлении вида образовательного учреждения среднего профессионального образования[EB/OL].[2014-12-02].http://www.bestpravo.ru/rossijskoje/vg-zakony/g3r.Htm.

2. 政府评估的特点

(1)"合格"的评估模式

国家教育标准是一种约定性标准,即在教育正式提供之前就预先确定的,是事前的。以国家教育标准为主要评估依据的政府评估是一种"合格式"评估,即认为中等职业教育机构提供的服务只要符合既定的标准,就是合格的。这种评估模式有利于对中等职业教育进行规范化治理,促进中等职业教育机构提供的质量达到最低质量要求,但是它不利于在中等职业教育机构之间创建良好的竞争环境,也不利于教育利益相关者择校或选择专业。

(2)强制性的评估

政府评估是俄罗斯联邦政府为了加强对中等职业教育机构的管理自上而下实施的一种政府行为。俄罗斯联邦政府通过政府评估这一工具,垄断和控制了给中等职业教育机构颁发办学许可证、预算拨款的权力,以及赋予中等职业教育机构为毕业生颁发国家统一样式毕业证书的权力。这相当于扼制了中等职业教育机构生存发展的咽喉,顺利通过政府评估是其在职业教育服务市场上立足的根本。从这方面讲,政府评估具有强制性,使得中等职业教育机构"被自愿"申请参加政府评估。

(3)多元化的评估主体

不同的主体对教育质量有着不同的价值诉求。在多元教育质量观指导下,评估主体应该全面收集并加工相关教育质量信息。仅遵照单一主体利益诉求搜集的信息会影响评估结论的客观性及可靠性。在俄罗斯中等职业教育领域,政府评估的主体既包括准政府机构的代表,还包括教育机构、社会组织、雇主及教师代表,具有多元化特点。评估主体多元化既可以从多个视角检查和证明教育质量,也可以使政府评估的实施处于多元主体的监控下,提高评估的客观性。

(4)有法可依的评估方式

为了引导和规范政府的评估行为,俄罗斯出台了系列法规、条例与建议:《俄罗斯联邦教育法》《教育活动认可条例》《中等职业教育机构及其分校实施鉴定的方法建议》以及《中等职业教育机构(中等专业学校)国家认定条例》。一方面,这些法规与条例为俄罗斯中等职业教育质量政府评估的实施提供了法律依据,使得开展评估工作有法可依。这些法规和条例规定了评估主体和评估客体的权利和义务,有利于促进评估工作的有序性和高效性,避免权责不分的情况。另一方面,这些法规与条例对评估的各个环节做了具体的规定,包括评估的目的、原则、内容、程序等等,使得评估工作有规可依,可以促进评估工作的规范化,提高评估的专业性。

(二)社会评估

社会评估是指政府与学校之外的专业性评估机构根据一定的目的,有选择地对学校的教育质量进行判断,并提出改进意见的活动。

在俄罗斯中等职业教育领域,与政府评估相比,教育质量社会评估模式形成较晚。2009 年,俄罗斯联邦教育科学部部长富尔先科·安德烈·亚历山大维奇(А. А. Фурсенко)和俄罗斯工业家企业家联盟主席邵欣(А. Н. Шохин)联名签署了《关于形成职业教育质量社会评估体系的条例》。这是苏联解体后,俄罗斯首次明确将构建职业教育质量社会评估体系提上日程,并通过制定条例,推动社会评估体系的构建,保证社会评估行为的合法性。此后,俄罗斯又陆续颁布了相关系列法规和条例,例如:2013 年 9 月出台新的《俄罗斯联邦教育法》,2013 年 3 月俄罗斯联邦政府通过的第 286 号法令《关于创建提供社会服务的组织工作质量的社会评估体系》,2013 年 10 月俄罗斯联邦教育科学部副部长巴瓦卡(Повалко)批准的《对教育机构工作质量施以社会评估的方法建议》,等等。这些法规和条例引导并规范着俄罗斯专业社会评估机构的评估行为。目前,在俄罗斯中等职业教育领域,初步成型的社会评估模式有两种:教育大纲质量的社会评估和教育机构工作质量的社会评估。

1. 社会评估的内容

(1)教育大纲质量的社会评估

第一,社会评估机构。

《博洛尼亚宣言》建议,教育质量评估应该由经过国家教育管理机关承认的、具有独立性的机构实施。2003 年,俄罗斯签署了《博洛尼亚宣言》,并于2005 年创建了教育质量社会检查及事业发展署〔Агентство Ио Общественному Контролю качества Образования И Развитию Карьеры(АККОРК)〕,它是俄罗斯第一所对高等教育质量进行专业社会评估的机构。教育质量社会检查及事业发展署是俄罗斯联邦教育科学检察署的附属机构,它提供的服务包括:中等、高等和补充职业教育质量的社会评估;教育大纲质量的社会评估;教育质量管理体系的审计与认证;管理咨询;为教育机构的管理人员及教师举办研讨会和讲习班;教育机构的行政与管理人员、专职教师的考核。除此之外,该机构还与俄罗斯联邦教育科学检察署签订了合作协议,旨在创建并测试促进社会评估与政府评估相联系的模型。

迄今为止，教育质量社会检查及事业发展署已对来自 102 所大学和 39 所高等专科学校的 2000 多个教育大纲的质量进行了社会评估。

第二，社会评估的实施。

实施社会评估的阶段有 4 个。首先，提出申请，中等职业教育机构提出参加社会评估的申请。其次，中等职业教育机构依据社会评估机构设计的评估指标开展自我检查或填写相关的问卷，并提交自我检查报告及其他相关文件，以便于社会评估专家快速、全面了解该校的质量信息。再次，为了对中等职业教育机构的一个或若干个教育大纲的质量实施评估，社会评估机构创建质量检查委员会，并派遣社会评估专家对中等职业教育机构进行现场考察，以便于获得更全面和深入的质量信息。最后，在全面分析考察结果及自我检查材料的基础上，质量检查委员会得出评估结论，该结论不仅说明某教育大纲是否符合社会评估机构设计的质量标准，而且也包括帮助中等职业教育机构改进教育大纲质量的相关建议。

在实施社会评估时，教育质量社会检查及事业发展署依据自主设计的质量指标，对教育大纲的质量实施评估。如表 4.6 所示，教育质量社会检查及事业发展署重视检查教育大纲的目标、内容、资源、教师、实施过程及毕业生。除了这些内容之外，教育质量社会检查及事业发展署尤为重视教育大纲实施的民主化，将雇主、学生及教师参与教育大纲的设计及实施效果评估作为重要的质量指标。

表 4.6　教育质量社会检查及事业发展署的社会评估指标

指标	检测内容
教育目标	教育目标的清晰度 教育目标是否与教育大纲消费者的需求相一致 是否具备可以检测不断变化的需求的机制 教育机构是否定期重新评估和调整教育目标
教育大纲的结构与内容	大纲的内容与结构是否与声明的教育目标一致 达成预定教育结果的可能性
教学方法材料	这些材料在多大程度上可以帮助学生达成预定教育目标 为了顺利实施教育大纲，是否有丰富的教学方法材料
专职教师构成	教师的能力与资格水平 教育机构是否具备招聘或评价教师素质的程序和标准 编制内教师的能力与资格是否可以保障教学的顺利实施
科学研究活动	科学研究活动是否有利于改进教学结果 科学研究活动在教学过程中的实施效果 科学研究作品的哪部分已经进入设计开发阶段

指标	检测内容
教学和物质-技术资源	教育机构的物质-技术资源是否可以支撑教育大纲的实施 在学习中,学生是否可以自由使用物质-技术资源 教学和物质-技术资源的改进
教育大纲实施过程的组织与管理	是否创建了教育质量管理体系 在教学中,是否考虑到学生和毕业生、教师和雇主的意见
雇主对教育大纲的参与	教育机构是否创建了吸引雇主参与实施教育大纲的机制;雇主是否有机会参加教育机构开设的讲座、研讨会,是否有机会检查和制定教学科目,是否指导学生准备毕业论文 雇主是否参与教育质量评估 雇主是否对教育大纲的实施给予物质-技术和财政支持
学生参与制定教育内容和组织教育过程的机制	学生是否在院系一级参与管理 是否统计学生对教学资源质量的意见 是否考虑到学生对教学内容的建议 在院系一级是否建立了与学生的反馈机制
学生服务	在学习期间对学生的支持 帮助学生发展自己的能力并成功 在多大程度上,教育机构依靠选拔有素质的中学生来保障教育质量

(2)教育机构工作质量的社会评估

苏联解体后,在教育管理民主化改革的推动下,随着教育管理权的下放,在地区、市一级构建教育机构工作质量社会评估体系成为俄罗斯教育发展的重要任务之一。其目的是提高教育机构工作质量评估的客观性;帮助利益相关者择校;提高教育机构之间的竞争力;在教育机构与教育服务需求者之间建立良好的对话关系;为地区、市一级的教育管理机构通过相关管理决议提供信息。

第一,社会评估的主要机构。

《对教育机构工作质量施以社会评估的方法建议》规定,教育机构工作质量社会评估的实施者是专业社会评估机构,其重要参与者包括社区理事会、实施教育管理职能的俄罗斯联邦权力执行机关和地方自我管理机关。这些机构在社会评估中各执其责,分工协作。专业社会评估机构的主要职责:制定实施社会评估的程度、工具和方法;依据评估结果,为教育机构提供改进质量的建议;确定教育机构排名的方法和程序;基于社会评估结果,准备某所教育机构教育质量的分析报告;等等。社区理事会的主要职责:在地区一级,确定实施社会评估的策略;确定参加评估的教育机构清单;为实施社会评估的专家提供帮助;协

助专业社会评估机构的活动;等等。实施教育管理职能的俄罗斯联邦权力执行
机关和地方自治机关的主要职责:管理社区理事会的活动;审查社区理事会关
于社会评估技术的建议;创建区域教育质量评估;在相关电子网站上公开有关
地区、市一级教育体系活动指标的信息及地区(市)教育管理机构的公开报告;
创建条件以保证国家(市)教育机构的信息开放性;等等。

第二,社会评估的方法和指标。

由于地区教育发展的特点及利益相关者对质量评估的需求不同,专业社会
评估机构实施评估所依据的质量指标也不同。以科米共和国为例,其对教育机
构工作质量实施社会评估的指标有:教育机构信息的公开性和准入性;条件的
舒适性及获得服务的准入性,包括针对残疾人的服务;教育机构工作人员的善
良、礼貌和能力;对教育服务质量的满意度;教育机构的活动结果。①

专业社会评估机构依据质量指标,"对所有类别的教育机构及其教育大纲
进行评级是教育质量社会评估的主要方式,包括使用国际上具有可比性的教育
研究方法和结果进行评级"②。评级是对教育机构工作质量实施社会评估的主
要方法,也即专业社会评估机构依据教育机构工作质量指标及每一指标的分值
及权重,逐项检查教育机构的工作质量并为其打分,在打分的基础上对参加评
估的教育机构进行排名。

2. 社会评估的特点

(1)选优的评估方式

"今天,在建立社会参与教育管理机制的背景下,为国立与私立教育机构创
建教育质量的社会评估方法成为教育体系改革中最有争议的问题。社会排名
成为社会参与教育管理的重要机制之一。"③通过社会排名,社会评估允许所有
的利益相关者,不论是将要毕业的中学生,还是招收毕业生进公司工作的雇主,
允许他们了解到谁更好、谁在教育服务市场上更差一些。④ 这种评估方式不仅

---

① Критерии независимой оценки качества работы государственных профессиональных образо-
вательных учреждений,способам проведения оценки и методам рейтингования учреждений[EB/OL].
[2015-01-08]. http://minobr. rkomi. ru/page/9766/.

② Методические рекомендации по проведению независимой системы оценки качества работы
образовательныхорганизаций[EB/OL]. [2015-01-10]. http://sinncom. ru/content/avmk/doc/index_metrek. htm.

③ В. П. Максимов, Н. С. Вашакидзе, А. Ф. Гулевская. Современные средства региональной системы
оценивания качества образования:учебное пособие[M]. Южно-Сахалинск:изд-во СахГУ,2011:25.

④ А. В. Белокопытов. Зачем нужна независимая внешняя оценка качества образования[EB/OL].
[2015-01-10]. http://pedsovet. org/content/view/16331/530/.

有利于突出中等职业教育机构的办学特色,促进其创新机制的发展,而且有利于为利益相关者选择更优质的或适合自己需要的学校或教育大纲提供专业帮助。

(2)明确的评估焦点

在俄罗斯中等职业教育领域,政府评估通过认可、鉴定与国家认定3个环节,对中等职业教育机构的综合实力进行考查。测量综合实力可能会使专业或大纲的优势和不足相抵消,从而使得学校之间的专业或大纲的差异和特点变得模糊。与此不同,社会评估将评估对象聚焦于教育机构的某专业职业教育大纲或教育机构的工作质量,评估关注的焦点更明确。这有利于凸显某所教育机构的办学特色及专业特色,有利于利益相关者择校或选择专业。

(3)有限的政府介入

社会评估虽然是一种独立于政府之外的评估方式,但是它的独立性是相对的,它需要接受来自政府的宏观管理与监督。俄罗斯政府通过颁布相关的法规条例,赋予专业社会评估机构实施评估的权力,规范其评估行为,并为其提供方法和信息支持。政府对社会评估的介入是有限的,而非全方位的控制。在"教育机构工作质量社会评估"中,社区理事会、联邦权力执行机关与地方自我管理机关这两个政府机构虽然有权参与质量评估,但是它们并未踏入社会评估实施的核心区域,只在外围负责一些服务型工作。例如,确保并监控教育机构信息的公开性,参考地区和市级教育体系发展的特点为专业评估机构提供有关教育机构的类型、活动指标之类的信息等。

国家评估是一种"合格式"评估,是对某所教育机构综合实力或整个教育体系质量的考查。对应的社会评估是一种"比较性"评估,是对某所教育机构的教育大纲或教育机构工作质量的评估。苏联解体后,俄罗斯进行了政治民主化改革,目前处于一种强政府、弱社会的态势。在俄罗斯中等职业教育质量管理领域,政府仍然处于一种强势地位,通过政府评估控制了关乎中等职业教育机构生存的核心资源。这使得中等职业教育机构可以不申请参加社会评估,但是不得不参加政府评估。政府评估是社会评估的基础。另外,由于政府评估是一种"合格式"评估模式,且其评估指标往往具有统一性和标准化,适用于全国某类别的教育机构,相较于此,基于地区发展特点的社会评估模式更具有针对性,可以为中等职业教育机构提供改进质量的反馈信息。正如约翰·布伦南所言:"对于质量机构来说,能够使得评估过程及结果合法化是它们遭遇的最大挑战之一。它们需要学术界的支持,来组成一个同行评议所需的身体力行的评估团,并在院校间为已得出的决议达成共识。"①目前,俄罗斯教育质量社会检查及事业发展署的社会评估结果已经成为国家质量机构得出检查结论的重要依据。社会评估的实施有利于提高国家评估结果的合法性。社会评估有利于弥补政府评估的缺憾,是政府评估的重要补充。

三、内部监控体系

2003年,俄罗斯签署了《博洛尼亚宣言》,成为博洛尼亚进程参与国。俄罗斯加入博洛尼亚进程后,对本国的教育质量提出一定的要求,不仅要求在国家层面构建教育质量保障体系,而且要求在教育机构层面构建内部质量保障机制。虽然博洛尼亚进程涉及的主要是学士和硕士层面的高等教育,但"由于俄罗斯在2003年加入博洛尼亚进程,引进并实施大学教育质量的内部监控体系成为教育质量改革成功的关键条件。这推动了在每所教育机构内部创建并实施质量管理体系的改革,其中,包括中等职业教育机构"②。除此之外,俄罗斯构建内部监控体系既是"外铄"的——为参与外部评估做准备,因为中等职业教育机构自主实施的自我检查是外部评估的必要条件,也是"内发"的——为了持续地改进教育质量,关注"内发"的质量文化和质量监控举措。俄罗斯中等职业教育机构基于全面质量管理、国际ISO 9000族标准过程方法,自觉承担起质量责任,创建了质量内部监控体系。教育质量内部监控是指中等职业教育机构为了确定该机构的教育质量水平与国家、社会及个体需求相符合的程度,有计划、有目的、客观地获取并分析教育机构有关质量信息,并基于质量信息制定管理决策的过程。

(一)构架内部监控体系的理论、工具与方法

苏联解体后,俄罗斯社会经济领域发生的新变化对中等职业教育提出了新的要求,要求提高学生的培养水平和自身质量管理的有效性。为了完成这些要求,俄罗斯中等职业教育机构引进了全面质量管理、ISO 9000族标准和过程方法。

1. 全面质量管理

全面质量管理始于二战后的工商界,它作为一种确保产品质量持续提高的

---

① 约翰·布伦南.高等教育质量管理——个关于高等院校评估和改革的国际性的观点[M].陆爱华,译.上海:华东师范大学出版社,2005:19.

② Лукавская Валерия Игоревна. Внедрение системы менеджмента качества в техникуме[J]. Среднее профессиональное образование,2010(09):24-26.

哲学而被采用。自 20 世纪 80 年代起,全面质量管理逐渐被引入教育质量保障中,并在很多国家得到广泛推广。

全面质量管理的核心理念包括:强调质量的持续改进、全面性与专注于顾客。首先,强调质量的持续改进。全面质量管理强调的不是"亡羊补牢,为时不晚"的挽救式管理举措,而是注重在工作一开始就预防缺陷的发生,强调将质量设计到从产品设计到产品出厂的一系列程序中。全面质量管理强调这一次的质量目标达成是对前一次的质量改进,追求卓越,而不只是符合目的。其次,全面性。"全面质量管理中的'全面'就是指组织中一切的人与物都包含在持续改进的事业中。"全面质量管理中的"管理"是对"输入""过程"和"输出"的全面管理。最后,专注于顾客。"质量的相对定义有两个方向。第一个是'符合标准'。第二个则是达到顾客的要求。……要了解质量,两个概念都很关键。其差别在于了解获得质量有不同的方法,而追求质量不只要系统与组织发展良好,让人了解,也有以顾客为导向而变化的文化。"①在全面质量管理文化中,"达到顾客的要求"是质量的核心概念,顾客是质量好坏的终极仲裁者。

2. ISO 9000 族标准

ISO 成立于 1947 年,是世界上最大的国际标准化组织。1979 年 9 月在国际标准化组织理事会全体会议上通过创建质量保证技术委员会(ISO/TC176)的决议。1986—1987 年,质量保证技术委员会发布了 ISO 8402:1986《质量——术语》、"质量管理和质量保证"标准。该标准共由 6 个标准组成,被称为 ISO 9000 系列标准(1987 版)。ISO 9000 标准的核心标准有 4 个:ISO 9000——《质量管理体系基础与术语》、ISO 9001——《质量管理体系的要求》、ISO 9004——《质量管理体系业绩改进指南》、ISO 19011——《质量和(或)环境管理体系审核指南》。经过多年的实践与经验总结,该标准经过质量保证技术委员会的多次修订,出了 1994 版、2000 版和 2008 版。"质量管理与质量保证"标准、制定质量管理体系建立与运行的技术报告和小册子一起被称为 ISO 9000 族标准质量管理体系。

ISO 9000 族标准主张从"程序的概念"看待质量。"程序的概念相当强调依照最可能生产标准化或高质量产品的系统或程序来工作。让这些系统或程序运作,并且保证这些系统运作效率高、发挥效能,似乎就能得到质量。"②ISO 9000 标准强调将产品或服务的质量设计到设计、生产、销售等各环节,重视

---

① Edward. Sallis. 何瑞薇,译. 全面质量教育[M]. 上海:华东师范大学出版社,2005:18-20.

② Edward. Sallis. 何瑞薇,译. 全面质量教育[M]. 上海:华东师范大学出版社,2005:19.

建立正式、严格的管理体系。

3.过程方法

2000 年版 ISO 9000 标准提倡以过程为基础,将"过程"作为质量管理的基本单元,主张采用过程方法建立质量管理体系的框架。所谓过程是指"一组将输入转化为输出的相互关联或相互作用的活动"①。如图 4.3 所示。

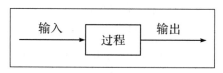

图 4.3 "过程"的概念图

过程方法则指"组织内诸过程的系统的应用,连同这些过程的识别和相互作用及其管理"。过程方法的核心内容包括:系统地识别过程;对这些过程及过程之间的相互作用进行管理。ISO 9000:2000 基于过程方法的质量管理体系模型构建,如图 4.4 所示。

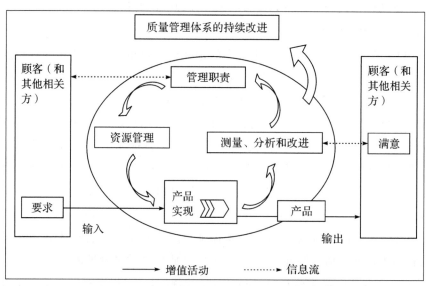

图 4.4 以"过程"为基础的质量管理体系模型②

上述 3 种方法在俄罗斯得到广泛应用。"'产品的质量是优质过程的结果,而过程的质量是高质量管理的结果'这种观点在中等职业教育领域已经取得广

① 魏巍,杨湘.过程方法——运作技巧[M].北京:中国计量出版社,2000:39.
② 魏巍,杨湘.过程方法——运作技巧[M].北京:中国计量出版社,2000:65.

泛认同。"①俄罗斯中等职业教育机构在实施质量管理时,综合采用全面质量管理与基于国际标准 ISO 9000 要求的管理方法,其中,全面质量管理主张采用过程方法管理教育机构的活动,ISO 9000 是全面质量管理的基础。

(二)构建内部监控体系的举措——以马格尼托哥尔斯克技术高等专科学校为例

马格尼托哥尔斯克技术高等专科学校(Магнитогорский технологический колледж имени В. П. Омельченко)创建于 1944 年,位于马格尼托哥尔斯克,隶属于俄罗斯联邦车里雅宾斯克州。该校兼施初等和中等职业教育。目前,在中等职业教育领域,该校开设包括理发师的艺术、服装设计与建模技术、消费品质量鉴定与检查、烹饪工艺学、电子设备维修技术、交通运输的技术保养与维护、摄影技术与艺术等在内的若干专业。2014—2015 学年,该校共有 1927 名学生。2014 年,该校在新一轮政府评估中,获得了新的办学许可证和国家认定证书。

在马格尼托哥尔斯克技术高等专科学校,内部监控是在校长领导下,在分管科学-方法工作、教学工作、教学-生产工作、培训工作的副校长及专家组织下,在具有高级职称的教师参与下实施的。其目的是,通过检查教师、校领导的工作及教育过程的状况,消除教育过程中的不足,并为教师及校领导持续地改进和完善教育过程提供建议。

1. 构建全面质量管理体系

质量管理体系是马格尼托哥尔斯克技术高等专科学校基于一定的指标,为了评估和改进教育机构的活动,为了满足利益相关者需求,所采取的系列举措的总和。质量管理的内容包括:确定该校质量管理的必要过程;确定这些过程的协作关系;确定保障过程有效所必需的指标和方法;确定保障过程有效开展的资源和信息;对这些过程进行监控和测量,使用达成既定目标和改进过程质量所必需的举措。

(1)设计和管理质量管理体系的文件

"ISO 9000 族国际标准要求一个组织的质量管理体系应形成文件。"②质量管理体系文件是组织机构开展质量活动的指导文件,是各级部门及其员工都应

---

① Соломатина Н. Ю. Менеджмент качества среднего профессионалъного образования на основе международных стандартов[EB/OL]. [2015-01-22]. http://science-bsea. bgita. ru/2008/ekonom_2008/solomatin_men. htm.

② 楼维能.现代质量管理实用指南——建立、实施和改进质量管理体系过程方法应用[M]. 北京:企业管理出版社,2002:162.

遵守的工作规范。设计质量管理体系文件的实质即对质量体系进行总体和详细设计,设计内容包括质量目标的确定、实施及评价其实现程度。质量体系是指"'为实施质量管理所需的组织机构、程序、过程和资源',它的内容要以满足质量目标的需要为准,它的建立和运行要以质量方针和质量目标的展开和实施为依据"①。马格尼托哥尔斯克技术高等专科学校基于国际规范、联邦法、本校的条例、国家教育标准等文件对质量的要求,设计了质量管理体系的文件,该文件有4个结构层次(如图4.5所示)。第一层文件指出了该校质量保障的基本方向。第二层文件规定了实施多样化的质量管理活动的程序和方法。第三层文件包括与质量保障相关的内部和外部文件、有关质量设计的文件。第四层文件可以证明该校教育质量的优劣,例如质量报告。

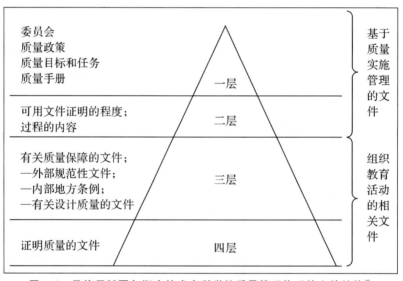

图 4.5　马格尼托哥尔斯克技术专科学校质量管理体系的文件结构②

马格尼托哥尔斯克技术高等专科学校不仅设计了质量管理体系的文件,还对其进行持续地管理。管理质量记录是其中特别重要的一项内容。管理质量记录的目的是储存、分析可以证明该校质量优劣的相关信息,并将其提供给顾客和所有的利益相关者。

(2)创建质量管理模型

① 赵忠建.高等教育全面质量管理的概念框架[J].外国教育资料,1997(05):37-42.

② Руководство по качеству Магнитогорский технологический колледж[EB/OL].[2015-02-04].http://mtcol.ru/kachestvo.pdf.

马格尼托哥尔斯克技术高等专科学校基于过程方法,将本校的所有活动划分为 4 个过程:领导的活动;主要过程;辅助过程;测量、分析与改进。每个过程下设若干个小过程(如图 4.6 所示)。马格尼托哥尔斯克技术高等专科学校将"过程"作为质量管理体系的基本单元。

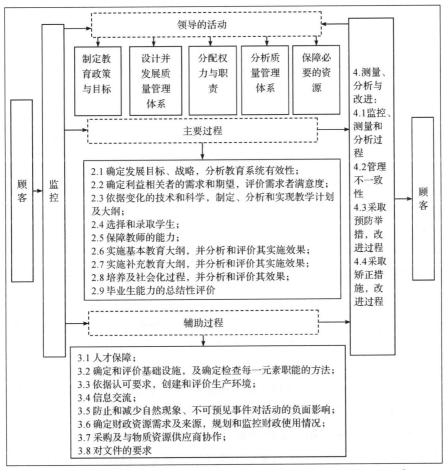

图 4.6 马格尼托哥尔斯克技术高等专科学校的过程和活动交互作用图[①]

2. 实施学生考核

在马格尼托哥尔斯克技术高等专科学校,学生考核的形式主要有 3 种:平时测试、中期鉴定和国家总结性鉴定。平时测试、中期鉴定和国家总结性鉴定

① Руководство по качеству Магнитогорский технологический колледж[EB/OL].[2015-02-05].http://mtcol.ru/kachestvo.pdf.

的具体形式和程序由马格尼托哥尔斯克技术高等专科学校自主确定。

（1）平时测试

平时测试的主要目的是监控学生的知识水平。平时测试的方法由教师根据课目和职业模块的特点自主决定。每一课目或职业模块平时测验的形式和程序需要在课程开始的一个月之内告知学生。学年或学期开始，教师需要就学生在上一阶段的学习成果进行检测。平时测试的结果可以为学部、课程组和教师所用，以便于完善教学方法，提高教学工作的有效性，及时找出学业落后的学生，并为他们掌握学习材料提供帮助。

（2）中期鉴定

中期鉴定是俄罗斯中等职业教育机构为了检查学生对某课目或跨学科课程的掌握水平而自行组织的考核形式。一般来讲，中期鉴定的形式有个别课目或职业模块的考试、两个或若干课目的综合考试、课程作品设计等。

马格尼托哥尔斯克技术高等专科学校实施中期鉴定的特点主要有 3 个。第一，关于鉴定形式。针对不同的课目或职业模块，其鉴定形式不同，例如，俄语、数学的考核方式是笔试，专业课的考核方式注重口试，体育的考核方式是测验。第二，关于技能考试。技能考试是雇主参与下的、对学生学习结果实施独立评估的重要形式，是该校必须实施的、用以鉴定学生的职业模块掌握水平的重要形式。根据鉴定结果，可以授予毕业生一定的资格证书。技能考试的内容由该校相应课目组制定，并由负责教学-生产工作的副校长在与相应领域的雇主代表协商的基础上，给予批准。资格考试委员会的成员既包括本校人员（行政人员、相应职业模块的教师或生产教学专家），也包括相应领域的雇主。第三，关于课程作品设计。某课目或职业模块的课程作品设计需在课程结束后进行。课程作品设计的目的是，促进学生使用所学的理论知识和实践技能，解决与未来从事的职业活动相联系的任务，以此强化学生所习知识和技能，培养学生的能力，并帮助学生为参加国家总结性鉴定做准备。课程作品设计的主题要与学生的生产实践大纲相关。为夜授和函授生设计的主题要与其从事的工作直接相关。课程作品设计的题目由学校教师制定，经课程组讨论和通过，并由负责教学工作的副校长批准。

（3）国家总结性鉴定

马格尼托哥尔斯克技术高等专科学校实施国家总结性鉴定的主要目的：检查学生的知识、技能、经验、态度、能力水平是否与国家教育标准的要求相一致。

第一，国家总结性鉴定的实施主体。

国家考试委员会是国家总结性鉴定的实施主体。国家考试委员会的成员包括具备高级资格或一级资格的教师、来自其他组织机构的代表以及与毕业生所学习专业相关的领域的雇主。国家考试委员会的主席由非本校的、来自于毕业生所学习专业相关的部门的、具备高级资格或学位的教师或雇主担任。国家考试委员会主席的职责有两点:组织并监控考试委员会的活动;保障考试实施的公平性。

第二,国家总结性鉴定的对象。

只有没有学术债务（академическая задолженность）,并完全完成个人学习计划的学生方有资格参加国家总结性鉴定。所谓学术债务,是指在规定的时间内没有参加考核或者在考核中获得了"不满意"评价。

第三,国家总结性鉴定的实施。

在中等职业教育领域,国家总结性鉴定的形式主要有两种:毕业技能作品答辩和某课目的国家考试。学校不同、专业不同,国家总结性鉴定的实施形式不同。在马格尼托哥尔斯克技术高等专科学校,毕业技能作品答辩是其重要的国家总结性鉴定形式。

毕业技能作品答辩旨在检查学生在教学和生产实践中获得的知识、技能和初级经验的水平。毕业技能作品答辩包括两项内容:设计毕业实践技能作品和论文。无论是设计毕业实践技能作品,还是论文,其主题的制定与批准都需要经过4道程序:首先,由实践课负责人、专业课教师与雇主协作设计;其次,设计的主题需要在课目组会议上讨论;再次,在讨论的基础上,实践课负责人与负责科学方法工作、教学-生产工作的副校长对主题达成一致;最后,由校长批准。学生既可以从已有主题中选择感兴趣的,也可以自己设计主题。如果是后者,学生则需要就选题的现实意义与合理性提供相关依据。基于选题,学生在开展生产实践的企业、组织机构的工作岗位上完成毕业实践技能作品。考试委员会依据若干指标(如表4.7所示),评价毕业生完成的毕业实践技能作品的质量,得出该生是否完成了设计或是否通过鉴定的结论。基于评价结果,考试委员会对每名学生做出职业描述,即描述学生具备的一般能力、职业能力、显著的职业生理心理特征处于高水平、中等水平或低水平。基于选题,学生在教师的指导和帮助下,分析已有的科学和专业文献,确定书面论文的结构和内容,分析研究主题的现实性、目标和任务,确定研究主题的理论基础,得出研究结论与建议,准备研究报告并完成答辩。马格尼托哥尔斯克技术高等专科学校采用"优秀""良好""满意"与"不满意"来评价毕业生技能作品答辩的质量。

表 4.7　马格尼托哥尔斯克技术高等专科学校的毕业实践技能作品评价指标①

序号	指标
1	学生所掌握的工作方法
2	工程质量的技术和工艺要求的遵守情况
3	既定时间标准的执行情况
4	工作岗位的劳动安全和组织要求的遵守情况
5	设备和工具的使用技能

3. 实施教师考核

马格尼托哥尔斯克技术高等专科学校考核教职员工的形式主要有 2 种。

(1)考核教师的工作有效性

在马格尼托哥尔斯克技术高等专科学校,教师的工作目标是为学生的自我发展、自我实现、职业发展、社会化创造条件。教师的工作任务是为发展学生的个性及职业兴趣创建良好的心理-教育条件,维护学生的权力,发展学生的道德、心理及职业自豪感,发展学生之间、学生与教师之间的良好关系,支持学生参加学生的科学社团及"职业能手"比赛等。

马格尼托哥尔斯克技术高等专科学校基于"结果"和"活动"2 个指标,评价了教师实施该目标和任务的有效性。"结果"指标反映在教师帮助下,学生的社会化水平(学生的一般文化、纪律水平以及公民成熟度)。"活动"指标反映教师的管理职能(开展教学活动;围绕学生培养、学生的职业和创新发展等问题;与其他教师、学生及其家长、社会各界及教育过程的其他参与者合作)的执行水平。

(2)考核教学生产车间主任的工作有效性

在马格尼托哥尔斯克技术高等专科学校,教学生产车间为学生开展教学实践与生产实践活动提供场地、设备及现代化的生产技术。教学生产车间主任由负责教学生产工作的副校长从专职教师中任命。教学生产车间主任的工作任务是:拟定教学生产车间内的工作计划,最大限度地利用教学生产车间以组织教学,促进帮助学生在教学生产活动中使用现代生产技术和设备;监控车间的

---

① Программагосударственной итоговой аттестации по программе подготовки квалифицированных рабочих 150709.02? Сварщик (электросварочные и газосварочные работы)? [EB/OL].[2015-02-08]. http://mtcol.ru/Программасварщик.pdf.

卫生环境;负责保护教学生产车间的物质价值;等等。

马格尼托哥尔斯克技术高等专科学校基于"结果"和"活动"2个指标,评价了教学生产车间主任的工作有效性。"结果"指标反映教学生产车间设备的状态,反映教学生产车间的设计对劳动安全、消防安全和生产卫生要求的遵守情况。"活动"指标反映教学生产车间主任组织工作的水平。教学生产车间主任工作有效性的评估指标如表4.8所示。

表 4.8　马格尼托哥尔斯克技术高等专科学校教学生产车间主任工作有效性的评估指标①

序号	指标		评估标准	分值	
1	为教学生产过程创建教育条件	具备教学生产车间的工作计划	符合要求	10 分	50 分
		跨学科课程(УМК)情况	具备并符合要求	10 分	
		教学生产车间说明书的情况	具备并符合要求	10 分	
		生产卫生的要求	没有批评	20 分	
2	物质技术设备的情况	为教育过程参与者从事工作提供安全的条件	不存在破坏劳动安全法的行为	20 分	50 分
		技术设备、工具	符合要求	10 分	
		提高生产的产品与服务的质量	没有批评	20 分	

94—100 分——获得生产教学能手基本酬金的 15%;
87—93 分——获得生产教学能手基本酬金的 10%;
80—86 分——获得生产教学能手基本酬金的 5%;
少于 80 分——不能获得酬金。

4. 实施自我检查

在俄罗斯中等职业教育机构,自我检查(самообследование)类似于西方的自我研究或自我评估制度,是教育机构实施的、旨在对整个教育过程及教育过程子要素进行持续的、有目标和综合监控的一套举措的总和。中等职业教育机构实施自我检查的过程,即是其进行自我剖析和反思的过程。

在俄罗斯,自我检查是教育质量政府评估的重要一环,其目的是促进教育结果最大限度地与利益相关者(教师、学生及其家长、雇主)的需求、国家教育标准的要求相一致,是为了回应社会问责。最近几年,随着中等职业教育机构在

---

① Положение об учебно-производственных мастерских колледжа[EB/OL]. [2015-02-26]. http://mtcol. ru/Положениеобучебнопроизводственныхмастерскихколледжа. pdf.

学校内部构建质量管理体系实践的发展，自我检查正逐渐从外部评估的掣肘中解放出来。2013 年 6 月 14 日颁布的俄罗斯联邦教育科学部第 462 号令《批准教育组织实施自我检查的程序》规定，教育机构需要每年实施一次自我检查。今天，自我检查已不仅是一种为外部评估做准备、回应社会问责的手段，而且是与日常教学相联系的、检查每年质量目标达成度、推动学校内部质量改进的重要工具。

（1）自我检查的主体

学校内部人员是实施自我检查的主体。马格尼托哥尔斯克技术高等专科学校的领导及其教师认识到自我检查的意义和必要性，这是该校实施自我检查的重要条件，这有利于防止学校仅仅为了参与外部评估而有意在自我检查报告中展示自己的优势、掩盖现存的教育问题。

（2）自我检查的项目

教育机构实施自我检查的项目框架由国家相关法规预先制定。中等职业教育机构可以参照这些自我检查项目，在考虑到本校的学科及办学特色的基础上，自主设计适用的自我检查项目。2014—2015 学年，马格尼托哥尔斯克技术高等专科学校参考国家制定的自我检查项目，开发了与学校质量目标相应的 4 个检查项目（如表 4.9）。由于政府评估是对教育质量的全面检查，自我检查是政府评估的一个重要环节，所以，自我检查项目涉及范围较广。

表 4.9 马格尼托哥尔斯克技术高等专科学校自我检查项目及参数

项目	参数
1.教育活动和管理体系的组织-法律保障	1.1 有关教育机构的信息； 1.2 教育组织的管理结构和管理体系
2.教育活动	2.1 就业指导 2.2 专家培养的结构 2.3 教育过程的教学-方法保障 2.4 教育过程的信息和图书资源 2.5 教育过程中实施的创新技术 2.6 普通文化课的教育标准的掌握结果 2.7 学生对国家教育标准要求的掌握结果 2.8 国家总结性鉴定的结果 2.9 毕业生就业结果 2.10 学生的社会能力

续表

项目	参数
3.实施教育大纲的条件	3.1 教育机构的人力潜力 3.2 物质技术和信息基础 3.3 学生、员工的社会保障 3.4 教育机构的财政保障
4.教育过程质量的管理体系	4.1 设立保障教学质量的专门机构,特别是教学委员会 4.2 创建有助于促进教师参与教育质量提高工作的环境 4.3 创建并实施质量管理体系

（3）自我检查结果的使用

2013 年《批准教育组织实施自我检查的程序》颁布之后,中等职业教育机构的自我检查活动并非在外部评估活动结束之后也随之结束,而是与学校每年设计质量目标、检测质量目标达成度、管理日常教学工作等活动有机结合在一起。在马格尼托哥尔斯克技术高等专科学校,每年实施一次自我检查,自我检查成为学校实施持续性质量监控的重要工具。马格尼托哥尔斯克技术高等专科学校以报告的形式将自我检查的结果公布在学校的官方网站上,其目的是增加学校质量信息的透明度,帮助利益相关者获得有关学校优先发展方向及教育活动结果的信息,为教育机构与其他利益相关者开展对话提供信息支持。

自我检查报告是实施政府评估的重要条件之一。实施政府评估的相关部门可以通过自我检查报告,了解马格尼托哥尔斯克技术高等专科学校开展教育活动的相关信息,以便于开展评估。学校管理人员通过自我检查报告,了解该校质量目标的达成情况以及该校办学质量与国家教育标准相符合的程度,并据此制定未来一段时间的质量改进的建议及管理决策。除此之外,学生及其家长、雇主等可基于自我检查报告,对 2 所或若干所中等职业教育机构进行比较,这有利于学生及其家长择校或雇主选择性投资。

（三）内部监控体系的特点

1.重视质量改进

最初,俄罗斯中等职业教育机构建立自我检查制度的主要目的是应对外部质量检查机构的需要,因为自我检查报告是外部质量检查机构实施政府评估与社会评估的重要依据和必要条件。到今天,外部评估制度不断推动了内部监控体系的创建,且内部监控体系得到了学校领导及教职员工的重视,成为改进本校教育质量的重要举措。2013 年俄罗斯联邦教育科学部第 462 号令《批准教育组织实施自我检查的程序》的制定与实施推动了俄罗斯中等职业教育质量内部监控体系的完善与规范化。在该令的推动下,俄罗斯中等职业教育机构定期组织内部检查,将内部监控体系与日常教学检查融合在一起,内部监控体系强调规范化,而非为外部评估做准备而实施的专门检查。与过去相比较,俄罗斯中等职业教育机构实施的质量管理既注重回应社会问责,也注重质量改进。

2. 注重过程

中等职业教育质量的改善是一个系统工程,是内部与外部相互作用的结果。单纯依靠外力对教育结果质量进行检查,难以达到持续改进质量的目的。为此,在教育质量外部评估体系之外,俄罗斯构建了包括构建全面质量管理体系,实施学生考核、教师考核与自我检查等在内的内部监控体系。这些举措是中等职业教育机构对各类教育活动质量的定期常规检查活动。通过质量检查,一方面,形成自我检查报告,将其作为联系学校自我检查与外部评估的纽带;另一方面,检查每学年质量目标达成情况,分析质量优势与不足,设计质量改进方案、新学年的质量目标与学校发展规划。遵循"质量目标—质量检查—新质量目标"的逻辑,在学校内部形成质量改进与提高的循环系统。内部监控体系是动态的、持续的、融于学校日常管理,而非静态的、终结性的、独立行事的活动。由于中等职业教育机构对教育质量负有直接责任,它通过建立内部监控体系,定期诊断质量存在的问题并设计质量改进方案,在质量保障内容上,更侧重于"过程"保障。

第四节　俄罗斯职业教育质量
保障的合作机制

构建良好的社会伙伴关系是提升职业教育质量的关键。俄罗斯非常重视职业教育机构与政府、企业、工会组织的关系,建立了职业教育社会伙伴关系。在职业教育领域,社会伙伴关系是指职业教育机构与其他教育机构、雇主、就业机构、工会、家长之间开展的有组织的、教育的和经济的合作关系,其目的是最大限度地协调并实现所有参与者的利益。社会伙伴关系是职业教育机构基于对信息、教育方法、人才、物质技术与财政资源进行一体化与整合,组织教育活动的一种方法。

一、俄罗斯构建社会伙伴关系的原因

(一)"国家-社会"共管原则的确立为其提供思想基础

苏联解体后,俄罗斯在教育领域发起了"去国家化"运动。教育的"去国家化","首先要求更换教育上的价值体系本身,改变对教育功能的看法,克服教育中国家原则压倒社会原则的状况"①,即教育的价值主体不再唯国家独尊,而是表现为国家、社会与个体共存的多元化特点;教育的功能不再是在封闭的教育机构中、仅仅按照国家需求培养人才,而是要满足社会及个体的多元需求;教育不再是国家垄断地利用和管辖的领域,而是变成利益相关者有权共同涉足的公共领域。

在教育的"去国家化"运动中,国家通过立法等手段积极启动社会参与教育活动的积极性。1992 年《俄罗斯联邦教育法》规定,俄罗斯制定教育政策的基本原则之一是"教育管理的民主性质和国家-社会性质"②。该法体现了俄罗斯教育改革的意识形态和有关构想,它直接引导着俄罗斯教育管理的实践。苏联解体后,俄罗斯构建职业教育社会伙伴关系既是教育"去国家化"运动的产物,也是职业教育践行国家-社会共管理念的成果。

(二)职业教育质量提升的要求为其提供现实基础

随着社会经济与科学技术的发展,人们对"质量"的认识也经历了一个不断发展与深化的过程。目前,ISO 9000:2005《质量管理体系基础和术语》对"质量"的定义得到大部分学者的认同,它将质量定义为:一组固有特性满足要求的程度。在俄罗斯职业教育领域,职业教育机构需要满足谁的需求?1994 年颁布的《中等职业教育机构(中等专业学校)标准条例》规定,中等职业教育机构的基本任务之一是:满足社会对具备中等职业教育程度的、具有熟练技能的专门人才的需要;满足个人对获取中等职业教育和所选职业活动领域的技能及智力、

---

①　肖甦. 俄罗斯教育 10 年变迁[M]. 北京:北京师范大学出版社,2003:207.

②　Верховный Совет Российской Федерации. Российская Федерация закон об образовании[EB/OL]. [2013-11-08]. http://uozp. akcentplus. ru/zakon%2010%2007%201992%20n%2032661. htm.

身体、道德发展的需要。① 社会是中等职业教育的价值主体之一,也是中等职业教育质量的仲裁者之一。职业教育机构提供的服务必须满足社会的人才需求,这是提升教育质量的关键。现实是,由于教育的保守性及惰性,俄罗斯职业教育的人才培养内容与结构偏离社会的需求,俄罗斯面临劳动力市场的"人才饥荒"以及教育服务市场的"就业难"的两难困境。相关研究揭示,"初等和中等职业教育体系培养的专业人员能够对口就业的人数不超过 30%—50%"②。造成这种困境的原因之一是职业教育系统的封闭性,缺乏将有关劳动力市场对人才培养内容及结构的需求的信息输入职业教育系统的渠道。

《构想》认为,提高教育质量是实现教育现代化的核心任务,且"俄罗斯教育系统只有与国民经济、科学、文化、保健、所有利益相关部门和社会组织的代表、家长及雇主建立经常的协作关系的条件下,才能实现教育现代化的战略目标"③。教育具有较强的保守性,教育改革的种子需要从外部播进。国家制定教育政策时必须考虑社会对人才培养内容及结构的要求。正如俄罗斯前总理梅德韦杰夫所指,"商业-社会"应该对未来专家的培养方针及战略提出专业的建议。④ 为了提升教育质量,俄罗斯中等职业教育机构不应"闭门造车",而应该成为一个开放的系统,应该构建并优化与雇主等社会力量之间的协作关系。

二、俄罗斯职业教育社会伙伴关系的内容

(一)制定职业标准与国家教育标准

1.职业标准与国家教育标准的制定

职业标准是一个多功能的规范性文件,该文件规定了劳动力市场对具体工作内容与条件、工作人员需要具备的资格、实践经验以及所受教育与培训的最低

---

① Постановление правительства рф от 14.10.1994 n 1168. об утверждении типового положения об образовательном учреждениисреднегопрофессионального образования (среднем специальномучебном заведении)[EB/OL].[2014-04-09]. http://www.lawmix.ru/prof/78693.

② 奇塔林 H. A. 俄罗斯职业教育现代化进程中的矛盾[J]. 大学·研究与评价,2008(09):50-51.

③ Министерство образования Русский Федерации. Концепция модернизации российского образования на период до 2010года[EB/OL].[2014-04-27]. http://www.al-news.r-u/zakony/dejstvuju-wie/34-politika-v-oblasti-obrazovanija/139-z.

④ Екатерина Вячеславовна Бебенина. Общественно-профессиональная экспертиза качества образовательного процесса:цели,задачи,перспективы[EB/OL].[2014-04-25]. http://federalbook.ru/files/FSO/soderganie/Tom%209/V/Bebenina.pdf.

要求。俄罗斯联邦教育署署长彼得·安尼西莫夫（Петр федорович анисимов）认为，良好的社会伙伴关系是保障职业教育质量的重要条件。为了在职业教育机构与劳动力市场之间建立稳定和长期的合作关系，首先必须由企业设计对人才培养质量的要求，这些要求反映在人才培养的职业标准中。[①] 2013 年 1 月 22 日，俄罗斯联邦政府批准了《制定、批准和使用职业标准的规则》。[②] 该规则指出，职业标准需要在俄罗斯联邦劳动与社会保障部的协调下，由雇主协会、雇主、职业社团、自我管理组织及其他非营利性组织、职业教育机构协作制定。2013 年 4 月 12 日，俄罗斯劳动部第 147 号令确定了职业标准的模型。目前，俄罗斯依据职业标准的模型及相关文件，已制定、批准了 151 个职业标准。每个职业标准由劳动职能的类型、完成某项劳动职能所需的资格水平的特点、完成某项劳动职能所需的知识与技能等 3 个方面构成。

国家教育标准是俄罗斯联邦在其职权范围内制定的、通过国家认定的所有职业教育机构必须遵循的最低质量要求，其目的是确定基本职业教育大纲内容的最低要求、受教育者学习负担的最高限度以及对毕业生培养水平的最低要求。2013 年 8 月 5 日，俄罗斯联邦政府第 661 号条例《批准联邦国家教育标准制定、批准及调整的规则》规定，国家教育标准是在俄罗斯联邦教育科学部组织下、由教学方法协会、教育机构、科学研究机构及其他相关组织机构、雇主代表协作制定的。[③] 目前，俄罗斯在中等职业教育领域，共设计了 238 个国家教育标准。

2. 职业标准与国家教育标准的关系

职业标准是对劳动力市场中的工作结果的描述，国家教育标准是对教育服务市场中的学习结果的描述。《2020 年前俄罗斯社会经济长期发展构想》指出，俄罗斯需要基于职业标准，更新国家教育标准和实现各级教育大纲的现代化。因此，职业标准是制定国家教育标准的依据。

教育标准与职业标准的协作互动的模型如图 4.7 所示。

---

① Петр федорович анисимов. Начальное и среднее профессиональное образование[J]. Образование в России,2005:261-268.

② Постановление Правительства Российской Федерации от 22 января 2013 г. N 23 г. Москва"О Правилах разработки，утверждения и применения профессиональных стандартов"[EB/OL].[2014-04-25].http://www.rg.ru/2013/01/28/profstandarty-site-dok.html.

③ Постановление Правительства РФ от 5 августа 2013 г. N 661 " Об утверждении Правил разработки，утверждения федеральных государственных образовательных стандартов и внесения в них изменений"[EB/OL].[2014-04-27].http://base.garant.ru/70429496/.

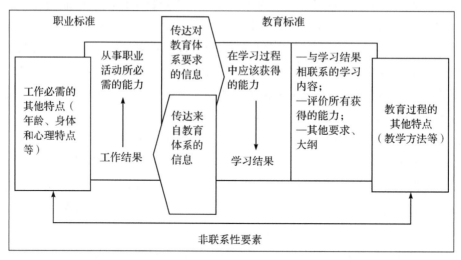

图 4.7　教育标准与职业标准协作互动的模型示意图

职业标准是联系人力资源培养体系和具体经济活动人才需求体系的中介。基于职业标准设计国家教育标准的过程,是将劳动力市场对人才资格水平、知识、技能、能力的要求转化为具体的教学内容、条件和教学结果的要求,是实现"学习结果"与"工作结果"对接的过程。依据职业标准来设计国家教育标准,这有利于实现教育与劳动力市场的信息互动,有利于实现人才培养的"有凭有据"。

在俄罗斯职业教育质量保障运动中,职业标准和国家教育标准是保障质量的源头,它们不仅是评估与监控质量的重要依据,而且是职业教育机构设计教育大纲、开展教学活动的重要参照。国家、教育机构和雇主等多方参与设计职业标准和国家教育标准,这是职业教育体系开放化、教育管理民主化的重要表现,这有利于从源头上平衡人才供求关系,也有利于从源头上解决教育服务质量与劳动力市场需求不一致的问题。

(二)实施应用型本科教育

应用型本科教育在类型上是一种职业导向和实践导向的高等教育,在层次上,它是一种本科学历教育。应用型本科教育是一种本科层次的应用型教育,其培养年限为 4 年。

1.应用型本科教育的提出

进入 21 世纪,随着俄罗斯经济结构的调整及经济创新发展战略的提出,其社会经济的发展对人才培养类型和层次提出更高要求。俄罗斯国内研究表明，俄罗斯急需高级技能型人才和实践导向型专家，他们不仅需要具备完成复杂实际工作任务所需的一套技能，也需要有较深的理论知识。传统的中等职业教育和普通高等教育不能满足社会的这一需求，因为新增添的工作岗位的技术含量和智能水平较高，技能型人才难以胜任，同时，普通高等教育的毕业生具备较高的理论素养，但是缺乏相关的实践技能与经验。当现有教育体系不能满足社会的人才需求时，俄罗斯构想创建一种新型的教育培养模式——应用型本科。

2009 年，俄罗斯政府通过了第 667 号条例《在中等和普通高等教育机构开展应用型本科教育试点工作的条例》。实施应用型本科教育的目的是在教育机构与雇主之间建立稳定的、长期的协作关系，是为了提高教育质量，使其与劳动力市场的需求相一致。

2. 应用型本科教育的实施

《在中等和普通高等教育机构开展应用型本科教育试点工作的条例》颁布后，经过严格筛选，16 所普通高等教育机构和 33 所中等职业教育机构获得开展应用型本科教育的资格，并于 2010 年开始招收 11 年级（高中）毕业生，实施应用型本科教育大纲。"应用型本科教育大纲的特点有 2 个：第一，依据普通高等教育标准实施理论培养，依据中等职业教育标准实施职业培训（包括职业模块）；第二，雇主参与应用型本科教育大纲的创建及实施。"[①]应用型本科教育大纲将以掌握生产工作实践技能为导向的中等职业教育大纲与以获得系统的理论培养为导向的普通高等教育大纲相结合。在俄罗斯应用型本科教育大纲中，理论教学与实践教学的学时各占一半。

在俄罗斯，实施应用型本科教育的形式有 2 种：由普通高等教育机构独立实施，或者由中等职业教育机构与普通高等教育机构协作实施。由于普通高等教育机构缺乏开展技能培训的物质-技术设施，这增加了独立实施应用型本科教育的困难。一般来讲，第二种是目前俄罗斯实施应用型本科教育的主要形式。无论哪种形式，"实施应用型本科教育大纲的主要条件是教育机构与生产企业建立紧密的合作关系"[②]。中等职业教育机构、普通高等教育机构与企业通

---

①　Протодьяконова Галина Юрьевна. Педагогические условия создания программы по прикладному бакалавриату[J]. Вестник Челябинского государственного университета，2013(34)：149-151.

②　Морозова марина Вячеславовна. Суздалова Марина Анатольевна. Отечессвенный и зарубежный опыт реализации программ прикладного бакалавриата[J]. 2014：02(14)：84-88.

过协作培养应用型本科人才,部分学校目录如表4.10所示。在实施应用型本科教育的过程中,三者各负其责。以国立研究型技术大学莫斯科国立钢铁合金学院为例,该校针对11年级毕业生,采取"2+2"培养模式,其中,前两年在奥斯科尔高等专科学校开展,后两年在国立研究型技术大学莫斯科国立钢铁合金学院开展,毕业后获得高等教育学历证书。应用型本科教育是中等职业教育机构与普通高等教育机构一体化的重要形式,它们基于相一致的人才培养大纲,协调人才培养活动,以保障人才培养的连贯性。在应用型本科人才培养中,企业雇主不仅有权"与教育机构协作设计应用型本科教育大纲,包括确定毕业生未来从事职业活动的类型",而且当"在与教育机构建立契约关系的企业中实施所有类型的实践课"[①]时,企业承担为学生提供相应的工作岗位或实训场地、教师以辅助教育机构开展实践课的任务。

表4.10　实施应用型本科教育的部分学校目录

序号	专业	主体院校	合作院校	合作企业
1	化合物质量分析控制	新西伯利亚化学技术高等专科学校	新西伯利亚国立大学	新西伯利亚科学研究中心
2	信息系统	梁赞国立高等专科学校	莫斯科国立食品生产大学	战略合作伙伴
3	技术工艺和生产自动化	图拉国立高等专科学校	图拉国立大学	仪器设计局
4	冶金	国立研究型技术大学莫斯科国立钢铁合金学院	奥斯科尔高等专科学校	奥斯科尔电工钢厂

在俄罗斯,应用型本科教育已实施了5年。实施应用型本科教育的梁赞国立高等专科学校校长尼古拉·巴拉诺夫(Баранов Николай Петрович)认为,与中等职业教育和普通高等教育相比,应用型本科教育培养出的学生具备更高的知识和技能水平。[②] 除此之外,由于"应用型本科毕业生被允许直接进入劳动力

① Медведев В. П . Прикладной бакалавриат как вариант интеграции образовательных стандартов высшего и среднего профессионального образования［J］. Международный журнал экспериментальногообразования, 2010 (05):37-39.

② Баранов Николай Петрович. Экспресс-форум: Прикладной бакалавриат – первый год эксперимента[EB/OL]. ［2014-04-25］. http://www. akvobr. ru/ekspress_forum_prikladnoi_bakalavriat_ eksperiment. html.

第四章　俄罗斯职业教育质量保障

市场,很少涉及进一步的职前培训"①,有利于提高毕业率,所以它受到教育机构和雇主的欢迎。

(三)开展教学活动并评价其质量

1. 开展教学活动

俄罗斯职业教育机构实施的教育大纲是基于社会伙伴关系而实施的多边合作的结果。俄罗斯现行国家教育标准规定,每年中等职业教育机构需要在考虑到劳动力市场对人才培养标准的新要求的基础上,吸引企业雇主协作设计和更新基本职业教育大纲。以个别地区发展职业教育的社会伙伴关系为例,可以窥见俄罗斯对雇主参与开展教学活动的重视程度以及发展趋势。

(1)以萨哈林州为例

萨哈林州是位于俄罗斯远东联邦管区的一个联邦州,是一级行政区。2014年,该州共有居民491027人,其中城市居民占81.16%。该州共有3所中等技术学校和4所高等专科学校。② 萨哈林州特别重视教育机构与企业的合作关系,将"雇主参与职业教育活动"作为职业教育质量评估的重要指标(如表4.11所示)。通过表4.12可以看出,在开展教学中,雇主对教育活动的参与不仅包括设计教育大纲,也包括实施教育大纲,特别是参与实践教学,还包括参与评价教育大纲本身的质量,以及参与评价学生对教育大纲规定的教学内容的掌握水平。

表 4.11　体现萨哈林州雇主参与职业教育活动的指标总和③

指标及其计算方法	指标
1. 调查的前一年,该地区与企业签署培训合约的中等职业教育机构所占比例:K_1 $=\dfrac{A}{B}\times100\%$	调查的前一年,与企业签署培训合约的中等职业教育机构的数量; 本年年初,该州中等职业教育机构的数量

---

① Чугунов Дмитрий Юрьевич. Введение программ прикладного бакалавриата в российскую систему образования:зачем и как? [J]. Вопрос образования,2010(04):247-267.

② Список учреждений профессионального образования Сахалинская область[EB/OL]. [2014-12-08]. http://xn—80aabfqjjba0cfdftira. xn-p1ai/upo? view=vuzlist&sub=86.

③ В. П. Максимов, А. Ф. Гулевская. Современные средства региональной системы оценивания качества образования:учебное пособие[M]. Южно-Сахалинск:СахГУ,2011:186.

指标及其计算方法	指标
2.调查的前一年,单位中等职业教育机构内,与其签订职业培训合约的企业数: $$K_2 = \dfrac{\sum_{i=1}^{B} A_i}{B}$$	调查的前一年,与中等职业教育机构签订职业培训合约的企业的数量; 本年年初,中等职业教育机构的数量
3.本学年,在某专业学生生产实践过程中,与企业签约的中等职业教育机构所占比例:$K_3 = \dfrac{A}{B} \times 100\%$	本学年,在某专业的学生生产实践过程中,与企业签约的中等职业教育机构的数量; 本年年初,中等职业教育机构的数量
4.单位中等职业教育机构内,为某专业学生提供生产实践场地的企业数量: $$K_4 = \dfrac{\sum_{i=1}^{B} A_i}{B}$$	本学年,为中等职业教育机构的某专业学生提供生产实践场地的企业的数量; 本年年初,中等职业教育机构的数量
5.上一学年,在企业开展生产实践的毕业生所占比例:$K_5 = \dfrac{A}{B} \times 100\%$	上学年,在企业开展生产实践的毕业生数量; 上学年,中等职业教育机构毕业生数量
6.调查的前一年,在中等职业教育机构,职业模块课程教师所占比例,这些教师根据相关合约在企业获得了高级资格: $K_6 = \dfrac{A}{B} \times 100\%$	调查前一年,在中等职业教育机构,职业模块课程教师的数量,这些教师根据相关合约在企业获得了高级技能; 本年年初,在中等职业教育机构工作的职业模块课程的教师总数
7.调查前一年,在雇主参与下开展国家鉴定的中等职业教育机构所占比例:$K_7 = \dfrac{A}{B} \times 100\%$	调查前一年,在雇主参与下,开展国家鉴定的中等职业教育机构的数量; 调查前一年,开展国家鉴定的中等职业教育机构的数量
8.调查前一年,经济部门代表参与教育过程:$K_8 = \dfrac{A}{B} \times 100\%$	调查前一年,在中等职业教育机构,来自经济部门的、从事兼职工作的员工数量; 本年年初,在中等职业教育机构工作的所有教师的数量
9.调查前一年,经雇主检查过的教育大纲所占比例:$K_9 = \dfrac{A}{B} \times 100\%$	调查前一年,经雇主检查过的教育大纲的数量; 调查前一年,中等职业教育机构的所有教育大纲的数量

（2）以鞑靼斯坦共和国为例

鞑靼斯坦共和国是俄罗斯联邦的一个自治共和国,属于伏尔加联邦管区。

2012—2013 学年,鞑靼斯坦共和国共有 44 所初等职业教育机构和 91 所中等职业教育机构。通过表 4.12 可以看出,鞑靼斯坦共和国不仅非常重视构建职业教育机构与雇主的协作关系,且 2006 年—2013 年,雇主对职业教育活动的参与度呈上升趋势。

表 4.12　在鞑靼斯坦共和国,雇主对职业教育人才培养的参与度的指标[①]

指标名称	2006 年	2010 年	2011 年	2012 年	2013 年
1.在企业开展实践课或实习的学生占所有学生的百分比(%)	84	86	88	90	92
2.雇主为职业教育机构提供的就业岗位所占所有就业岗位的百分比(%)	69	69	70	90	92
3.在职业教育机构,学习有雇主参与实施的教育大纲的学生占所有学生的百分比(%)	65.1	65.5	67.2	83	85

2.评价教育质量

　　政府评估与社会评估是俄罗斯职业教育质量外部评估的主要形式。在政府评估中,由雇主、教育机构领导、国家权力机关代表以及与职业教育相关的社会组织代表等利益相关者构成的各类委员会是实施质量评估的主体。在社会评估中,教育质量社会检查及事业发展署总干事阿列克谢(Алексей Владимирович Белокопытов)指出,我们不仅需要来自学术界的专家来实施评估,他们熟知教育构成并了解某一专业的现实需要,而且需要来自雇主方的专家,他们是教育服务的需求者。[②] 为了改进教育质量,职业教育机构求助于独立于政府和教育机构的专业社会评估机构,期望从中获得专业性的质量改进建议。

　　自我检查与学生的国家总结性鉴定是俄罗斯职业教育质量内部监控的主要形式。在职业教育机构开展自我检查中,职业教育机构一般会创建包括教育机构领导、教学方法联合会代表、顶尖大学代表、相关利益组织代表等多元参与的自我检查委员会,以对职业教育机构的教学投入、教学实施及教学结果等若干方面实施质量检查,得出自我检查报告。在学生的国家总结性鉴定中,职业教育机构以及来自其他组织的具有高级资格的教师、与学生所学专业相关的企业雇主代表等组成的国家考试委员会是实施鉴定的主体。

---

　　①　Закирова Е. Ю. Тенденции современного профессионального образования[J]. Фундаментальные исследования,2014(6-3):585-590.

　　②　А. В. Белокопытов. Зачем нужна независимая внешняя оценка качества образования[EB/OL].[2014-12-08]. http://pedsovet.org/content/view/16331/530/.

如此看来,不论职业教育质量的外部评估,还是内部评估,其实施都离不开职业教育的社会伙伴关系。吸引学术界专家和雇主参与评估教育质量,这不仅有利于提高评估结果的客观性,而且有利于为职业教育机构改进教育质量或学生完善毕业技能作品设计等提供更具专业性的指导和建议。

三、俄罗斯构建社会伙伴关系的特点

(一)内容覆盖面广

俄罗斯在职业教育质量保障领域构建了良好的社会伙伴关系,其本质是一种合作关系。这种合作关系覆盖面广:第一,国家层面的合作。例如,制定职业标准与国家教育标准。第二,地区层面的合作。例如,为了优化资源配置,提高资源使用率,某地区内的中等职业教育机构与普通高等教育机构、企业协作实施应用型本科教育。第三,教育机构层面的合作。例如,为了贯彻国家教育标准的质量要求,职业教育机构吸纳地区企业雇主参与设计教育大纲。如此一来,自上到下,从顶层教育政策的制定到执行,俄罗斯职业教育的社会合作理念一以贯之。这既有利于提高俄罗斯构建社会伙伴关系政策实施的有效性,更有利于达到提高教育质量和教育竞争力的目的。

(二)主体各负其责

俄罗斯职业教育社会伙伴关系的主体主要包括职业教育机构、政府和企业。政府、职业教育机构与企业在其中扮演的角色不同。第一,政府的角色。由于俄罗斯具有悠久的中央集权管理体制文化传统,职业教育社会治理的理念和实践很难自动生成,且政府在社会中的权威性较大,因此政府主持制定了促进社会伙伴关系运作的政策框架,政府在其中发挥政策扶持的角色和作用。俄罗斯政府出台了多个鼓励发展职业教育社会伙伴关系的政策,以启动社会力量参与职业教育的积极性,并保障社会参与管理的合法地位。例如,《2010年前俄罗斯教育现代化构想》《制定、批准和使用职业标准的规则》《在中等和高等职业教育机构开展应用型本科教育试点工作的条例》等等。第二,职业教育机构的角色。在俄罗斯,职业教育机构承担着为社会培养技能型人才和中级专家的任务,承担为个体提供道德、智力、技能等方面的教育的任务。职业教育机构是职业教育的提供者。为了满足社会与个体的以上需求,提高教育质量,职业教育机构主动向其他教育机构、企业等利益相关组织递出"橄榄枝",是社会伙伴关

系政策的主要执行者。第三,企业的角色。在保障职业教育质量的运动中,企业通过提供劳动力市场信息、研究企业对职业岗位所需知识与技能等方面的需要,来参与制定职业教育领域的相关决策。企业通过为职业教育机构办学提供物质及人力资源,参与其办学和质量评估。

除了职业教育机构、政府与企业之外,专业社会评估机构在俄罗斯职业教育质量保障运动中也发挥着重要作用。专业社会评估机构参照自己设计的质量标准,对申请参加评估的职业教育机构的教育大纲及其工作质量实施评估,并依据评估结果排名以利于利益相关者择校,依据评估结果设计专业的质量改进意见,以帮助职业教育机构改进教育质量。

在职业教育质量保障运动中,俄罗斯构建了多层次的职业教育社会伙伴关系,包括联邦政府、地区和职业教育机构3个层次。不管是哪一层次的合作,良好的社会伙伴关系是职业教育体系的内部防护机制,它加大了社会力量在教育质量管理中的比重,有利于避免职业教育过多地受当权者个人的主观消极影响。由于职业教育的就业导向特点,社会力量广泛参与制定职业教育决策、参与办学及质量评价,这有利于提高职业教育质量的满意度,平衡人才供求关系。

第五节　俄罗斯职业教育质量保障的数据库建设

为了统一收集、处理和加工中等职业教育机构提交的教育活动信息,并集中管理和分享教育管理部门得出的质量评估结果,俄罗斯在联邦一级创建了国家认定中心数据库,在地区一级创建了教育质量数据库。创建教育质量数据库既可以满足教育管理机构持续监控中等职业教育机构办学质量的需要,也可以满足教育服务利益相关者获得质量信息并基于质量信息制定管理决议、择校或实施教育质量改进举措的需要。

一、联邦一级——国家认定中心数据库

(一)国家认定中心数据库的创建原因

依据《俄罗斯联邦教育法》及《中等职业教育机构(中等专业学校)国家认定条例》,国家认定是中等职业教育质量政府评估的重要环节之一,其目的是确定教育机构的类型、类别及国家地位,确定教育机构实施的教育大纲的水平及层

次。由于俄罗斯实施教育管理民主化改革,中等职业教育的管理权下放。由俄罗斯联邦教育科学检察署负责对隶属于联邦(中央)教育管理机构的中等职业教育机构进行国家认定;由俄罗斯联邦主体国家教育管理机构对隶属于它的中等职业教育机构实施国家认定;由联邦(中央)教育管理机构或联邦(中央)教育管理机构委托的联邦主体教育管理国家机构对非国立中等职业教育机构实施国家认定。由于这种国家教育质量保障机制的"非线性"结构,中等职业教育质量管理系统缺乏统一的信息支撑,这不利于确定客观、统一的国家认定指标和标准,不利于有效通过管理决议,同样不利于建立通过国家认定的中等职业教育机构目录。

为了解决这些问题,同时也为了便于俄罗斯联邦教育部监控俄罗斯联邦主体教育管理机构的国家认定活动,1996 年,国家教育认定署设计了国家认定中心数据库(Центральный банк данных государственной аккредитации)。每年中等职业教育机构(不管其归属联邦、联邦主体管理,还是行业部门管理)依据统一的质量指标,向国家认定中心数据库提交相关信息,以供质量认定(Аккредитация)机构分析并得出该机构是否通过国家认定的决议。另外,每年国家认定中心数据库还会更新中等职业教育机构参加国家认定的结果的信息,以供利益相关者了解和比较中等职业教育机构的办学质量。

(二)国家认定中心数据库的使用

国家认定的实施阶段主要有 5 个。第一,每年中等职业教育机构依据"中等职业教育机构数据收集模型",向国家认定中心数据库提交有关基础设施、分校、教学人员、办学许可证、教育大纲、毕业生需求等方面的信息。第二,中等职业教育机构实施自我检查,并申请参加国家认定。第三,国家认定委员会在对申请院校实施质量检查的基础上,依据国家认定中心数据库的质量信息,准备分析材料,进而得出中等职业教育机构是否通过国家认定的决定。第五,认定机构的相关领导批准该决定,并为中等职业教育机构颁发国家认定证书。通过国家认定的实施阶段,可以看出,国家认定中心数据库有利于为质量评估提供信息和方法支持。"对中等职业教育机构实施国家认定的技术的主要特点是——国家认定中心数据库为国家认定的实施提供信息方法保障。"[①]

---

① Йошкар. Ола. Информационно-методическое сопровождение государственной аккре дитации учреждений среднего профессионального образования[EB/OL]. [2014-11-27]. http://www. rostr. net/index. php/normative-docs/quality-system/99-info-metod.

　　简洁和紧密的材料有利于认定机构了解中等职业教育机构的办学质量。国家认定委员会基于国家认定中心数据库，采用成像技术（на методах визуализации）将用于国家认定的分析材料"透明化"，即将质量信息变得更为可观和可理解。所谓"用于国家认定的分析材料"，是中等职业教育机构提交的质量信息与来自国家认定中心数据库的、可证明中等职业教育机构申请国家地位与其活动指标是否相一致的信息的总和。这一分析材料包括信息部分与分析部分。所谓信息部分，即不需要对其作出主观判断的事实性信息。例如，学生及教师人数、办学许可证的有效期、人才培养结构、就业指导等。所谓分析部分，是评估主体在对教育机构活动的指标值与规定的标准进行比较的基础上，对教育机构的活动作出判断的信息。例如，教育过程中使用的技术水平如何，教师的教学负担大小等，这时信息部分成为分析判断的重要依据。

　　为了更直观地显示分析材料，认定机构工作人员使用雷达图显示中等职业教育机构活动的实际值与标准值之间的差距，揭示该教育机构的优势与不足。如图 4.8 所示。

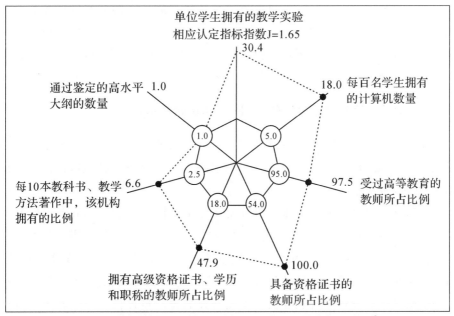

图 4.8　基于国家认定指标，某教育机构各项指标的雷达图[①]

①　Йошкар. Ола. Информационно-методическое сопровождениегосударственнойаккредитации учреждений среднего профессионального образования[EB/OL]. [2014-12-02]. http://www. rostr. net/index. php/normative-docs/quality-system/99-info-metod.

实线上标注的数据是界定高等专科学校类别标准值,外围虚线上标注的是某所中等职业教育机构的实际数值。除此之外,认定机构工作人员基于国家认定中心数据库的信息,使用判别函数,分析并确定申请参加国家认定的中等职业教育机构属于中等技术学校与高等专科学校的概率。任何一组的中等职业教育机构在平面上分布得越远,它属于改组的概率就越接近0。

二、地区一级——地区教育质量信息数据库

(一)地区教育质量数据库的创建原因

苏联解体后,俄罗斯建立了分级化的教育管理结构模式,即将过去中央集权的统一管理改为联邦、联邦主体和地方自治机构三级管理。构建教育质量评估体系是教育管理的重要组成部分。与俄罗斯三级管理结构模式相一致,俄罗斯构建了在联邦一级实施的全俄罗斯教育质量评估体系与在联邦主体和地方自治机构两级实施的地区(州)教育质量评估体系。《2020年前俄罗斯联邦社会经济中长期发展战略》规定,解决发展教育质量保障体系的战略性任务有赖于地区教育质量评估体系的实施。为了提高地区教育质量评估体系的有效性,俄罗斯需要基于信息公开原则,在地区一级构建教育质量数据库,以便于利益相关者全面了解和比较教育机构的办学质量。

(二)地区教育质量数据库的使用——以萨哈林州为例

在萨哈林州,创建教育质量数据库的目的是在存储并整合教育质量信息的基础上,形成综合数据库,以分析、解释并为利益相关者提供信息,帮助其做出相关的决议或决定。

萨哈林州教育质量评估体系的形成阶段有2个。第一阶段,每年萨哈林州中等职业教育机构需要根据该州教育部规定的报告目录、结构及形式提交质量检查报告。基于这些报告,从事教育质量评估的各部门开展评估工作,得出质量检查结果。质量检查结果是萨哈林州质量信息数据库的信息源。第二阶段,创建萨哈林州教育质量评估中心。萨哈林州教育质量评估中心归属该州教育部管辖,它的主要职责包括:协调所有参加教育质量评估的部门的行为,设计统一的教育质量评估方法并引进先进的教育质量评估技术,确定和开发收集质量信息的形式和技术,协助培训质量评估专家等。在该阶段,教育质量评估中心将在州教育质量评估体系框架内研究教育质量评估问题的所有部门

及其获得的质量信息进行整合,形成统一的教育质量评估的信息体系。

　　在萨哈林州,教育质量信息将以公开报告和手册的形式公布在专门网站上,以便于利益相关者查阅。统一的质量信息是教育服务需求者做出决定的重要依据。萨哈林州教育服务需求者基于质量信息做决定的种类有3类。第一类,组织管理决定。这些决定与当局管辖范围内教育机构的重组、为空缺工作岗位选拔应聘者、设计与实施针对失业人员的职业再培训相关。第二类,个体决定。这一决定涉及个体对中等职业教育机构、职业教育大纲及其保障学生安全与舒适的教学条件的选择。第三类,组织-专业决定。这些决定与教育服务需求者在上一级教育中获得的教育质量相关,做出该决议的目的是优化下一级教育的教学过程。

　　萨哈林州教育质量评估体系信息保障的结构如图4.9所示。

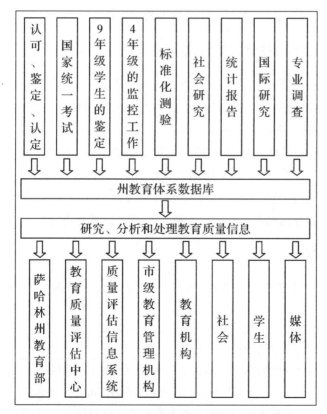

图4.9　萨哈林州教育质量评估体系信息保障的结构①

　　①　В. П. Максимов, А. Ф. Гулевская. Современные средства региональной системы оценивания качества образования:учебное пособие[М]. Южно-Сахалинск:изд-во СахГУ,2011:105.

三、教育质量数据库的特点和作用

(一)数据的集中管理便于比较评估结果

教育质量数据库是依据某种数据模型组织起来并存储数据的集合。由于不同教育机构或研究机构提供的有关教育活动的数据可能来自不同的途径,其数据的形式和内容千差万别,这不利于数据交流和共享。在俄罗斯,国家教育认定署或其他教育管理部门通过建立一套统一的、法定的数据处理软件或技术,规范数据格式,集中控制和管理来自不同主体的大量数据和信息,将数据变得更为直观和适用。联邦一级的国家认定中心数据库和地区一级的教育质量数据库基于统一的质量标准和指标,分别将来自不同地区(地方)和地方的中等职业教育机构的信息标准化,减少数据冗余,维护了数据的一致性,这既实现了监控教育质量的目标,也提高了评估结果的可比性。

(二)数据的开放性便于做出管理或择校决定

教育质量数据库的一个重要特点是数据共享,多元教育利益相关者可以通过相应接口使用数据库,获得自身适用和需要的质量信息。在很多情况下,与其说教育利益相关者感兴趣的是与教育质量特点相关的信息,不如说是基于质量信息,获得解决其面临的具体问题的有依据的建议,例如择校等问题。如图4.9所示,包括媒体、学生、教育机构及教育管理机构在内的教育利益相关者,他们都可以基于教育质量数据库,了解和比较某所或若干所教育机构的办学质量,进而做出教育机构重组、择校、改进本校教育质量的决定。

参考文献

[1] 安德兰尼克·米格拉尼扬. 俄罗斯现代化与公民社会[M]. 徐葵,译. 北京:新华出版社,2003.

[2] E·格威狄·博格,金伯利·宾汉·霍尔. 高等教育中的质量与问责[M]. 毛亚庆,刘冷馨,译北京:北京师范大学出版社,2008.

[3] 撒丽斯. 全面质量教育[M]. 何瑞薇,译. 上海:华东师范大学出版社,2005.

[4] 普京. 普京文集(2002—2008)[M]. 北京:中国社会科学出版社,2008.

[5] 肖甦,王义高. 俄罗斯转型时期重要教育法规文献汇编[M]. 北京:人民教育出版社,2009.

[6] 约翰·布伦南,特拉·沙赫. 高等教育质量管理——个关于高等院校评估和改革的国际

性观点[M].陆爱华,等译上海:华东师范大学出版社,2005.

[7] 胡玉鸿.市场经济与国家权力[J].政治与法律,1997(4):45-48.

[8] 姜大源.现代职业教育体系构建的理性追问[J].教育研究,2011(11):70-75.

[9] 姜晓燕.俄罗斯职业教育正在走出困境—访俄罗斯教科院职业教育学与心理学研究所所长穆罕穆德佳诺娃[N].中国教育报,2008-07-22(4).

[10] 刘复兴.教育政策的边界与价值向度[J].清华大学教育研究,2002(1):70-77.

[11] 刘孙渊,马超.治理理论视野下的教育公共治理[J].外国教育研究,2008(06):15-19.

[12] 奇塔林 H. A.俄罗斯职业教育现代化进程中的矛盾[J].大学·研究与评价,2008(09):50-51.

[13] 吴雪萍,刘金花.俄罗斯现行中等职业教育标准探析[J].外国教育研究,2014(02):61-67.

[14] 吴雪萍,刘金花.俄罗斯中等职业教育质量外部评估探究[J].比较教育研究,2013(12):56-60.

[15] 中国教科院教育质量标准研究课题组.教育质量国家标准及其制定[J].教育研究,2013(06):4-16.

[16] 国家中长期教育改革和发展规划纲要(2010-2020 年)[EB/OL].[2013-12-08].http://www.gov.cn/jrzg/2010-07/29/content_1667143.htm.

[17] А. Я. Савельева. высшее и среднее профессиональное образование Российской Федерации (статистический справочник)[M]. Москва,2001.

[18] Агранович М. Л. Российское образование в контексте международных индикаторов [M]. Моства:Сентябрь,2009.

[19] Агранович М. Л, Кожевникова О. Н, Зайцева О. В. Проблемы и тенденции развития образования в Российской Федерации: статистический информационно-аналитический сборник[M]. Москва: Центр Мониторинга и статистики ОбразованияГНИИ ИТТ "Информика",2005.

[18] В. М. Филиппов. Модернизация российскогообразования в России(Федеральныйсправочник) [M]. Москва,2004.

[19] Верховный Совет Российской Федерации. Концепция модернизации россий-ского образования на период до2010года[EB/OL].[2015-12-09].http://www. al-news. ru/zakony/dejstvujuwie/34-politika-v-oblasti-obrazovanija/139-z.

[20] В. П. Максимов, А. Ф. Гулевская. Современные средства региональной систе-мы оценивания качества образования:учебноепособие[M]. Южно-Сахалинск:СахГУ,2011.

[21] Давыдов Ю. С. Реформы российского образования: от желаемого кдействит-ельному [M]. Москва:МПСИ,2005.

[22] Косарецкий. С. К, Моиссеев. А. М. Государственно-общественное управление

образованием：от прецедентов к институту［М］. Москва：Вердана，2010.

［23］ Никандров Н. Д, Грохольская О. Г. Ведение в профессиональную деятельность: учебное пособие для вузов［М］. Москва：ДРОФА，2011.

［24］ А. Ю. Антропова. Системапоказателейоценки результатовдеятельности в УПО［J］. Инновационное развитие профессионального образования，2012,（01）：112-114.

［25］ Д. Д. Цыренов. Оценка качества профессионального образования с учётом критерия занятости：теория и практика［J］. Проблемы современной экономики, 2011（03）: 315-318.

［26］ Анна Данилина. Удастся ли создать независимую систему оценки качества в СПО и ДПО？［N］. Учительская газета，2014-06-27.

［27］ В. А. Беликов. Социальное партнерство в системе начального и среднего Профессиональногообразования［J］. Вестник Южно-Уральскогогосударственногоуниверситета. Серия：Образование，2010（36）：114-117.

［28］ В. А. Никонов. Кто и как должен оценить качество профессионального образования［J］. Профессиональное образование，2013（12）：13-23.

［29］ В. И. Ваганова. Реализация модели фирменноге образобания как условие повышения качества профессионального образования［J］. Вестник бурятского государственного университета，2012（SA）：12-16.

［30］ Бадертдинова Э. М. Управление качеством образовательного процесса в системе среднего профессионального образования ［J］. Известия Российского государственного педагогического университета，2008（77）：252-256.

［31］ Валиев И. Г. Колледж-пути развития，проблемы［J］. Специалист，1999（06）：2-3.

［32］ Барер. Т. Д. Актульные проблемы обеспечения качества профессионального образования ［J］. Среднее профессиональное образование，2006（9）：3-4.

［33］ Владимир Путин. Россия на рубеже тысячелетий［N］. Независимая газета，1999-12-30.

［34］ Давыдов С. В. Подхоы к формированию системы управления качеством образования［J］. Управление большими системами：сборник трудов，2006（16）：74-80.

［35］ Л. В. Лыновская. Медодика самооценки［J］. Научные исследования вобразо-вании，2008 （10）. 72-75.

［36］ Феодосия Гобышева. Модернизация с учётом региональных условий［J］. Народное образование，2007（07）：29-34.

［37］ А. М. Новиков. Как оценивать качество базового профессионального образования［ЕВ/ OL］.［2015-01-25］. http://www. anovikov. ru/artikle/kach_bpo. pdf.

［38］ Косарецкий. С. К, Моиссеев. А. М. Государственно-общественное управление образованием：от прецедентов к институту［М］. Москва：Вердана，2010：20.

［39］ Зорина Ю. П. Актуальные вопросы качества профессионального образования［EB/OL］. ［2015-03-02］. http://www. moluch. ru/conf/ped/archive/60/2575/.

［40］ Постановление Правительства Российской Федерацииот 7 февраля 2011 г. №. 163-р. О Федеральной целевойпрограмме развития образования на 2011-2015 годы［EB/OL］. ［2014-08-12］. http://base. garant. ru/189041/.

［41］ Министерствообразования Русский Федерации. Об утверждении Положения о государственной аккредитация образовательного учреждения среднего профессионального образования（среднего специального учебного заведения）［EB/OL］. ［2015-10-18］. http://referent. mubint. ru/security/1/46356/1.

［42］ Положение о формировании системы независимой оценки качества профессионального образования（утв. Минобрнауки РФ, Общероссийским объединением работодателей-РСПП 31. 07. 2009 N АФ-318/03）［EB/OL］. ［2015-10-28］. http://www. zaki. ru/pagesnew. php? id＝60975.

［43］ Постановление от 5 августа 2013 г. N 661 об утверждении правил разработки, утверждения федеральных национальных стандартов образования и введенияв нихизменений［EB/OL］. ［2014-07-28］. http://base. consultant. ru/cons/cgi/online. cgi? req＝doc;base＝LAW;n＝150567.

［44］ Постановление Правительства Российской Федерации от 21 января 2005 г. N 36 г. Об утверждении Правил разработки, утверждения и введения в действие государственных образовательных стандартов начального профессионального, среднего профессионального, высшего профессионального и послевузовского профессиональногообразования［EB/OL］. ［2014-07-23］. http://www. bestpravo. ru/federalnoje/ewnormy/z1w. htm.

［45］ Приказ Министерства труда и социальной защиты РФ от 30 августа 2013 г. № 391a "О методических рекомендациях по проведению независимой оценки качества работы организаций, оказывающих социальные услуги в сфере социального обслуживания" ［EB/OL］. ［2014-12-09］. http://www. garant. ru/products/ipo/prime/doc/70380338/.

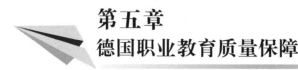

第五章
德国职业教育质量保障

　　德意志联邦共和国由 16 个联邦州组成,领土面积 357267 平方千米,人口 8000 多万,是欧洲大陆主要的经济与政治实体之一,其经济实力居世界领先水平。在普通德国人的内心深处,职业被当成了人生信条和目的本身。关于职业教育,曼纳斯曼钢铁公司的董事长曾指出,"我们的指导思想是放眼未来。我们考虑的不仅是市场、产品与投资,我们也考虑而且主要考虑的是培养为明天工作的人。因此,我们赋予职业教育以头等重要的地位"[①]。以"双元制"为代表的德国高质量职业教育成为各国学习的典范,受到各国的广泛关注与学习,它被认为是战后德国经济复苏和崛起的秘密武器。高质量无疑是德国职业教育的根本,而一套成熟有效的质量保障机制则是实现高质量职业教育的基石。

第一节　德国职业教育质量保障的发展历程

　　德国实行 12—13 年义务教育。德国职业教育学校类型主要包括职业学校(Berufsschule)、职业专门学校(Berufsfachschule)、专科学校(Fachschule)等。德国的职业教育系统由 2 个不同且复杂的部分组成:初始职业教育(Berufliche Ausbildung)和继续职业教育(Berufliche Fortbildung)。初始职业教育又包含两种形式,即双元制职业教育形式(超过 300 种职业)和全日制的职业教育形式。双元制职业教育是国家办的职业学校与私人办的企业合作开展职业教育的模式,所以职业学校这"一元"遵循《州学校法》,由州教育部管理;而"教育企业"(并非每个企业都有资格开展职业教育,只有经过资质认定的企业,即"教育企业"才能开展职业教育)这"一元"则遵守《联邦职业教育法》,由联邦教育部管理。"双元制"形式的职业教育几乎存在于德国各行各业,是德国实施职业教育

---

　　① 孙祖复,金锵.德国职业技术教育史[M].杭州:浙江教育出版社,2000:136.

最主要的途径。^① 在德国,大多数青年在结束全日制义务教育后选择接受 3 年至 3.5 年的双元制职业教育,每年有三分之二以上的普通教育学校毕业生接受双元制教育。^②

德国联邦教育实行分权体制,双元制职业教育不仅受联邦政府法律约束,还受到企业和行会组织的管理,要制定一种照顾到 16 个州的利益和特点的标准是复杂的,同样也是不实际的。所以,目前德国职业教育系统内并未形成适用于整个联邦范围内的职业教育质量保障模式。16 个州遵循联邦制的大政方针,基于各自的教育政策、财政水平以及教育结构等情况制定不同的质量保障模式。德国质量保障的共同点是采用自下而上的方式,学校和企业采用适合的质量管理方法,按照输入、过程、输出 3 个环节进行质量保障。例如,巴符州采用源于瑞士的"品质源自评价和发展"模式(Qualitöt durch Evaluation und Entwicklung,简称 Q2E 模式)与欧洲质量管理基金会(European Foundation for Quality Management,简称 EFQM)的业务卓越模型(简称 EFQM 模型)相结合的质量保障方法;勃兰登堡州则采用内部评价与外部评价结合的方法;汉堡州采用外部学校审查的方法;等等。目前德国国内使用最为广泛的职业教育质量管理方法是欧洲质量管理基金会的业务卓越模型、瑞士"品质源自评价和发展"模式以及 DIN ISO 9000 族标准。^③

一、德国职业教育质量保障兴起阶段(1980—1990 年)

德国国内重点关注职业教育质量保障开始于 20 世纪 80 年代,相比之下晚于其他欧洲国家。随着国际数学和科学评测趋势(the Trends in International Mathematics and Science Study,简称 TIMSS)、国际学生评估项目(Program for International Student Assessment,简称 PISA)等国际性研究得到越来越多国家的持续关注和重视,自 20 世纪 90 年代起德国开始围绕普通教育系统的质量和效率进行了大讨论。^④ 由此,教育主导思想由传统的输入控制(Input Con-

① 姜大源. 德国联邦职业教育法译者序[J]. 中国职业技术教育,2012(10):71-88.

② 克里斯托弗·福尔. 1945 年以来的德国教育:概览与问题[M]. 戴继强,等译. 北京:人民教育出版社,2002:170-171.

③ CEDEFOP. Accreditation and quality assurance in vocational education and Training—selected European approaches [EB/OL]. [2014-4-17]. http://www. cedefop. europa. eu/etv/Upload/ Information. /4089_en. pdf.

④ CEDEFOP, Accreditation and quality assurance in vocational education and training[EB/OL]. [2014-10-12]. http://www. cedefop. europa. eu/EN/advanced-search. aspx? text = Accreditation% 20and&showresults=true.

trol)转变为输出控制(Output Control)。传统的输入控制在于对质量本身的重视,相应地就忽视了系统的事后分析,而对学习和教学过程的输出控制则是按照预定的结果和目标关注过程的质量,更能保证教学质量。随后对教育质量的关注便发展到了职业教育领域,对职业教育的首要影响便是职业教育学校开始引进教育标准,规定和指导在教育过程中应该形成的能力与技能。在所有的学校中,质量保障的主要关注领域包括:理论与实践的结合、教师之间的交流、学生的反馈(教与学的过程、组织特点)、单个学生的反馈(学习问题、实践阶段的问题)。1970年在柏林(西)创办的德国联邦职业教育研究所(Bundesinstitut für Berufsbildung)于1988年开始了职业教育质量保障领域的研究,至20世纪90年代,职业教育的质量保障成为职业教育研究的重点领域之一。不久之后,德国国内又展开了对职业教育质量的讨论。企业职业教育的问题作为典型被首先提出,其问题主要集中在以下几个问题上:持续的高辍学率;教育缺乏计划和组织;教育人员缺乏教育资质;教育过程间的强度和相关性不足;教育结业考试有效性不足;等等。对于学校职业教育的批评主要有:不注重学生的差异性,尤其是前期的学习水平、年龄以及社会背景、种族等;必修课和选修课都存在不足的情况;职业学校课程与实践联系不足;教师的教学方法落后,如教学以教师为中心;与企业和其他学校外机构间缺乏合作;等等。在此背景下,德国国内开始踏上职业教育质量的保障之路。

二、德国职业教育质量保障巩固阶段(1990—2005年)

2005年新颁布的《联邦职业教育法》将1981年颁布的职业教育配套法《联邦职业教育促进法》与1969年颁布的《德国联邦职业教育法》合二为一。新的《联邦职业教育法》将"质量"这一概念提到了重要位置,并且任命联邦职业教育委员会(Landesausschüsse für Berufsbildungsgesetz)和议会的职业教育委员会(Berufsbildungsausschüssen der Kammern)全力负责促进职业教育的质量提高。新的《联邦职业教育法》确定了全面的职业教育质量保障工具,确定了联邦统一的职业教育以及考试标准,规定了教师的专业资质以及企业职业教育质量主管部门应有的义务等。联邦议院、联邦政府、社会合作伙伴以及各州共同支持新的《联邦职业教育法》实施。

根据《联邦职业教育法》第82条的规定,各州州政府需要设立州职业教育委员会。委员会由雇主、雇员和州级最高部门的代表以相等人数组成。州级最高部门的代表中一半须为学校教育问题专家。州职业教育委员会须就本州职业教育问题向州政府提供咨询,并在其任务范围内致力于不断提高职业教育质量。另外,州职业教育委员会要致力于学校职业教育与企业之间的合作,努力在学校教育事业的创新和继续发展中顾及职业教育。[①] 巴符州在州职业教育委员会下设 3 个分委员会分别负责职业教育基本问题、学校和企业职业教育沟通以及考试相关问题、职业继续教育和改行教育。

以持续提高职业学校自主性和质量、为青少年未来提供更多可能性作为指导思想,德国巴符州 2000 年 5 月选取 60 所职业学校实施了为期 3 年的"加强职业学校自主性"项目(Stärkung der Eigenstndigkeit beruflicher Schulen,简称 STEBS)。该项目的目标着眼于以下 7 个领域:赋予学校更多的权利以提升质量、满足学校需求以提升教育质量、质量发展过程的系统化和持续稳定、促进职业学校的继续教育、加强学校的内部联系并建立校外合作伙伴关系、优化管理程序以及促进学校创新发展。

为了使项目收集的数据更具代表性,可信度更高,实施项目的 60 所学校涵盖了巴符州所有的职业学校类型,包括工商业学校、商业学校和经济学校 3 类学校。2001 学年 60 所职业学校在 4 个领域实施了 90 个项目。重点改革领域是学校组织、人事管理、学校特色建设以及质量管理。学校组织方面主要围绕灵活的课时安排、学校发展过程、学校环境和学校文化 3 个方面进行。人事管理主要围绕 3 个领域:团队发展、教师招聘机制与继续教育、学校继续教育预算。学校特色建设主要围绕合作项目、双元制合作、地区性教育计划及职业学校渗透性 4 个方面开展。质量管理主要围绕 5 个方面开展:引入欧洲质量管理委员会的业务卓越模型、制定质量管理概念方案、内部评价、制定教育宗旨、进行教学评价。

"加强职业学校自主性"项目取得了重要经验,其中最为重要的就是,如果要让学校发展成为一所好学校,就必须要让学校有自主性,使职业学校具有更多的自己承担责任的意识,这也是职业学校持续发展的基础。由此,产生出自主性学校的概念,它强调建立职业学校持续自我完善的质量保障机制,赋予学校更多的自主空间。质量保障以提升教学质量为中心,全面提升学校生活所有相关领域的质量。德国职业教育政策的核心目标之一是加强职业学校的自主性,逐步实现学校的自主办学,即职业学校根据本校的条件,积极开发和实施发展项目,以进一步提升学校质量。教师和学校领导者共同

---

① 姜大源.德国联邦职业教育法译者序[J].中国职业技术教育,2012(10):71-88.

承担促进学校和课堂教学质量提高的责任,同时促进学生自主性和责任心的形成。

三、德国职业教育质量保障发展阶段(2005 年至今)

欧盟委员会自 2001 年开始制定职业教育质量保障政策以促进欧洲范围内的职业教育质量保障合作。2008 年欧洲议会和理事会提出欧盟共同质量保障框架(Common Quality Assurance Framework,简称 CQAF),该框架旨在支持职业教育质量改进,帮助成员国建立适用于本国的质量保障体系。文件指出,质量保障应该被视为持续提高职业教育质量的工具,以质量循环圈为基础,在职业教育的计划、实施、评价和反馈之间建立有机的联系。各成员国需运用该框架以及其他支持职业教育质量保障的工具(如欧洲资格框架、欧洲职业教育学分体系等)进行职业教育质量保障。

作为欧盟的主要成员国之一,德国积极响应欧盟的职业教育政策,运用欧洲工具提升本国的职业教育质量。德国分 3 个阶段逐步建立了国家资格框架(Deutsche Qualifikationsrahmen,简称 DQR)。它于 2006 年启动资格框架的开发工作,历时 6 年于 2012 年 12 月向欧盟提交了与"欧洲资格框架"对接的参考框架,并于 2013 年 5 月正式在联邦范围内实施资格框架。德国资格框架参照欧洲资格框架,结合自身发展特点,构建了以学习结果为导向、强调职业行动能力(Berufliche Handlungskompetenz)培养、涵盖各级各类教育的四维八级国家资格框架,以实现德国资格的透明性和渗透性,增强其可比性。德国联邦教研部于 2007—2012 年共发起了 10 个试点项目,探索学习结果和能力的获得、评价和转换机制,尝试建立德国的职业教育学分体系以增强职业教育、职业继续教育和高等教育之间的贯通性。

2008 年,德国教育与研究部成立德国职业教育质量保障参考局。该机构是德国在国际职业教育合作领域的国家协调机构,是欧洲职业教育信息与经验交流网络的一部分。参考局是欧盟职业教育政策在德国的咨询和监督机构,加强了德国与欧洲其他国家在职业教育质量保障领域的信息交流,同时也将欧洲各国职业教育保障的原则、方法以及评价等进行介绍,为本国专家提供借鉴学习的材料。质量保障参考局也注重发展德国在职业教育质量保障领域的国际合作,积极开发和促成与他国的合作交流项目。

2003 年 12 月—2006 年底,德国巴登-符腾堡州(以下简称巴符州)在本州范围内选取 18 所职业学校作为样本进行试验。试验以提升教学的质量为核心,评价和优化学校生活所有相关领域的质量,最后形成适合该州的职业教育质量改进系统。巴符州将"品质源自评价和发展"作为职业学校质量改进的基本理念之一,以评价和发展营造科学与人性化的职业教育。在试验阶段,学校注重对所制定和采取的工作方法进行批判性反馈,由学校发展的专业咨询人员对学校领导和教师的经验以及过程进行系统评价。最后将所有的经验与信息汇总,形成以质量保障和发展为主题的"自主性学校建设手册"。全州 300 多所职业学校可以共享资源,按照州教育部提供的方法或者参照其他学校的成功经验进行本校的改革实践。

德国巴符州于 2005 年 1 月 1 日成立学校质量发展研究所(Das Landesinstitut für Schulentwicklung,简称 LS)。作为州范围内的教育服务机构,它以专业的科学知识、来自全州和全联邦范围的职业学校发展实践经验促进巴符州的职业学校质量发展。研究所的主要任务有:①管理、协调、撰写教育质量报告、进行教育质量分析。②关注学校质量发展与评价,包括:利用自我评价服务机构实现对评价基础和方法的发展与评价;在巴符州范围内合理地计划和实施外部评价;利用外部评价服务机构实现外部评价的质量保障与发展。③学校发展与教育实践研究。④负责制订普通教育领域与职业教育领域教育计划。

2006 年 12 月德国巴符州对《巴符州州学校法》(Schulgesetz für Baden-Württemberg)作了修订,将职业学校引入自主性学校模式写进了《巴符州州学校法》第 114 条,这就为自主性学校的建设奠定了法律基础,同时该法将自我评价和外部评价促进职业学校系统质量发展提到了重要位置。[①] 2007 年巴符州职业学校校长委员会就自主性学校概念和实施达成一致意见。2007 年 9 月,第一批 70 所职业学校开始采用自主性学校发展概念,教育部提供相关继续教育项目和专门咨询和信息服务,为模式的引入提供支持。2008 年 6 月,正式生效的《巴符州评价条例》(Evaluationsverordnung)确立了学校评价的法律地位,每所学校都必须遵守评价条例的规定对学校实施评价。评价条例分别就自我评价和外部评价的目的、主题、程序与方法作了说明。各学校基于评价条例的规定,开发适合本校的评价方法。2008—2009 学年巴符州开始了外部评价,学年

---

① Schulgesetz Baden-Württemberg[EB/OL]. [2014-10-23]. http://www. landesrecht-bw. de/jportal/portal/t/5fc/page/bsbawueprod. psml/action/portlets. jw. MainAction? p1＝4d&eventSubmit_doNavigate＝searchInSubtreeTOC&showdoccase＝1&doc. hl＝0&doc. id＝jlr-SchulGBW1983V47P114&doc. part＝S&toc. poskey＝#focuspoint.

结束时有超过 100 所学校经过研究所的评价引入了事故处理机制。^① 至 2010 年底巴符州所有职业学校开始采用自主性学校质量发展模式。学校在引入自主性学校发展模式后，必须由巴符州学校质量发展研究所实施外部评价，并且最后与政府主管部门达成目标协定。

综上所述，德国经过几十年的探索和改革，在联邦范围内已经形成了较为完善的质量保障体系。德国职业教育体系庞大而复杂，包含企业和职业学校两大主体，各州的发展情况也不尽相同，但各州可以在统一框架下充分发挥自主性，探索适合本州特点的职业教育质量保障机制。

第二节　德国职业教育质量保障的基本理念

德国的职业教育质量保障秉持"以评价促发展""多主体参与""终身学习"等理念，这些理念共同影响并促进职业教育的发展。

一、以评价促发展的理念

德国职业教育质量保障的最大特色之一即是重视各个环节的评价，依据评价结果采取改进和优化措施，通过对过程和结果两个环节的评价不断提升教育质量。质量评价主要分为内部评价和外部评价，内部评价即教育机构自身对其各个发展领域实施的评价，外部评价则是教育机构依靠外部机构对自身进行评价。在质量评价领域德国与其他欧洲国家不同，联邦政府并未制定出统一的教育机构评价模型，而是各个州基于各自的教育政策、财政水平以及教育机构等设计适合该州特点与需求的质量评价方法。德国各州教育机构的评价方法大体可分为 3 种：外部评价（Externe Evaluation）、质量分析（Qualitötsanalyse）和学校审查（Schulinspektion）。巴伐利亚州（Bayern）、不来梅州（Bremen）、梅克伦堡-前波莫拉尼州（Mecklenburg-Vorpommern）、莱茵兰-普法尔茨州（Rheinland-Pfalz）、萨克森州（Sachsen）、图林根州（Thüringen）、萨尔兰州（Saarland）、萨克森-安哈尔特州（Sachsen-Anhalt）、巴登-符腾堡州（Baden-Württemberg）以及石勒苏益格-荷尔斯泰因州（Schleswig-Holstein）采用的是"外部评价"的方

---

① Landesinstitut für Schulentwicklung. Fremdevaluation an Beruflichen Schulen in Baden-Württemberg[EB/OL]. [2014-10-26]. http://www.schule-bw.de/entwicklung/qualieval/evabs/fevbs/.

法。北莱茵-威斯特法伦州（Nordrhein-Westfalen）选择了"质量分析"的方法，即分析和评价学校的现状与各项工作的运转执行，确保学校的质量，并为学校的发展提供持久的动力。该方法可以作为学校督导的支持和补充。柏林（Berlin）、汉堡（Hamburg）、黑森州（Hessen）、下萨克森州（Niedersachsen）以及勃兰登堡州（Brandenburg）采用了"学校审查"的方法，强调问卷调查在评价中的作用。①

德国职业教育机构基于全面质量管理和反馈文化的思想，通过评价和发展的相互作用来提高学校教育质量，是自下而上的教育质量管理模式。例如，巴符州所颁布的《州学校评价条例》规定学校至少每5年进行一次系统的外部评价，并就外部评价的职权、评价相关领域、程序、方法进行了相关说明，最后形成评价报告递交被评价学校领导。② 巴符州吸收源自瑞士的"品质源自评价和发展"（Qualität durch Evaluation und Entwicklung，简称Q2E）思想实施学校外部评价，外部评价的数据来源包括学校的质量文献、学生、教师、质量发展小组和学校领导、学校建筑物和环境。数据收集的工具包括文献分析、网络问卷、学校巡视、咨询会议和采访。外部评价作为职业学校发展模式的重要组成部分之一，是质量保障不可或缺的部分。巴符州的职业教育建立起了外部评价与自我评价相结合的评价机制，形成了"评价—反馈—改进—再评价"这样一个反复螺旋上升的过程，达到评价效应的最大化。首先，外部评价由第三方专业评价机构教育质量发展研究所实施。第三方机构是独立于政府和学校之外的全州范围内非政府教育服务机构。由于其独立性使之不受政府部门和学校意志的控制，能够公正地实施评价和反馈。其次，研究所配备专业评价人员，设立了严格的评价人员准入资格标准，并且定期进行人员资格的审查，每5年更新一次。评价人员普遍具有丰富的实践经验和相关领域的专业知识，他们熟悉职业学校的整体运作过程和状况，能够以专业评价者的身份观察学校的发展情况，查找出问题，提出指导改进意见，保证评价的效果。评价人员的专业性与立场的中立性使评价得出的意见更具参考性。再次，评价过程采用网络问卷、学校实地巡查、对学校各个群体的访谈等方式收集关于学校质量发展的全面信息，结合

① 王梅，王英利，王世斌. 德国职业学校外部质量评价的内容与特点分析—以石勒苏益格-荷尔斯泰因州为例［J］. 比较教育研究，2013（12）：33-39.

② Bundesregierung Baden-Württemberg. Verordnung über die Evaluation an Schulen［EB/OL］.［2015-1-3］. www. landesrecht-bw. de/jportal/? quelle ＝ jlink&query ＝ EvalV ＋ BW&psml ＝ bsbawueprod. psml&max＝true.

学校自我评价和发展项目等质量文献,对学校进行深入和全面的分析。通过专业性的评价意见,学校能够更加全面地了解到自身的发展状况,认识到目前发展存在的问题及其深层原因,并根据专业反馈和改进措施不断提高学校的教育质量。

二、多主体参与的理念

教育作为社会子系统之一,其发展离不开政府、社区、学校、非政府组织等各方面的共同参与和通力合作。德国职业教育机构建立了以机构领导、教师、学生及家长等利益相关者共同作为质量保障主体的职业教育质量保障体系。德国职业教育关于教育质量保障一直秉持这样的理念,即质量保障不单是任课教师的职责,而是需要学校各部门人员共同参与。教育质量保障以实现教育目标和提高课堂教学质量为核心,参与人员涵盖机构领导、质量发展小组、机构内部专家、教师、学生等与教学相关的人员。他们发挥各自不同的作用,合力保障并提升教育质量。

德国注重让学生作为主体参与到改进教学质量的过程中。学生通过填写学习记录本和学习日志、与教师谈话等方式将个人学习情况和效果反馈给教师,并在教师的帮助下设置个人优秀学习质量标准,参照标准有意识地调整个人学习状态,以此培养自主性与责任感。通过设置个人学习目标、制订学习计划,学生之间形成学习互助小组并进行学习监督和反馈。在学校教学质量改进项目的发展过程中,学生作为主体之一与教师一起参与到项目结果的评价中。单个教学人员是教学过程中的核心角色,学校注重激励单个教学人员积极参与到学校发展项目中,关注教师创造与创新能力的发展,从而形成有效的日常工作。教师的继续教育长期以来一直是教学质量改进领域所关注的重点方面,继续教育可以使教师实现个人发展,丰富专业以及跨专业的知识与能力。教师间进行课堂教学评价和反馈、建立团队的合作机制使教师全面掌握自身的教学情况,通过自我反思与评价来提升教学质量。学校中教师小组和团队共同承担学校日常工作,并且是学校创造新的思想与教学方法的专业团体。长期的团队合作可以增强教师队伍的专业性,保持团队的适应性、自主性和计划性,团队合作使教师间的相互作用发挥到最大。德国在实践中建立了诸多团队发展项目,如教师间相互观摩课程、相互反馈教学改进意见、共同制订教学计划、共同设计课堂教学、共享团队教学资源等。

德国职业教育机构尤其重视学校领导的作用,将其视为学校发展的核心力量。学校领导关注学校的所有发展领域,学校领导积极地支持、管理和调控学校的发展项目与活动,作为全体教师与工作人员的榜样,积极倡导学校的高质量发展。另外,教育机构重视与外界建立合作伙伴关系。学校领导负责定期邀请外部专家进校为本校教师举办讲座等学习活动,通常专家还与教师结成合作伙伴关系,为教师提供个人指导和咨询,促进教师的专业化发展。外部咨询者和教学发展专家帮助学校提升专业领域以及专业教学法的质量。与外部专家结成互助的模式可以使教师树立与外部人员合作的理念,寻求外部支持以完善学校系统的质量发展。专业机构对学校实施的外部评价以专业和全面的视角促进学校的发展。

联邦或州的教育部门同样为职业教育的发展提供强有力的支撑。首先,教育部门提供信息支持。它们设立专门的网站展示诸如联邦范围内教育质量保障和发展的实践示范经验、最新改革发展动向等供查阅。其次,教育部门还组织专门工作小组定期到各地区开展与职业教育发展相关的活动,为职业教育发展提供咨询与帮助。最后,教育部门还组织召开教师继续教育研讨会,建立网络课堂,为学校领导和教师提供团队发展、评价形成、反馈文化、课堂质量提升等方面的指导。

三、终身学习的理念

德国职业教育不仅重视培养学生精湛的职业技能,还重视培养学生的沟通交流能力、团队合作精神、责任感、创新能力、终身学习能力等关键能力,以实现学生真正的全面发展。各州文教部长联席会议在1991年颁布的一项决议中对职业学校的目标作了清晰的阐述:职业学校的目标是传授一种与普通的人道及社会专业能力相结合的职业能力;发展能够应对劳动世界和社会变化要求的职业灵活性;唤起接受职业进修和职业继续教育的意愿;培养在个人生活和公共生活中的责任心。[①] 从目标的描述中可以看出终身教育的思想已经渗透在德国职业教育中,职业教育不仅是使学生掌握某一领域的专业能力,同时也应使学生具备应对人生各个方面如职业生涯、人生发展和社会关系等方面的能力,具备终身学习的意识,使个人能够应对生活各方面对人提出的挑战。

德国职业教育还注重培养学生参与继续教育的意识,促进学生形成终身学

---

① 克里斯托弗·福尔著,戴继强等译.1945年以来的德国教育:概览与问题[M].北京:人民教育出版社,2002:179.

习的理念。终身学习思想认为新的教育精神使个人成为他自己文化进步的主人和创造者,每个人必须终身不断地学习。按照终身学习的观点,职业教育尤其是职前职业教育并不是终结性教育,因为一个人不可能通过一次性的学习就获得未来职业生涯中所需要的全部知识和技能,所以德国职业教育特别关注加强职前与职后职业教育的衔接,在职前教育基础上构建出一个职业继续教育体系。其表现之一是构建了职业进修教育制度,建立起数量众多、覆盖面广的职业继续教育机构。二是为提高职业教育的吸引力,为适应知识社会和信息社会对高素质职业人才的需求,将卓越有效的"双元制"教育模式和教育思想引入高等教育领域,与企业及专科学院合作,构建了"双元制"职业教育与"双元制"职业继续教育体系,为接受过职业教育的青年人提供进入高等学校深造的机会。德国于 2013 年正式实施的《德国资格框架》构建了以学习结果为导向的、涵盖各级各类教育的八级结构总体国家资格框架,以增加德国资格的透明度和可比性,增强资格间的可转换性。框架中确定了教育培养的四维能力目标,包括知识、技能、社会能力和自主性 4 个维度。德国国家资格框架收录了包含学位资格和职业资格在内的 22 种资格类型,职业资格和学位资格可实现等值。资格框架将培养学生的职业行动能力(Handlungskompetenz)作为职业教育培养能力的核心概念与目标,是所有资格能力的最终指向。[①] 职业行动能力包括关键能力的所有要素,被解释为"充分准备好应对社会和个人责任的能力和意愿",是对培养关键能力的深化和继续发展。德国国家资格框架将职业资格和学位资格实现等值和互认,这提升了职业教育的吸引力。同时,通过不同教育路径接受的职业教育得到认可也为实现终身职业教育奠定了基础。

第三节　德国职业教育质量保障的基本框架

　　德国为保障职业教育质量制定了重要法规政策,采取了一系列措施,形成了完整的职业教育质量保障体系。德国的职业教育质量保障框架主要由质量标准、质量监控和质量评价这三大重要部分构成。

---

　　① CEDEFOP. Analysis and Overview of NQF developments in European countries[EB/OL].[2014-12-11]. http://www.cedefop.europa.eu/en/publications-and-resources.

一、职业教育质量标准

制定标准是职业教育质量保障的核心，是监控和评价职业教育质量的依据。德国职业教育质量标准主要涵盖办学基本条件标准、教师质量标准、课程质量标准、教学基本标准等要素。

（一）职业教育机构办学基本条件标准

教育机构是进行职业教育的场所，德国职业教育机构包括双元制职业院校、全日制职业院校、高等专科学校、教育企业等。《联邦职业教育法》第 27 条对教育机构的资质要求作了规定：首先，教育机构的种类和设施适合进行职业教育，且受教育者的数量与教育位置的数量以及从业专业人员的数量能保持适当比例；其次，只有按照州法律规定的主管部门认可的教育机构才适合进行职业教育。[①]

2010 年欧洲职业教育发展中心发布的《职业技术教育与培训的认证及质量保障：欧洲途径》(Accreditation and Quality Assurance in Vocational Education and Training：Selected European Approaches)详细介绍了欧盟职业教育的评估体制、评估标准以及评估过程，其中对德国教育机构的鉴定和认证现状进行了详细阐述。

按照德国教育部的规定，自 2004 年 5 月开始，教育机构必须建立内部质量管理系统，并且要通过监管机构相关标准的认证才可以实施职业教育。联邦经济与劳动部(Bundesministerium für Wirtschaft und Arbeit)依法负责制定教育机构的外部评价标准以及负责制定评价与认可监管机构的准入标准。截至目前，德国的认证系统已经发展成为由"认证"(Certification)和"许可"(Licensing)组成的两步认证系统。实施认证的机构被称为认证局，认证局不属于官方机构，而是高度自治的民间机构，教育机构可以自由选择认证局进行认证。认证局必须经过联邦劳动部(Bundesagentur für Arbeit)许可，经过许可后的认证局可以接受全国范围内认证申请，但其认证领域通常情况下是一个确定的经济或者教育领域或地区，且其有效认证期为 3 年，有效期之后认证局必须再一次接受联邦劳动部的资格认证。

联邦劳动部为实施对全国认证局的鉴定和认证成立了专门的咨询委员会，

[①]　姜大源.德国联邦职业教育法[J].中国职业技术教育,2012(10):71-88.

咨询委员会一般由 9 名代表成员组成,包括来自经济与劳动部、教育与研究部、州政府、行会、雇员组织和职业教育机构组织的各 1 名代表以及 3 个独立的科学专家。其主要职责是为国家认证机构提供建议和咨询以及起草鉴定和认证的具体实施步骤。认证局需向咨询委员会提出认证申请,并且提供有关该机构详实和真实的资料,包括机构内部组织结构(法律形式、组织计划和公司员工人数),所使用的认证系统(质量管理手册、操作和工作程序、规则和要求的批准、合同样本、认证实例)。① 委员会对认证局实施认证主要是基于对机构提供的相关文献的分析和实地走访查证,在此之后形成评价报告,由咨询委员会共同商议得出最后的认证结论。一般的认证周期在 2 周左右,认证合格的机构可获得有咨询委员会颁发的认证合格证书,之后方可从事对教育机构的认证。认证局一般必须具备以下条件才被视为合格:①确保具有正确的组织结构,具备足够的人力和物力资源;②认证局和指定人员具备必备的对教育机构和课程实施评价的知识与能力;③认证局是相对自主的,不依附于其他的教育机构或者组织;④认证局遵循咨询委员会的建议;⑤拥有一个被认可的质量保障系统并且实施良好;⑥建立了申诉程序;⑦保守操作和商业秘密。②

得到认证后的认证局才有权对教育机构实施有效的认证。为了获得公共财政资金的支持,职业教育机构及其培训课程必须通过认证机构认证。为了通过认证,教育机构必须提供用以证明其经济效益、教育能力的证据,并且满足以下具体标准:第一,具备良好的经济状况和教学专业能力并拥有优质的声誉。第二,关注就业市场目标的情况和今后的趋势,建立学生就业支持机制。第三,具备合适的管理、咨询制度以及合格的教学人员确保实施优质的教学。第四,运用学校内部质量管理系统,一个有效的质量保障和发展系统包括:顾客导向,基于使用指标和测量工具的持续的培训课程评价以及持续改善教育规章制度。第五,积极与外部专家就提升质量建立合作关系,关注就业市场发展趋势和地区发展。第六,以实现高就业率为发展目标之一,为学生获得就业资格做好准备。第七,确保教师和培训师的资格和职业经验,并为教师提供继续教育。合

① CEDEFOP. Assuring quality in vocational education and training-The role of accrediting VET providers[EB/OL]. [2015-1-3]. http://www. cedefop. europa. eu/en/publications-and-resources/publications/3061.

② European Centre for the Development of Vocational Training. Accreditation and Quality Assurance in Vocational Education and Training: Selected European Approaches[EB/OL]. [2014-12-23]. http://www. cedefop. europa. eu/EN/advanced-search. aspx? text＝Accreditation％20and&showresults＝true.

格的培训课程必须满足以下标准:课程与今后就业紧密联系;在组织学习的过程中为学生毕业做好准备;设置合理的培训课程实践框架,将实践课程与理论课程进行合理分配。认证机构对教育机构进行认证之后,合格者给予认可,不合格者可以申请在认证期后3个月内进行优化,3个月后若认证合格也同样可被视为合格。德国职业教育机构认证流程如图5.1所示。

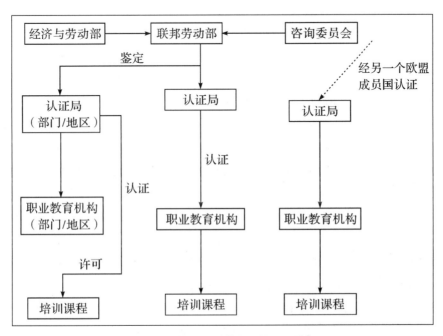

图 5.1 德国职业教育机构认证图[①]

(二)教师准入标准和培养发展制度

教师被喻为人类灵魂的工程师,承担着教书育人的重任,教师对学生的发展起着重要的作用。高素质的教师是实现高质量教育的保证,德国从师资培养到准入资格、考核以及继续教育都进行严格把关,重视师资队伍建设,为职业教育造就了一支高水平的师资队伍,为高质量的教学提供了保障。

---

① European Centre for the Development of Vocational Training. Accreditation and Quality Assurance in Vocational Education and Training:Selected European Approaches[EB/OL].[2014-12-23]. http://www. cedefop. europa. eu/EN/advanced-search. aspx? text=Accreditation%20and&showresults=true.

1. 专业化的师资培养制度

德国是世界上开展教师教育较早的国家,也是教师教育制度比较完善与发达的国家。自 20 世纪 60 年代初师范教育改革以来,经过几十年的发展,德国教师教育已经形成了有效的职前与在职教师专业化发展体制。1969 年《联邦职业教育法》和 1995 年德国文教部长联席会议颁布《教育第二阶段职业教育学科以及职业学校教师教育与考试框架协议》(Rahmenvereinbarung über die Ausbildung und Prüfung für ein Lehramt der Sekundarstufe Ⅱ berufliche Fächer oder für die beruflichen Schulen)使德国职教师资培训实现了规范化。[①] 该协议于 2007 年进行了第一次修订并沿用至今。框架协议分为 4 部分:教育与考试的基本原则、教育结构和年限、教师职业发展、资格认证。

该法明确了教育与考试的基本原则是使学生获得科学文化知识、职业实践能力、专业领域相关能力以及教育学知识与能力。教育期限由两部分组成:第一阶段为大学师范教育阶段(学士、硕士),学习期限一般为 9—10 个学期,学习一个职业教育主修专业,选修一个辅修专业,师范教育阶段中包含企业实习环节。第二阶段为实习期(Vorbereitungsdienst),学习期限一般为 12—24 个月。两个阶段都以发展学生今后从事职业学校相关事务的能力为基本,将教学与实践两者紧密联系。学士阶段按照欧洲学分转换体系核算总共可获得 300 学分,第九学期结束时参加第一次国家考试,通过后可获得 270 学分,学士或硕士论文 30 学分。师范学习阶段参与和专业相关的企业实习是学生获得毕业资格必不可少的部分,其时长一般为一年。企业实习可以让学习者了解今后所教学生将面临的职业与工作环境,从内部了解企业的运作,以便更好地实施教学。第一阶段合格后方可进入实习期,该阶段的学生被称为实习教师(Referendar)。在实习期实习教师一方面参加大学的教育学、专业教学法等方面的研讨,另一方面还要到职业学校实习,从事每周 10 课时的教学以及咨询、辅导等。国家教学法和教师教育研修班(职业学校)[Staatlichen Seminare für Didaktik und Lehrerbildung(Berufliche Schule)]是每个职业学校为实习教师进行职业准备教育搭建的平台,研修班主要就普通教学法、教育心理学、学校和教师法、学校组织、专业教学法等 5 个领域展开教学。在该阶段每个学生都有指导教师对其进

① KMK. Rahmenvereinbarung über die Ausbildung und Prüfung für ein Lehramt der Sekundarstufe Ⅱ berufliche Fächer oder für die beruflichen Schulen[EB/OL]. [2014-11-9]. http://www.kmk.org/fileadmin/veroeffentlichungen_beschluesse/1995/1995_05_12-RV_Lehramtstyp-5_.pdf.

行指导,包括专业指导教师(Fachleiter)和教学导师(Mentor)。专业指导教师负责指导实习教师的专业知识和能力,巩固深化其专业知识。教学导师负责指导实习教师的课堂教学,主要通过观察实习教师课堂教学的具体表现进行评价并提供指导反馈,同时还传授教学法等知识,帮助学生将教学理论知识运用于实践。

实习阶段结束后,学生将参加第二次国家考试,主要内容是撰写论文,上公开教学实验实训课,还有相关专业教学法、教育法、学校法的口试。之后由学校领导组成的考评委员会综合学生的实习表现和考试成绩给予考试分数,考试合格后方可获得职业学校教师资格证书,有资格成为职业院校教师。实习期的主要目的就是以职业教育知识为基础发展学生的教育实践能力。

2000 年的文教部长联席会议对教师的自我认知进行了重新定位:教师是教学专业人员,其中心任务是在科学知识的基础上实施对教与学过程的计划、组织、评价和反馈。随着科学技术的发展,教师在教学中会面临更多新的挑战与工作形式,比如共同实施课程计划与跨专业、跨团队的教学等。教师角色的转变,需要新的方法、思维和能力。教学应该加强对学生的社会能力、积极的价值观以及自主获得和提取信息能力的培养。

2004 年 12 月,德国文教部长联席会议颁布了首部全联邦性的《教师教育标准》。《教师教育标准》提出了教师应具备 11 项能力,涵盖教学、教育、评价与创新 4 大领域。其中,教学能力强调教师是教与学的专业人员;教育能力强调教师要能承担具体的教育工作;评价能力强调教师能够有效地从事教育评价与咨询活动;创新能力强调教师要不断提升自己的能力素质。[1]《教师教育标准》强调教师在进入教育行业之前必须具备这些能力,这相当于对教师设置的准入标准,规范了教师培养的质量。同时,该标准也为教师教育指明了方向,明确了培养重点。

2.严格的教师准入制度

2005 年新修订的《德国联邦职业教育法》第 28 款规定教育提供者与实训教师要满足一定的"人品资质"和"专业资质",专业资质要求教师必须具备教育所必需的关于职业、职业教育学和劳动教育学的知识、技能和能力。联邦教研部听取了联邦职业教育研究所主管委员会的意见,于 2009 年 1 月 21 日发布《职业教育教师资质条例》。该条例规定:就职于被认可的职业教育机构的教师

---

① 李源田,王正青.德国中小学教师职业准备教育及其新发展[J].比较教育研究,2012(06):82-86.

必须被证明具备职业教育学和劳动教育学的知识、技能和能力。职业教育学和劳动教育学资质包含自主计划、实施和控制职业教育的能力,具体涉及以下四个领域:核查实施职业教育的前提条件,并制定职业教育计划;做好实施职业教育的准备,并制定计划吸收学生参与;实施职业教育;完成职业教育。[①]

《职业教育教师资质条例》对教师应具备的 4 个方面能力作了说明。

第一,核查机构实施职业教育的前提条件,并制定职业教育计划。具体内容包括:展示并论证机构职业教育的优点与作用;在法律、合约和机构基本条件的基础上计划和决定机构教育需求;展示职业教育系统结构以及分支部门;为机构选择职业教育并论证理由;检查机构开展教育的资质;对机构的职业教育发展措施进行评价;在考虑作用的前提下商定机构的培训任务。

第二,做好实施职业教育的准备,并制定计划吸收学生参与。具体内容包括:在教育条例的基础上制定与具体职业相关的教育计划;尽量使各利益相关群体都能参与到教育中;告知合作需求,与合作伙伴商定合作内容和组织的建设;在考虑学生多样性与差异性的基础上制定选择受教育者的标准和工作程序;准备职业教育合同,并与主管部门一起负责与受教育者的合同签署事宜;计划是否可以将部分教育安排在国外完成。

第三,实施职业教育。教师必须具备职业教育学和劳动教育学的资质,并且在具体的工作过程中进行自我导向学习。教师应具备以下能力:营造促进学习和激发兴趣的学习文化并给予反馈和接收;组织和评价学生的试读期;参照机构教育计划、具体职业工作过程制定学习和工作任务;选择适合目标群体和具体情境的教育方法和媒介;通过个人学习指导与咨询帮助受教育者克服困难;为受教育者取得其他领域资格提供教育产品,可视情况缩短教育期限,提前进行考试;促进受教育者的社会和个人能力发展,发现困难和冲突并寻找解决答案的能力;确定和评价考试成绩,召开评价会议,总结经验为下一阶段的学习提供指导;增强学生的跨文化沟通能力。

第四,完成职业教育。具体内容包括:确定并准备结业考试和满师考试,使受教育者完整地结束教育期;指导学生向主管部门报名考试,关注相关细节;在评定成绩的基础上制定书面证书;对受教育者今后的就业选择和人生规划进行指导和咨询。

---

① Bundesanzeiger Verlag. Ausbilder-Eignungsverordnung[EB/OL]. [2014-4-12]. http://www.gesetze-im-internet. de/bundesrecht/ausbeignv2009/gesamt. pdf.

法律所规定的教师资质需要以考试的形式来证明,考试分为笔试和实践操作 2 个部分。每项考试最低要求必须为"合格",考试者有一次补考机会。笔试环节涉及与专业相关的各领域知识,考试时长为 3 个小时。实践操作部分包含教学场景展示和 30 分钟的专业对话面试。农业与家政学专业的实践考试一般在由考生与考试委员会共同选择的真实情景中进行。

3. 完善的教师继续教育

德国教师职业发展不仅包括职前专业化的教师教育,还包含完善的教师继续教育,使教师了解教育科学与专业领域的新发展以完善个人能力,能够应对各种变化。《教育第二阶段职业教育学科以及职业学校教师教育与考试框架协议》中着重强调了教师职业发展的重要性,包括入职阶段的学习以及在职继续教育,教师要不断学习及时更新知识储备,确保在专业领域和教育领域的发展,增强教学组织与管理能力。德国职业教育积极倡导教师的自我导向学习,在工作过程中及时更新职业领域相关的知识与教学思想,学习并运用最新的教学方法、信息与交流技术。

下面以德国巴登-符腾堡州(以下简称巴符州)为例将德国教师继续教育情况进行简要分析。

巴符州教师继续教育目前已经形成了完善的四级教师教育网络,一是州属的进修学院。如巴特维尔德巴德(Bad Wildbad)、艾斯林根(Esslingen)、施瓦本哈尔(Schwäbisch Hall)3 处学校内的州继续教育和人事发展学院;位于路德维希堡(Ludwigsburg)的学校体育、艺术和音乐研究所(Landesinstitut für Schulsport, Schulkunst und Schulmusik,LIS);州环境教育中心、州青少年艺术教育学院都是发展成熟的教师继续教育机构。各机构不仅设置了高水平的、种类繁多的课程,并且着重开展对教师信息与交流技术方面的培训,使教师能够掌握利用新技术如互联网技术开展教学的方法。教师继续教育还注重教师继续教育的国际交流,与其他国家建立友好合作项目以吸取各国在教师继续教育领域的成功经验。国际交流也给教师搭建了交流的平台,使教师能够扩展视野。二是巴符州各个行政区设立的教师进修学校。与州属的进修学院相比,各个行政区的进修学校与职业学校之间建立了更多的联系。学校通过咨询和访问了解教师的教育需求,根据需求设置培训课程,使教育更具针对性和高效性。三是行政区下属的教育局组织的教师短训活动,包括州校长专题学术研讨会、各类教师专题研讨会等。四是各学校内校长负责的师资培训,比如校内的专题研讨、圆桌会议等。巴符州还规定,教师每 5 年要到州进修学校进修一次,每年到各行政区进修学校进修 2—3 次。

除了专门的教师进修机构外,许多大学、企业也参与教师的继续教育工作。为了激励教师参加进修,德国还规定每4年由各教育局督学对教师进行一次严格考核,并将考核成绩与教师晋升相联系。近年来,德国很多职业学校成立了教师参与的专门管理小组,对教师继续教育、学习效果等进行监督。[①] 学校质量发展研究所作为州范围内的教育服务机构,对教师继续教育同样提供支持。

除了举办实地的教师培训之外,巴符州还注重现代信息技术在教师继续教育领域的运用。教师继续教育在线课程(Lehrer Fortbildung-Online)就是由各教师进修学院、政府机构代表以及州下属教育局进行管理的官方教师继续教育互联网产品。另外,巴符州还开发了种类多样的学习软件用于支持教师个人的继续学习与发展。互联网形式的课程资源可以使每个教师都能享受到专业机构提供的专业性课程,网络形式的继续教育形式多样、不受时间地点的限制、选择空间灵活,有效拓宽了教师的学习途径。

4.健全的教师团队合作机制

德国职业学校以学习型组织理论为基础,注重教师间的合作与学习,建立团队合作机制以提升教师能力。学习型组织理论提出组织要发生持续的改进需要进行5项修炼,这些修炼包括:自我超越(Personal Mastery),个人有意愿投入工作,专精工作技巧,个人与愿景之间有种"创造性的张力",这正是自我超越的来源;建立愿景(Building Shared Vision),愿景可以凝聚学校上下的意志力,通过组织共识,大家努力的方向一致,个人也乐于奉献,为组织目标奋斗;团队学习(Team Learning),团队的智慧大于个人智慧的平均值;改进心智模式(Improving Mental Models),检讨言行背后的假设,改变做事的方式;系统思考(System Thinking),融合整体,全面地看问题。[②] 德国《巴符州评价条例》中强调通过教师的团队合作增强教师的专业性,学校中的团队合作可以促进学校质量的改进,尤其是课堂教学质量的改进,同时可增强团队参与者的能力,创造新的思想,增强学校的特色,促进学校反馈文化的形成等。

(1)优秀团队合作质量标准

巴符州教育部经过调研总结出优秀团队合作的质量标准,标准涉及从团队合作建立到结束的各方面,标准为团队建设和发展提供指导与参考,并为团队

---

① 吕景泉.谈德国高等职业教育教学改革——考察德国巴符州职业院校的启示[J].天津职业院校联合学报,2009(03):3-6.

② 彼得·圣吉.第五项修炼—学习型组织的艺术与实务[M].上海:上海三联书店,1998:7-11.

工作提供评价依据,保障团队工作的高效率。(如表5.1所示)

表5.1　优秀团队合作质量标准[①]

标准	说明
以共同的目标为导向	团队工作的基础是对目标的清晰阐述
职责和职权的清晰分配	团队负责人最好由不同性别、不同专业、不同年龄阶层的人组成。主要的工作职责:商议任务与目标;保持各团队间的衔接;共同制定团队守则;保持沟通与交流;组织会议;化解矛盾和冲突等
参与者要有工作投入的意愿和能力	参与者应对任务感兴趣,对任务有积极的要求、成功的期待,团队成员在人际关系和专业层面相互尊重;团队的工作能力包括乐观态度、毅力、应变能力、抗压能力、自律能力以及综合的交流与合作能力;团队工作的分配应该充分利用每个团队成员的优势
必备的基本条件	团队合作必备的资源和组织条件,如会议室、工作材料等;建立合理的团队组织架构,合理分配工作
高效的工作组织	充满责任感的氛围、制度化的团队工作;定期组织团队工作会议,确保全部人员参与;有专业的会议管理制度
清晰的团队守则	团队成员都深知自己的工作职责,能够认真并准时完成分配的任务;不惧怕错误,成员间要进行开放的、专业性的交流;成员要将个人利益服从于团队的共同目标与任务;成员间要相互帮助,主动聆听别人的意见和想法;彼此尊重,定期就目标达成度进行评价
建设性地化解干扰和矛盾	冲突主要来自3个层面:第一是结构层面,主要是组织的问题,如工作分配、责任划定、任务的描述等;第二是社会层面,原因主要来自人与人之间的交流,人的资格与能力等;第三是人员层面,主要是个人行为的原因,个人的情感因素等
团队工作的反馈	定期进行团队间工作的反馈,避免工作中出现冲突和盲点
有意识的收尾工作	合作结束时召开全体教师会议或者通过公告报告合作成果,将工作中出现的问题或者经验进行总结,以指导后续工作

高效的团队工作还有赖于团队成员间的默契协作,团队成员必须清楚自己以及其他成员所扮演的角色,了解如何发挥自身优势,相互弥补不足,实现团队工作效率的最大化。巴符州学校注重对学校团队合作角色的合理分配以提升工作效率,激励团队创新,为学校的质量发展打下坚实基础。如表5.2所示是

---

① Baden-Württemberg Ministerium für Kultus, Jugend und Sport, Arbeit im Team[EB/OL].[2014-12-5]. http://www.schule-bw.de/schularten/berufliche_schulen/oes/handbuchOES/handbuchOES.htm.

团队中的 9 种角色的简单阐释和描述。

表 5.2　团队角色概览[①]

团队中的角色	角色贡献	特点	可以被允许的缺点
策划者（Macher）	克服困难的勇气	活跃、良好的抗压能力	没有耐心、反应过激、挑衅
执行者（Umsetzer）	将计划付诸实践	纪律性强、可信赖、高效率	灵活性差、不会变通
完善者（Perfektionist）	避免失误、呈现最好的结果	准时、有责任心	过分谨慎和追求完美
协调者（Koordinator）	促进决议过程	自信、可信赖	思维被局限
一般成员（Teamarbeiter）	加强交流、减少摩擦损耗	合作、有谋略	在批判的环境中显得不坚决果断
外联者（Wegbereiter）	建立联系	善于交际、外向	过于乐观
智多星（Erfinder）	带来新的想法	不寻常的思想	缺乏想象
监督者（Beobachter）	对可行性提供建议	理智、有策略、有批判思维	缺乏激发灵感的能力
专家（Spezialist）	提供专业知识和信息	有事业心、具备专业知识	过于追求专业细节

建立团队角色概览表格使团队成员可以对照每个角色的特点，并参照自己的个人优势选择自己在团队中的角色，发挥自己的作用。同时也可以了解团队中其他成员的角色特点和任务，增进角色了解与认同，在团队中建立更为和谐融洽的气氛。团队领导者需要清楚了解团队中成员的角色、其优势与弱点，才能正确地分配任务，保持团队的有序运作。

(2)团队可持续发展机制

组织的发展（Organisationsentwicklung，简称 GOE）被定义为长期的全组织以及内部所有相关人员的发展和改变过程。该过程的基础是所有相关者直接的共同作用和实践经验，目标是提升组织工作效率和工作生活的质量。组织发展过程包含 4 个重要的组成部分：①全组织的过程。意味着长期的组织变

---

① Baden-Württemberg Ministerium für Kultus，Jugend und Sport，Arbeit im Team［EB/OL］.［2014-12-5］. http://www. schule-bw. de/schularten/berufliche_schulen/oes/handbuchOES/handbuch-OES. htm.

革,包含组织活动的所有领域;②组织的发展。这是一个渐进的过程;③所有参与者的共同作用。需要全体参与者的自主性和参与;④面向目标发展。注重组织以及参与者的共同发展,实现效率和工作生活质量的同步提升。[①] 组织的发展可以提高成员的工作能力、灵活性,提升创新和变革的能力,实现工作环境的人性化、员工的个人发展以及自我实现。巴符州学校的团队发展以组织发展理论为基础。为了使团队能够持续高效合作,不断提升教师团队的素质和能力,德国职业学校注重团队组织的可持续发展,建立了团队可持续发展机制。

巴符州职业学校目前普遍采用的团队组织发展途径是团队日(Teamtage)和工作坊(Workshop),包括发展团队成员的专业能力、确保组织交流与沟通、阐释组织概念 3 大板块,具体内容如图 5.2 所示。团队日一般是团队在校外组织的 1—2 天的会议,会议在放松的环境中进行,成员之间除了可以进行有关学校事务的讨论,还可以进一步了解团队成员的工作和生活,使团队成员彼此增进了解。

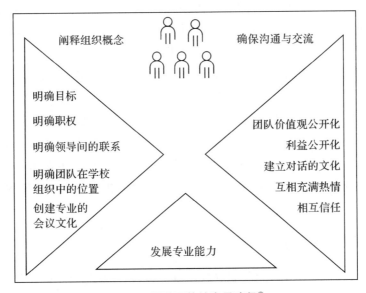

图 5.2 团队可持续发展路径[②]

① Baden-Württemberg Ministerium für Kultus, Jugend und Sport, Arbeit im Team[EB/OL]. [2014-12-5]. http://www. schule-bw. de/schularten/berufliche_schulen/oes/handbuchOES/handbuch-OES. htm.

② Baden-Württemberg Ministerium für Kultus, Jugend und Sport, Arbeit im Team[EB/OL]. [2014-12-7]. http://www. schule-bw. de/schularten/berufliche_schulen/oes/handbuchOES/handbuch-OES. htm.

通过集体讨论,团队可进行定位,成员间就团队建设建言献策,诊断和化解团队的矛盾,营造和谐优质的团队文化,使团队能够更加和谐健康发展。工作坊为团队提供了一个轻松有趣的定期工作反馈平台,团队成员之间能够进行充分的互动,对这一阶段工作实施情况进行评价;还能与不同部门之间的员工交流意见和经验,对上一阶段工作中的不足之处采取相应的改进措施。工作坊让每个参与者都能够发表意见、相互交流、凝聚共识。

为了使团队能够更加健康有序地发展,学校领导小组定期召开"学校团队合作"相关主题会议,围绕一些重要问题进行讨论:团队合作可以带来哪些机遇与挑战?团队有哪些任务?团队成员需要哪些权利?如何来引导他们?团队如何运作?团队成员必须具备哪些能力?如何来证明这些能力?成员之间应该多久碰一次面?一个团队的归类整理对个人来说意味着什么?一个教师可以参与多少个团队?等等。通过不断的自我提问,团队成员可以审视团队在发展中存在的问题,透过问题寻找解决的途径,进而实现可持续的发展。

巴符州的团队可持续发展主要包括 3 个方面的内容:发展成员的专业能力、阐释组织概念、确保组织的交流与沟通。发展成员的专业能力是团队可持续发展的基础,旨在提升教师的专业水平和教育教学能力以确保教学质量的稳步提升。阐释组织概念主要包括明确组织目标、成员的职权和义务、领导间的沟通与联系以确保团队的组织工作有序运行。明确团队在学校组织中的位置可以使团队更好地进行角色定位,与其他团队组织建立联系并实现紧密合作。创建专业的会议文化为团队工作搭建专业的沟通和反馈平台,实现信息的交流与公开。巴符州职业学校尤其注重团队间的沟通与交流,实现团队价值公开化、利益公开化,建立成员的对话文化以及成员之间相互尊重与信任的氛围,从而促进团队的可持续发展。

(三)课程质量标准

德国的职业教育以双元制职业教育为主体,以企业的职业教育和职业学校的职业教育相结合的方式进行。《联邦职业教育法》《手工业条例》以及各州州学校法成为规范职业教育的主要法律基础,《企业职业培训条例》是规范企业职业教育的主要法律,职业学校则以文教部长联席会议制定的"框架教学计划"(Rahmenlehrplan)为指导。为了使联邦与州、州与州之间的教育能够实现更好的沟通,避免出现混乱局面,联邦政府和各州文教部于 1972 年达成共识,由各州文教部长联席会议任命的工作组制定职业学校专业课程的框架教学计划,联邦职业教育研究所参与培训条例和各州学校框架教学计划的审定工作,联邦教育与研究部每年公布予以承认的培训职业的目录以及相应的培训条例。[①]

　　框架教学计划是职业学校实施普通文化课和专业课的主要教学基础,是职业学校针对各职业(专业)进行教学的纲领性文件,各职业学校根据自身教学情况经过扩展和调整具体化为教学实践中参照的教学计划。框架教学计划主要由 5 个部分的内容构成:第一部分为"导论",主要介绍这一课程标准的意义和总体概述;第二部分为"职业学校教学任务",主要阐述职业学校的教育目标、教学资料、基本教学原则;第三部分为"教学论原则",主要阐述基于学习理论及教学论原则适用于该知识点的教学方法;第四部分为"与职业教育有关的说明",主要阐述该职业教育的培养目标、课程形式、教学原则和学习内容;第五部分为"学习领域"(Lernfeldunterricht)课程,列举该职业教育所有学习领域(即课程)的数量、名称、学时并对其中每个学习领域的目标、内容和学时分别加以描述,为教师的实际教学提供切实可行的参考和依据。[②]

　　"学习领域"课程即为一种课程形式,它在德国职业学校被普遍采用,它的产生是为了适应职业教育新的发展以及追求学习与工作的一体化。所谓"学习领域"指的是根据一个学习目标描述而设置的主题学习单元,一个"学习领域"由学习目标、结合任务陈述的学习内容和规定的学习时间 3 部分构成。"学习领域"以该专业相对应的职业行动领域为根本依据,其主题内容以该职业的任务设置与职业行动过程为导向。为了使"学习领域"课程的实施能够满足各个学校的教育目的以及适应本校学生的特点,学校积极倡导教师的密切合作,根据所教学生的专业和学习特点制定出具体且有效的课程实施策略与教学方法。另外,"学习领域"课程的合作还需要教师对自我角色有充分的理解,对自身在教学中应传授的知识和所扮演的角色有深刻的了解,在教学中与学生建立起友好合作的关系。

　　德国的职业教育非常重视培养学生的关键能力。它一方面强调专业知识传授与专业技能训练的紧密结合,以实现真正的职业教育;另一方面根据劳动力市场的变化,在培训课程中加入跨职业领域必备的"关键能力"的教育内容与知识结构,将二者相互融合以实现职业教育与普通教育的一体化。所谓关键能

　　① 福尔.1945 年以来的德国教育:概览与问题[M].戴继强,等译.北京:人民教育出版社,2002:175.

　　② 姜大源,吴全全.德国职业教育学习领域的课程方案研究[J].中国职业技术教育,2007(2):47-54.

力是指对劳动者从事任何一种职业都必不可少的跨职业的能力。它并不指向某一具体的职业,而是跨职业的。关键能力包括自主生活能力、终身学习能力、分析问题解决问题的能力、沟通交流能力、团队合作能力、创新创造能力、运用信息技术的能力、应变能力等。重视关键能力培养也凸显了德国的终身职业教育理念。2013 年正式实施的《德国资格框架》确定了教育培养的四维能力目标,包括知识、技能、社会能力和自主性 4 个维度。资格框架将培养学生的职业行动能力作为职业教育培养能力的核心概念与目标,是所有资格能力的最终指向。[①] 职业行动能力包括了关键能力所有要素,被解释为"充分准备好应对社会和个人责任的能力和意愿",是对培养关键能力的深化和继续发展。为了培养学生的关键能力,德国对职业教育的教学组织形式、教学方法等也进行了改革和创新。教学组织形式推崇学生与学生、学生与教师的合作,学生以团队的形式进行学习任务的合作,学生间进行交流与互动,进行思想的碰撞,以此巩固教学成果并创造更多新的思想。教学方法采用以项目为导向的方式,以项目和学生二者为中心,学生合作完成项目的计划、组织、协调和控制等一系列过程,教师作为辅助者提供必要的咨询与帮助,从根本上巩固学生的知识与技能。

二、职业教育内部质量保障

德国职业教育内部质量监控主要通过课堂教学质量监控和学校的自我评价来实现。

(一)建立课堂教学质量监控机制

由于德国行地方分权的教育管理体制,每个州有权根据自身的情况建立课堂教学质量监控机制。以德国巴符州为例,由巴符州教育部与州教学法与教师教育研究会共同制定的课堂教学质量监控模型(如图 5.3 所示)清晰描述了课堂教学的主要相关领域,该模型为教师描述课堂教学事件以及实现教学监控提供了参照。巴符州职业学校教学监控实施的主要途径是教师利用该模型与监控领域表实施教师间反馈与自我评价,该模型在巴符州职业学校被广泛使用且有很高的认可度。

---

① CEDEFOP. Analysis and Overview of NQF developments in European countries[EB/OL]. [2014-12-11]. http://www.cedefop.europa.eu/en/publications-and-resources.

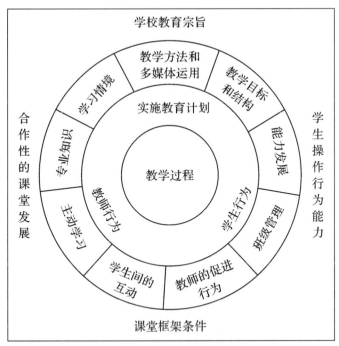

图 5.3　课堂教学质量监控模型①

　　课堂教学质量监控的中心是教与学的过程,教的过程由学的过程来决定,教师建立理想的教学环境来促进学生学的过程,促进学生的能力发展。课堂教学监控不只是以教师为中心,而是以教师和学生二者为中心,两者并重。教与学的质量主要由 3 个维度共同决定:实施教育计划、教师行为、学生行为。教学监控不是在真空的环境中进行,而是在外界不同因素影响教学过程的空间中进行,所以各个学校的教学监控实施情况有所差异,但与该学校特点和要求相适应。教学监控一般受到以下因素的影响:学校教育宗旨(如关于学校和班级学习氛围建设的阐述等);学生的学习能力;课堂的基本条件(如班级规模、课时计划、班级环境等);合作性的课堂发展(如学习者之间的相互配合、促进课堂教学质量系统发展的措施等)。

　　巴符州教育部与州教学法与教师教育研究会根据课堂教学监控模型制定出了课堂教学质量具体监控领域供各职业学校教师参考。课堂教学质量监控

　　① Baden-Württemberg Ministerium für Kultus, Jugend und Sport, Basismodell für die Unterrichts-beobachtung an beruflichen Schulen[EB/OL]. [2014-12-14]. http://www.schule-bw.de/schularten/berufliche_schulen/oes/download/Handreichung_Basismodell-fuer-die-Unterrichtsbeobachtung_2010.pdf.

领域如表 5.3 所示。

表 5.3　课堂教学质量监控领域①

学生行为领域	
监控领域	特点
主动学习（学生的学习处于教学事件的中心）	与陌生人一起学习 对学习表现出兴趣与参与热情 能够自己提出问题并尝试解决 表现出个人优势和特点 不怕犯错误和在别人面前显露错误 在遇到困难时知道寻找帮助
能力发展（学生能力的继续增长）	习得并运用知识 会运用专业以及非专业相关的能力 以任务为导向与同学合作 将解决问题的方法运用到其他情境
学生间的互动（学生互动有助于学习氛围的形成）	自觉维持相互尊重的交流环境 遵守约定的规则 互相帮助
教师行为领域	
监控领域	特点
教师的促进行为（教师通过自身作用促进学习、传递正确价值观）	为学生树立正确的形象 对学生表现出尊重和同理心 对教学对象表现出投入和热情 对学生表现出积极的期待 懂得鼓励和表扬学生
班级管理 （教师恰当适用教育学的方法管理班级）	建立合理规则，并被学生遵守 充分利用课堂教学时间 能够巧妙解决冲突情境 能够承担不同教学情境的不同角色
专业知识 （教师具备专业的、教育学的和教学法的知识，并且能够在教学情景中合理运用）	具备牢固的专业知识 合理运用专业的、教学法的知识 注重学生已有的知识水平、诊断学习取得的进步以及遇到的问题 用适当鼓励措施推动和促进学习过程

① Baden-Württemberg Ministerium für Kultus，Jugend und Sport，Qualität sentwicklung im Bereich Unterricht［EB/OL］.［2014-10-23］. http://www. schule-bw. de/schularten/berufliche_schulen/oes/handbuchOES/handbuchOES. htm.

续表

实施教育计划	
监控领域	特点
学习情境	对学习是有意义的,并且和学生的生活与工作环境相关 考虑学生之前的学习水平 促进学生专业和跨专业能力的发展 以问题为中心,提倡多种答案 促进关于学习内容的积极分析讨论
教学目标和结构	告知教学目标和教学成绩的预期状况 使学生清楚课堂教学时间与任务的分配 教学步骤之间在知识和逻辑上相互关联 教师为引入新知识创设合理的情境 注重重要知识的巩固
教学方法与多媒体	选择的方法和任务设置 由教学的目标和内容共同决定 促进自主以及合作学习 促进思考和学习策略的获得 传授专业相关的问题解决策略 注重多媒体和学习材料的选择 详细且直观地展示学习材料 适合学习者的年龄等特征

(二)建立课堂教学质量反馈机制

教师的知识、能力和教学投入程度对学校的发展以及学生的学习起着十分重要的作用,所以巴符州职业学校注重对教师教学的监控和反馈,建立了以教师的个人反馈和教学自我评价为途径的教学质量监控和反馈途径。教师个人反馈与自我评价共同促进学校反馈文化的形成,促进学校教学质量的提高。学生-教师反馈以及教师-教师反馈是个人反馈最主要的两种形式。学生-教师反馈意为教师从所教班级学生那里得到关于课堂教学、个人行为、教学效果等的反馈。学生-教师反馈多采用教学问卷以及学生访谈的形式进行。教师-教师反馈即教师借助教学质量监控模型与监控领域表中描述的监控领域,邀请其他教师观察在教学中自身的教学计划实施情况、教师教学方法的使用以及教学行为表现、学生行为表现,同时关注课前备课与课后教学巩固等领域,是全面的教学质量监控。反馈评价以效果为导向,避免给出对或者错的绝对性评价,而是开放性的点评和指导意见。进行课堂观察的教师从另一种角度来评价学生的课堂表现,使任课教师更加全面了解学生的学习掌握情况以及自身的课堂教学行为表现。任课教师根据反馈意见,进行反思改进教学,从而提高教学质量。进行课堂观察的教师作为信息的反馈者以及交流伙伴与任课教师开展交流,促进教师间就课堂教学质量的改进进行规律性的专业对话,实现教师的专业发展。教师之间的合作信任关系也共同营造出信任的氛围以及优质的教学文化。巴符州职业学校将教师间的反馈作为课堂教学质量监控最主要的途径并努力形成长期效应,以促进教师专业能力的不断发展,增强个体适应环境的能力。巴符州职业学校进行教师间反馈的步骤主要如图 5.4 所示。

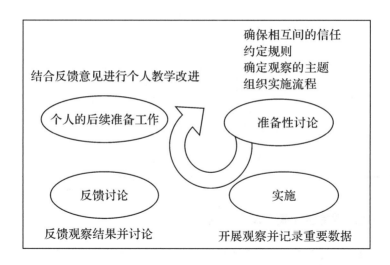

图 5.4　实施教师反馈的步骤[①]

教师基于课堂观察向被观察教师提供反馈意见,一般情况下,2—3 个教师结成反馈伙伴,互相帮助给予反馈意见。教师间的信任关系是实现有效反馈的基础,参与者参照之前制定的目标,按照约定的规则实施观察,观察者关注目标相关的所有领域并做好详细记录。结束后按照记录重点进行反馈结果的汇总与讨论,并制定出切实可行的优化措施。在进行反馈意见后期处理时,教师主

---

① Baden-Württemberg Ministerium für Kultus, Jugend und Sport, Individualfeedback[EB/OL]. [2014-11-20]. http://www. schule-bw. de/schularten/berufliche_ schulen/oes/handbuchOES/handbuch-OES. htm.

要关注的问题有:本次反馈给我带来了什么? 和上次比我在哪里得到了改进? 我需要改进的地方有哪些? 哪些改变是我现在就能实现的? 哪些可以设立成中长期目标? 利用哪些方法和途径可以实现改变? 等等。另外,教师之间定期举行反馈讨论会议,就上一阶段所取得的成果与过程中遇到的困惑和问题进行交流,建立持续的改进优化机制。

　　课堂教学中的自我评价是指收集教师和学生对课堂相关内容的评价以实现对课堂教学质量的监控和反馈。巴符州学校教学质量改进过程中的自我评价主要包括 3 个方面的内容:首先以课堂教学事件和学生的学习为中心,教学事件主要包括课堂进程、教学方法、教学活动等;其次是对影响课堂教学因素的评价,包括教师间的合作、外界对课堂教学的支持过程等;最后是对学习结果的评价,评价以学生能力的获得为基础进行形成性评价。对课堂教学的评价是学校自我评价的领域之一,调查问卷是使用最为广泛的评价工具。学校参照 3 个评价领域,根据评价目标需要和学校实际情况设计问卷。表 5.4 及表 5.5 呈现的是巴符州 Luzenberg 职业学校引入自主性学校模式设计的课堂教学质量领域的调查问卷,学校关注教学相关的 6 个领域评价,分为教师和学生两个评价主体,根据评价领域设计出相关的评价标准。答案选择设置"完全同意""基本同意""基本不同意""不同意"4 个选项。[①] 最后根据教师和学生的反馈情况,总结教学的优势与劣势,及时做出最新的教学调整。

表 5.4　教师教学自我评价表

教师教学自我评价领域	评价标准	
教学法基础	在所有的教学中我认为自己是足够专业的	
	课程开始时我将本门课的主题框架呈现给学生	
	我的口头与书面语言符合所教学生的水平与学校类型	
目标达成与组织性	我很注意在课堂开始时介绍本节课主题	
	我特意将一堂课分为几个阶段	
	在教学中我注重学生能力的培养,包括	专业的能力
		个人的能力
		社会的能力

　　① Luzenbergschule Mannheim，Selbstevaluation zum Qualität sbereich. Unterricht" mit dem Instrument Fragebogen[EB/OL]. [2014-12-15]. http://www. schule-bw. de/schularten/berufliche_schulen/oes/download/download. htm? openblock＝div16♯Praxisbeispiele.

续表

教师教学自我评价领域	评价标准
教学方法与多媒体应用	对我来说在课堂上使用不同的教学方法是很容易的
	我总是会检查我对教学材料的引入和建构,包括黑板书写、幻灯片等,并关注其有效性。
班级领导与教师人品	我重视以礼貌、尊重的态度对待学生
	我专门为解决学生的问题和疑问空出时间
	我在班级中从未有无助感
课堂上的交流	鼓励每个学生积极参与课堂是很重要的
	我将课堂教学扩展到学生今后的生活和工作世界
教学反馈	反馈有助于优化教学

表 5.5 学生学习自我评价表①

教师课堂教学评价领域	评价标准
教学法基础	我的专业问题在课堂上得到满意的解决
	教师在课堂开始时呈现本次课的教学主题
	课堂教学内容是容易理解的
目标达成与组织性	我对课堂中呈现的教学主题是清楚的
	课堂教学一般以"引入—加工—练习"的顺序进行
	我在学校中获得了专业知识、个人知识、社会知识
教学方法与多媒体应用	教学基本上是有趣和充满变换的
	凭借教师展现的教学材料我能够学得很好
班级领导与教师人品	教师对我友好和尊敬
	教师欢迎我提出问题
	在课堂上教师留心我是否在学习
课堂上的交流	教师鼓励我积极参与课堂学习
	我认为课堂教学内容对我的生活和工作是有意义的
教学反馈	我认为教师实施教学反馈对教学有优化作用

---

① Luzenbergschule Mannheim，Selbstevaluation zum Qualität sbereich. Unterricht" mit dem Instrument Fragebogen[EB/OL]. [2014-12-15]. http://www.schule-bw.de/schularten/berufliche_schulen/oes/download/download.htm? openblock＝div16 ♯Praxisbeispiele.

教师和学生对教学相关领域的全面评价对教师掌握教学情况、及时获得反馈信息,对学生了解自身学习状况都具有重要意义。

(三)建立学校内部质量自我评价机制

教育机构内部的自我评价是保障质量的重要环节,德国职业教育机构将职业学校自我评价作为内部质量保障的重要手段。如巴符州《州学校法》中明文规定学校必须对学校和教学质量进行自我评价以实现学校的内部监控,在评价的过程中要保证学校各个层面的相关人员都参与其中,尤其是全体教师和学生。自 2008 年 6 月 1 日起生效的《州学校评价条例》就评价的目的、职权、评价的相关领域、程序、方法进行了详细说明以指导学校实施高质量的评价。评价的领域包括课堂物质资源、教学人员的专业性、学校领导、学校和班级氛围、学校内外部合作伙伴关系、学校工作的结果与效果等。[①]《州学校评价条例》的颁布标志着学校的评价成为所有公立学校的义务,这显示出巴符州对学校质量评价的重视。自我评价对学校的发展可谓是意义深远:教师利用自我评价可以掌握自身的课堂教学情况和学生在认知、技能和情感领域的习得情况;学校领导可以了解学校的阶段性发展状况,根据评价结果采取必要的改进或优化措施,持续有效地促进学校各方面质量的改进和发展。同时,自我评价也是实施外部评价的基础,学校进行自我评价形成相关的质量文献为实施外部评价提供可参考的资料。

1. 自我评价的内涵和程序

根据评价的对象、计划的范围和目标设置,自我评价主要分为整体评价(Überblicksevaluation)、焦点评价(Fokusevaluation)、项目评价(Evaluation eines Projekts)和过程评价(Evaluations eines Prozesses)4 种类型。整体评价的对象是学校相关的所有质量领域。焦点评价着重于对学校生活中的一个确定领域实施评价,例如学校或者班级的氛围、领导工作、课堂教学质量等。焦点评价是学校生活中使用最多的评价,大多数情况下学校选取几个固定的领域实施评价。项目评价着重于对一个项目的结果以及实施过程进行评价,它可以用来确定在实施任务过程中会遇到哪些困难以及出现的问题,根据评价对项目的实施及时做出调整。过程评价侧重在项目开展前期设立项目目标,在项目结束

---

① Bundesregierung Baden-Württemberg. Verordnung über die Evaluation anSchulen[EB/OL]. [2015-1-3]. http://www. landesrecht-bw. de/jportal/? quelle = jlink&query = EvalV + BW&psml = bsbawueprod. psml&max=true.

之后就目标达成情况进行形成性评价或者过程性评价。

　　自我评价从另一种意义上来说就是现状分析,通过与目标之间差距的分析,找出造成差距的原因,采取相应的优化措施,同时在下一环节中进行改进效果分析。学校通常需要进行不断的自我反思,"在哪些地方我们做得不够,哪些地方我们比之前有所改进"等,不断的自我反思与评价可以使学校的质量不断接近目标。巴符州学校进行自我评价首先是建立专门的评价小组,小组成员必须具备实施相关主题领域评价的专业知识与能力,其主要职责是组织和实施自我评价,开发调查问卷,帮助教师选择合适的评价工具,进行评价实施方面的指导,在实施评价之后整理数据形成评价报告等。学校质量发展研究所为帮助学校进行有效的自我评价,开发了自我评价网络平台,学校直接在网上进行问卷的编写、作答和评价。自我评价的实施步骤主要是按照图5.5中的自我评价循环模式进行,学校可根据自身特点和实施情况灵活地进行调整。自我评价同样使用循环模式,上一个阶段未解决的问题可以在下一阶段中解决,避免出现问题搁置的情况,评价的循环模式可以实现问题的最优解决。

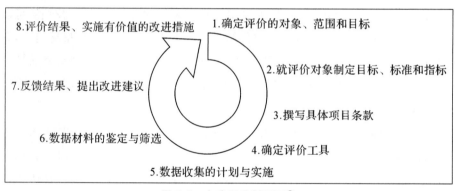

图5.5　自我评价循环图①

　　(1)确定评价的对象、范围和目标

　　自我评价对象的选择通常在学校"教育日"(Pädagogischer Tag)上确定,"教育日"一般定期召开或根据学校近期的发展状况灵活调整。设置"教育日"的目的是创设一个开放的平台让学校所有教师能够参与其中,对现阶段学校的发展情况进行讨论,确定该阶段需要发展的主题领域或者需要改良优化的领

① Baden-Württemberg Ministerium für Kultus, Jugend und Sport. Selbstevaluation[EB/OL].
[2014-11-20]. http://www.schule-bw.de/schularten/berufliche_schulen/oes/handbuchOES/handbuch-OES.htm.

域,最终确定评价的对象、范围和目标。另外,全体教师会议、学校领导层会议中提及的重点发展领域或者学校质量发展小组的建议、学校领导布置的任务都可以成为确定评价对象的来源。在评价对象的选取过程中,学生、教育企业和家长都被邀请参与其中并提出建议或意见,为学校发展建言献策。广泛的参与度也使学校的发展体现所有利益相关者的意愿和诉求,获得深厚的社会基础。

(2)根据评价对象制定目标、标准和指标

以"每个学生都为集体贡献力量"这一质量要素为例,具体的目标、准则、标准和指标如表5.6所示。

表5.6　自我评价目标、准则、标准和指标

学校教育宗旨中的质量指导原则"每个学生都为集体贡献力量"			
质量目标 应该追求怎样的目标状态?	准则 如何来描述目标的特点?	标准 通过哪些具体的点可以判断目标达成?	指标 目标达到何种程度时我们是满意的
学生自愿参与到集体生活中	细心解决问题	学生将上课的内容、材料转交给因生病或其他原因没来的同学	80%的学生可以做到
	愿意相互帮助	学生间形成学习网络	40%的学生参与其中
学生遵守学校和班级规则,保持教室的整洁	在课后保持教室整洁	地上没有纸屑、窗子关闭、黑板擦拭干净	保洁人员满意度至少为"好"

(3)撰写具体项目条款

在目标、标准和指标制定出来之后,需要进一步撰写具体项目条款进行充实,并且在评价的过程中根据实际情况进行适当修改。

(4)确定评价工具

每一个自我评价都需要确定符合具体要求的评价工具,通常情况下是由学校评价小组确定适合的工具,并对评价过程进行咨询和指导。在实践中常用的评价工具有调查问卷、评价目标圆盘以及专项咨询会议等。评价目标圆盘是调查问卷的一种简化形式,适用于在会议中就重要的评价主题收集参会者的意见,每个评价项目所涵盖的内容一般比较少,便于阅读并快速得出结论。咨询会议一般是针对一个特定主题,预先设定一些相关的问题,结合调查问卷,参会人员提问与讨论,当场就问题提出解决方案,最后汇总结果。同时会上也常采用圆桌会议的形式,参会者尽可能多地表达自己的建议和意见并进行互相交流。

(5)数据收集的计划和实施

收集与评价主题相关的数据并形成质量文献,这可以为评价提供可靠的数据来源,也使评价人员和学校其他人员了解到此项发展措施的实施情况,以及对学校教育质量所起的作用。在实施中评价小组注重对任务的分配,明确谁负责哪个具体领域的实施,实现团队的高效合作。

(6)数据的鉴定与筛选

负责评价工作的专门小组按照评价的目的选择需要的数据信息,并进行数据的整理工作,最后以表格、图表等形式呈现规范的结果文本。

(7)反馈评价结果并制定改进措施

学校领导和评价小组就评价结果开展讨论,针对具体问题制定改进措施。

2. 自我评价的实施

按照评价主体划分,实施最多的评价是教师和学生对学校质量相关领域的评价,主要评价领域包括学校环境氛围、学校领导工作、学校组织工作、课堂教学等方面。如巴符州的自主性学校项目组设计了调查问卷的主要评价领域,给予了丰富的评价标准供学校参考使用(如表 5.7 和表 5.8 所示),学校根据实际情况与需求进行相应的调整和增删。每个具体条款设置"完全符合""基本符合""基本不符合""不符合"四个选项,每个选项设置对应的选项分数,最后将所有选项的分数计算出来,根据分数值进行每个评价项目的分析。

表 5.7 教师对学校的评价表[①]

教师对学校的评价领域	评价标准
对学校整体的满意度	学校领导信任、赏识、重视我的工作 学校领导做决定时邀请教师参加且决定是可实行的 学校的组织工作流程运转基本正常 我认为学校所定的规则是有意义的 学校很重视教师的团队合作 在教师团队中我感觉不错、教师间互相学习、共享资源 我对学校的工作条件基本满意,且能及时获得必要的教学材料 学校中配备了充足的多媒体信息资源(软件、网站、印刷品等) 课程计划基本符合我的想法

[①] Baden-Württemberg Ministerium für Kultus, Jugend und Sport. Selbstevaluation der Lehrer [EB/OL]. [2014-12-20]. http://www. schule-bw. de/schularten/berufliche _ schulen/oes/download/download. htm? openblock=div16♯Praxisbeispiele.

续表

教师对学校的评价领域	评价标准
教师发展	我可以在学校中继续发展我的能力 我经常进行教学反馈和调查 学校注重对教师的继续教育
学校发展	学校领导根据目标努力促进学校发展 我可以接受学校的目标和教育宗旨 学校领导会掌握改革的力度 有充足的资源支持学校发展
学习文化	我能督促学生对学习和知识掌握情况进行自我反思评价 我在课堂中经常总结复习重点知识 我会激发学生将本专业知识与其他专业知识结合起来 学生展现出足够的学习热情，在课堂上自由表达观点 我常与学生展开对话，从学生处获取课堂反馈
合作	学校重视并鼓励外部合作 学校与教育企业之间合作紧密 教育企业对学校的教育情况感兴趣 当我遇到问题时教育企业给予了帮助

表 5.8　在校学生对学校的评价表[①]

在校学生对学校的评价领域	评价标准
教学	教师根据易理解的目标计划教学 教师的教学是有趣的 教师以易理解的方式呈现教学材料 教师关注形成良好的课堂氛围 教师促进了我的学习 教师敦促我们独立完成任务
学习文化	在课堂上我感觉受到了老师的重视 我对自己的学习表现满意 我认为自己被正确地评价 我看到教师之间互观察教学 教师运用了学生-教师反馈 教师和我们一起讨论反馈结果
合作	我在学校中学习的知识可以运用到企业实践中 教师经常要求我们小组合作 我喜欢小组合作的方式

---

① Baden-Württemberg Ministerium für Kultus, Jugend und Sport. Evaluation der Schule［EB/OL］.［2014-12-21］. http：//www. schule-bw. de/schularten/berufliche_schulen/oes/download/download. htm？openblock＝div16＃Praxisbeispiele.

在校学生对学校的评价领域	评价标准
学校发展	我能及时获得有关学校的重要信息 学校被合理组织起来 我认为课时计划是合理的 学校对我很重视 我认为学校制定的规则是有意义的 我在学校中感觉很好

巴符州学校不仅面向在读学生实施自我评价,还重视向毕业生收集其关于学校评价意见,以方便及时做出改正和优化(如表 5.9 所示)。

表 5.9　毕业生对学校的评价表①

毕业生对学校的评价领域	评价标准
学校数据信息建设	在我入学之前就通过学校的主页、宣传册充分了解了学校
对学校的整体感受	我对学校整体感觉不错
学校的共同生活	我认为学校生活是开放、包容、相互理解的
学校制定的规则	学校制定的规则是合理且被普遍遵守的
本人在校学习情况	我在学校学到了很多有用的知识
对企业教学组织工作的满意度	对企业的课时计划是满意的
教师的教学情况	教师不仅教给我专业知识,还对我的个人问题给予帮助
学校的就业组织情况	在学校的网站上我能方便地查找到就业信息
就业意向	(开放性题目)毕业之后的计划(就业、升学等)

学校领导是学校工作的神经中枢,学校领导对办好学校起着不可替代的作用。学校领导也是整个学校团队的灵魂,是保持学校蓬勃生机的关键。学校领导以学生的发展、以学生在校获得全面发展为工作的最终目标。学校领导对学生成就的影响体现在学校生活的各个方面,包括课堂教学、师生交往、学校管理

---

① Baden-Württemberg Ministerium für Kultus，Jugend und Sport. Evaluation der Schulführung [EB/OL]．［2014-12-24］．http://www. schule-bw. de/schularten/berufliche _ schulen/oes/download/ download. htm？openblock＝div16＃Praxisbeispiele.

等方面。所以学校在评价环节特别开发出对学校领导工作的调查问卷,调查学校的管理人员、教师和学生等对学校领导工作的满意度。结合反馈意见调整和改进学校领导团队的工作。表 5.10 中给出评价领域和评价标准,评价标准的具体内容学校可根据实际需要另行开发。评价标准选项设置"完全符合""基本符合""基本不符合""不符合"4 个选项以供选择。

表 5.10　对学校领导工作的满意度评价表①

对学校领导工作的评价领域	评价标准
学校领导团队维持合作的领导风格	领导团队确保作出的决定包含所有相关人员的意志
	领导团队会下放权利和责任
	领导团队公平对待每一个员工
	领导团队构建人性化的环境
学校领导团队支持员工的工作	领导团队对我的教育学问题予以支持
	领导团队为员工提供良好的工作基本条件
学校领导团队恰当地、有意义地分配工作	领导团队分配任务根据我的能力和经验
	领导团队注重均等地分配任务
	领导团队避免使员工负担过重
学校领导团队鼓励教师做出成绩	投入意愿是领导团队评价教师的重要标准
	领导团队促进员工个人能力发展
学校领导团队建立起职责明确和创造业绩的组织	领导团队明确相关人员的职责
	领导团队关注组织的有效运作
学校领导团队关注信息传播的规范高效和决定的透明性	领导团队告知所有参与者相关信息
	领导团队确保决定的透明性
学校领导团队在外积极代表学校并与合作伙伴建立联系	领导团队树立学校的积极形象
	领导团队与企业、学校和其他伙伴建立合作关系
学校领导团队使学校在未来更具竞争力	领导团队为学校的继续发展密切关注社会、科学和技术的变化
	领导团队加强学校的集体力量

① Baden-Württemberg Ministerium für Kultus, Jugend und Sport. Evaluation der Schulführung [EB/OL]. [2014-12-24]. http://www. schule-bw. de/schularten/berufliche_schulen/oes/download/download. htm? openblock＝div16＃Praxisbeispiele.

多年来,德国的职业教育机构非常重视内部自我评价,从教师和学生那里获得评价意见和反馈,学校根据评价反馈意见采取改进和优化措施,从而有效促进学校的可持续发展、保证职业教育质量的稳步提升。

三、职业教育外部质量保障

德国各联邦州教育机构将外部评价视为外部质量保障最行之有效的手段,各个州基于各自的教育政策、财政水平以及教育机构等设计适合该州特点与需求的质量评价方法。目前所使用的方法大体可分为 3 种:外部评价(Externe Evaluation)、质量分析(Qualität sanalyse)和学校审查(Schulinspektion)。外部评价在三种评价方法中使用范围最广,目前共有 10 个州正在使用,如巴符州将建立专业的第三方评估机构作为实施外部评价的核心举措,建立起了以教育机构为核心、第三方评估为手段的外部质量保障机制。以教育机构为核心的外部评价意味着教育机构拥有足够的操作自主性,各个机构根据自身的特点与需求进行有目的性的外部评价,第三方评价机构的专业性和独立性又能保证评价的专业性与有效性。

(一)外部评价的组织

外部评价即是专业外部评价机构就学校各个层面的发展状况给予评价并提供反馈意见,学校根据意见采取相应优化措施来促进学校教育质量的提高。外部评价注重对学校自我评价的再评价,通过对学校工作过程及成果的评价和及时反馈,外部评价可实现对学校内部评价的指导、协调和监督,揭示影响其教育质量的深层原因,有利于促进其评价工作的公平与公正,并使评价形成有层次性的结构,更加科学、系统和规范。外部评价在学校质量保障过程中实现对学校优缺点进行及时的专业的反馈。借助外部评价学校可以明确未来的发展方向,制定学校未来发展目标。外部评价报告是学校管理部门制定发展目标的基础,可以帮助学校领导和教师获得领导和管理学校的知识,有助于学校产生优质的管理方法从而促进学校的发展。

德国巴符州的外部评价在州范围内广泛实施并取得了良好的效果,得到各界的一致认可。下面以巴符州的外部评价方法为例,对外部评价方法进行阐述。

巴符州的外部评价方法吸收了瑞士的"品质源自评价和发展"思想,该思想的精髓是:自我质量承诺导向;通过认识缺陷追求完美;顾客导向。自我质量承诺导向即是学校领导、教师和学生等对学校全面质量管理的认知与态度。质量评价不单是设立外在的规定标准，更重要的是要以此评价自己对工作的投入程度以及预设目标的达成度。通过认识缺陷、克服不足与困难，追求完善的质量。完善的质量观是不仅重视产品质量，而且关注产出过程，涉及课堂教学过程、学校有关人员质量保障意识的形成等。顾客导向的质量观念主要体现在顾客期望的满足程度上，顾客期望的满足程度则取决于产品质量的高低。"品质源自评价和发展"模式于1995年率先在瑞士西北州高中阶段展开试验，在高中阶段开展了名为"高中阶段质量发展"（Qualität Sentwicklung und der Sekundar-stufe Ⅱ）的科研项目，项目进行了长达10年共3个阶段的试验，于2003年进行评估推广。研究的关注焦点一是研究学生的学习，考虑在教学过程中影响学生学业动机、学习成绩、学习效能的因素；二是探索如何将质量管理的思想和理念有效地运用在教育教学实践中。经过10年的发展，"品质源自评价和发展"模式发展成为包含5大要素构成的较完善的质量保障模式：学校教育宗旨、个体反馈与个体质量发展、学校领导控制质量过程、外部评价、自我评价和学校质量发展。[①]

巴符州职业学校基于全面质量管理和反馈文化的思想，通过评价和发展的相互作用提高学校教育质量，是自下而上的教育质量管理模式。《州学校评价条例》规定学校至少每5年进行一次系统的外部评价，并就外部评价的职权、评价的相关领域、程序、方法进行了相关说明，最后形成评价报告递交给被评价学校的领导。外部评价的数据来源包括学校的质量文献、学生、教师、质量发展小组和学校领导、学校建筑物和环境。数据收集的工具包括文献分析、网络问卷、学校巡视、咨询会议和采访。外部评价作为自主性学校发展模式的重要组成部分之一，是职业学校质量保障不可或缺的部分。

巴符州职业学校外部评价的组织和实施由州学校质量发展研究所（Land-esinstitut für Schulentwicklung，简称LS）承担，研究所是独立于州政府和学校管理的非政府机构，但在财政上由州教育部提供资金保障。研究所组建了评价专家团队，并定期审核团队内专家的资格。专家在成为专业评价人员前需接受系统的评价专业培训和资质认证，获得认证的专家才能胜任评价者的角色并确保评价的效果。一般情况下1个外部评价团队包含2名研究所的成员，如有必

---

① 马庆发. Q2E模式：提升教育质量的新思路——瑞士高中阶段教育质量保障研究[J]. 素质教育大参考，2004(3)：58-60.

要还加入 1 名"批判性朋友"（Kritischen Freund）来完善团队的评价视角。"批判性朋友"一般由其他学校的管理者、外校的质量发展团队或者具备权威性质量管理知识的人来担任。"批判性朋友"可以使评价的视角和观点得到扩充，使评价更为完善，3 名成员作为整个评价团队的领导者负责与学校的评价小组进行沟通，负责外部评价的整个实施过程。学校至少每 5 年进行一次外部评价，在 5 年的循环期内，每年学校各方代表和学校领导小组需进行年度的学校发展总结会谈，形成预设目标的达成状况分析报告，必要的情况下制定下一阶段新的目标。总结会谈也为教师和学校的管理者提供了工作交流平台，促进学校人员相互间的理解与尊重。

为了实现对学校的全面优质评价，获得学校参与者更高的满意度，评价团队的成员需要遵守以下指导方针：①评价人员应该充分了解被评价学校的特点和关心的问题，透过学校生活各个层面参与者的视角收集到此学校全面的质量发展状况；②互相尊重、平等、公平是实现合作的基础；③专业性，成员对自己的角色和任务有充分的理解，并具备相关的专业知识；④透明性，公开透明的信息交流机制实现工作的透明性、可信性；⑤效率性，追求高的工作效率；⑥数据隐私保护。

分析影响职业学校运行过程及其效果的关键因素，构建科学的评价指标体系，这是确保外部评价有效性的首要因素。州学校质量发展研究所在广泛调研的基础上研究制定符合本州职业学校现状的《外部评价指标体系》，指标体系涉及 3 个质量领域（个人反馈和教学质量提升、自我评价与学校质量提升、教学质量提升过程中的学校领导与管理）、3 个维度（执行情况、成效与影响、规章制度）、40 个具体指标。① 每个质量领域包含 11—17 个具体指标，每个指标的评价分为 4 个等级：第一个等级为不合格，即实践只达到了很小部分条件；第二个等级为基本合格，即实践只满足了基本条件；第三个等级为良好，即实践达到了较好的标准；第四个等级为优秀，即实践达到了预期效果。只有达到了第三级才被认为是合格的。评价小组根据实际情况对学校发展的各个方面进行评价，每项合格后给予学校合格认证。下面仅列举"个人反馈和教学质量提高"质量领域的第三等级作为参考（如表 5.11 所示）。

---

① Baden-Württemberg Ministerium für Kultus，Jugend und Sport. Fremdevaluation［EB/OL］.［2014-12-27］. http://www. schule-bw. de/schularten/berufliche_schulen/oes/download/download. htm? openblock＝div16♯Praxisbeispiele.

表 5.11　"个人反馈和教学质量提高"评价表①

质量领域	维度	指标
个人反馈和教学质量提高	执行情况	学校领导、教师等能够定期从不同角度进行教学反馈,并利用反馈促进个人学习和教学发展 教师理解实践反馈所需的重要基本原则、工具和操作方法
	成效与影响	各种优化措施的执行可追溯到前期的实践反馈 教师在实际教学中利用实践反馈和以此为基础的优化措施,并反映出效果 教师、学生等将反馈运用到实践、课堂教学和相互关系的建立上
	规章制度	学校进行不同的个人反馈实践和质量提高实践;定义操作方法、责任和义务以及评价指标并保持信息公开与透明 反馈实践在教师中是被接受的,教师积极负责地完成自己领域的职责 教师的任务分配与他的能力和精力相平衡 学校提供可支配的资源使教师更高效实现改进

(二)外部评价的实施

外部评价的实施按照标准化的流程进行,包括计划准备、评价团队考察学校和后期信息整理形成评价报告 3 个环节。

在计划准备阶段,评价小组需与学校召开讨论会议,就外部评价的相关内容进行讨论并达成一致意见,告知学校负责人外部评价的目标和流程、签订评价协议、准备现有相关质量文献、确定网上调查问卷信息、确定反馈的形式和范围等。组织进行网络调查问卷是准备阶段的第一步,评价小组根据本次评价主题设计相关问题,在学校的教师、学生和管理人员中实施问卷调查,小组成员对网络调查结果进行定量和定性分析、汇总和评价。另外,学校需按照《外部评价指标体系》进行系统的自我评价,形成自查报告并提交给质量发展评价小组。自我评价的目的是为后期的外部评价提供文本资料,自我评价是外部评价的基础。同时职业学校需为本次评价准备学校发展过程中有关质量的文献,包括学校实施的发展项目文献、重要会议文献、教师教学的记录文献等等,专家小组通过质量文献可以实现对学校的全面了解和认识。

---

① Baden-Württemberg Ministerium für Kultus, Jugend und Sport. Fremdevaluation[EB/OL]. [2014-12-27]. http://www.schule-bw.de/schularten/berufliche_schulen/oes/download/download.htm? openblock=div16 # Praxisbeispiele.

计划准备阶段完成之后就进入了实地考察环节,评价小组选取学校生活各个层面具有代表性的参与者,借助现场问卷和访谈等形式收集数据,同时对学校的校园环境和外部设施等进行观察和评价。

收集了必需的资料后则进入信息管理环节,根据学校提供的质量文献、网上调查问卷和实地采访所获得的信息,按照评价指标进行分析和判定,据此形成关于 3 个质量领域的三维度评价结果。最后,评价小组在学校里召开评价讨论会议,邀请学校的学生、教师代表和学校领导以及学校质量发展小组成员召开会议,告知并讨论本次评价的重要事宜。在评价结果正式确定之前,评价专家小组征求被评院校的意见共同协商,达成共识形成最终生效的评价报告。评价报告剖析学校的优势和劣势,并对学校提出包括改进建议在内的反馈意见。

质量发展评价小组基于学校外部评价的结果对该学校进行认证,认证的主要考察领域有:学校的教育目标、与目标相配套的条件、运行过程、运行结果 4 个方面。评价小组确定学校达到了合格标准后经由教育主管部门认可并颁发认证合格证书,证明学校这一阶段的发展达到了合格标准,学校可实施下一步的质量保障与发展计划。质量合格认证使企业和社会更认同学校,对其教学质量更加信赖,学生的培养质量就有了被社会认可的保障。

外部评价实施流程如图 5.6 所示。

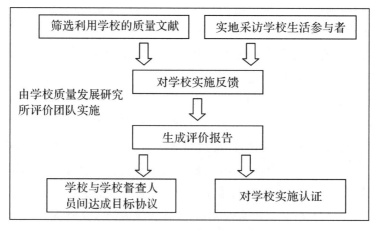

图 5.6 外部评价实施流程图

① Baden-Württemberg Ministerium für Kultus, Jugend und Sport. Fremdevaluation[EB/OL]. [2014-12-29]. http://www.schule-bw.de/schularten/berufliche_schulen/oes/download/download.htm? openblock=div16#Praxisbeispiele.

在进行外部评价之后,学校必须将报告呈送至政府教育主管部门的负责人,录入学校信息数据库。同时学校领导负责将评价的结果在全校范围内公开,使所有人都能够了解学校的发展动向,从外部评价所得出的结论中确定学校的发展重点,制订出下一阶段的发展行动计划。制定出行动计划后,学校领导与政府教育主管部门的督查人员达成发展目标管理协议,督察人员分阶段对目标完成情况实施监督和管理。与管理部门达成的目标协议对学校发展起到了外部强化作用,外部的强化也使内部多了自觉,内外部的共同作用才能实现更好的质量发展。

巴符州职业学校委托专业机构州学校质量发展研究所对学校实施外部评价,其专业性保障了评价结果的有效性,保证了评价的效果,从中得出的专业性发展意见为学校教育质量的保障和发展奠定了坚实的基础。

总之,德国职业学校的外部评价是由第三方专业评价机构教育质量发展研究所实施,第三方机构是独立于政府和学校之外的全州范围内非政府教育服务机构。由于其独立性使之不受政府部门和学校意志的控制,能够公正地实施评价和反馈。研究所配备专业评价人员,设立了严格的评价人员准入资格,并且定期进行人员资格的审查,每5年更新一次。评价人员普遍具有丰富的实践经验和相关领域的专业知识,他们熟悉职业学校的整体运行过程和状况,能够以专业评价者的身份观察学校的发展情况,查找出问题,提出改进意见,保证评价的效果。评价人员的专业性与立场的中立性使评价得出的意见更具参考性。评价过程采用网络问卷、学校实地巡查、对学校各个群体的访谈等方式收集到关于学校质量的全面信息,结合学校自我评价和发展项目等质量文献,对学校进行深入而全面的分析。通过专业性的评价意见,学校领导者能够更加全面地了解学校的发展状况,认识到目前发展存在的问题及其深层原因,进而采取相应的改进措施以不断提高学校质量。

第四节　职业教育质量保障的合作机制

政府、学校和社会(特别是企业)都是职业教育质量保障的主体,它们在职业教育质量保障中都具有不可或缺的作用,职业教育的质量保障主要由这三方来承担。德国职业教育法律法规非常完善,形成了联邦和州两级管理体系,对职业教育质量保障主体的权责作出了明确的规定。德国先后颁布了《职业教育法》(1969、2005)、《青少年劳动保护法》(1960、1976)、《企业基本法》(1969)、《职业教育促进法》(1981)等法律。一方面通过联邦层面的立法,明确规定了政府、行业、企业、院校在职业教育中的功能、角色、权利、责任和义务等,另一方面通过州一级的法律法规对职业院校的办学进行规范,从而为各方参与职业教育质量保障提供法律依据。

一、政府的指导作用

政府是职业教育保障的"方向盘"。在德国,"政府"这一角色存在三级实施主体。首先是联邦一级的实施主体,主要为联邦经济与劳动部(Bundesministerium für Wirtschaft und Arbeit,BMWA)、联邦教育与研究部(Bundesministerium für Bildung und Forschung,BMBF)、联邦职业教育研究所(Bundesinstitut für Berufsbildung,BIBB)。联邦经济与研究部、联邦教育与研究部一起代表国家颁布职业教育条例,或在听取联邦职业教育研究所主管委员会的意见后,开发和检验新的教育职业、教育形式和考试形式。联邦教育与研究部主要负责制定全国范围内的框架计划或教育政策并为各州提供资金援助。联邦职业教育研究所是对全德国职业教育进行指导和服务的核心机构,它负责协调德国职业教育与培训各参与主体,就职业教育和培训的重大事宜为政府和培训机构提供服务与咨询,参与相关培训标准与培训条例的制定,并根据职业教育变革要求与职业资格认证需求组织双元制培训。联邦职业教育研究所的任务是通过科学研究促进职业教育发展,其研究以年度科研计划为基础进行,年度科研计划须经联邦教育和研究部批准。联邦职业教育研究所的最高领导机构是领导委员会,领导委员会主要由雇主代表、雇员代表、州政府代表各 8 名以及联邦政府代表 5 名组成。

其次是州一级的实施主体,包括州教育部以及州职业教育委员会,州职业教育委员会由 6 名雇主代表、6 名雇员代表和 6 名职业学校教师代表组成。州职业教育委员会须就本州职业教育问题向州政府提供咨询,并在其职责范围内致力于不断提高职业教育质量。

最后是地区一级的实施主体,主要为各行业协会,包括工商行业协会、手工业行业协会、农业协会等,它们在德国职业教育体系中起着重要作用。其主要职责包括认定教育企业资质、组织实施结业考试、咨询监督教育过程等。同时行业协会也有下属的职业教育委员会和考试委员会。教育委员会由 6 名雇主代表、6 名学校代表及职业学校教师组成。教育委员会的主要任务是对企业职

业教育进行管理,以及处理相关的考试和合同事宜。^①

德国联邦政府历来重视学校与企业之间的合作,并与德国经济联合会于 2004 年联合颁发了《德国职业教育和专业人才国家协议》(Nationalen Pakt für Ausbildung und Fachkräftenachwuchs in Deutschland),到目前已经发展到《德国职业教育和专业人才保障国家协议 2010—2014》(Nationalen Pakt für Ausbildung und Fachkräftenachwuchs in Deutschland 2010—2014)。该协议的核心思想是以职业为导向发展职业教育,重点关注学校和企业建立合作伙伴关系,克服教育中的难题,关注年长者和具有移民背景的职业教育申请者的教育问题。^② 协议中强调每所公立学校都应该寻找一个或多个经济伙伴,建立并保持合作伙伴关系,为双方的发展做出贡献。

德国工商业联合会(Deutscher Industrie-und Handelskammertag,简称 IHK)于 2011 年发布的《学校和企业合作伙伴关系手册》(Leitfaden Partnerschaften zwischen Schulen und Betrieb)中列出了建立校企合作伙伴的 8 条标准:①学校和企业基于共同的发展目标而合作;②合作是长期的;③理想的合作应该以书面合作合同为基础,并且清晰定义共同的合作目标;④根据对目标的定义确定具体发展措施、发展项目以及合作双方各自的职责;⑤学校和企业都设置专门的合作协调人员;⑥合作关系尽可能覆盖更多的人员和发展领域;⑦定期检查汇报合作的成果与效果;⑧发展项目应该对内和对外保持透明性,建立信息公开机制。^③ 同时,德国工商业联合会为了帮助学校和企业寻找合作伙伴,建立了专门的网络平台,将需要寻找合作伙伴的学校和企业信息公布在网上供需要者查阅。另外,它还根据需要举办合作研讨会,为学校和企业提供交流平台,促成合作。

二、企业与学校的协同作用

德国职业教育的主要形式是学校与企业合作的双元制职业教育。在双元

---

① 姜大源. 德国联邦职业教育法[J]. 中国职业技术教育,2012(10):71-88.

② Deutscher Industrie-und Handelskammertag, Nationaler Pakt für Ausbildung und Fachkräftenachwuchs mit neuen Schwerpunkt[EB/OL]. [2015-3-21]. http://www. dihk. de/themenfelder/aus-und-weiterbildung/ausbildung/ausbildungspakt/nationaler-pakt-fuer-ausbildung-und-fach-kraeftesicherung.

③ Deutscher Industrie-und Handelskammertag. Leitfaden Partnerschaften zwischen Schulen und Betrieb[EB/OL]. [2015-3-20]. http://www. partner-schule-betrieb. de/pdf/Leitfaden_Partnerschaften. pdf.

制职业教育中,学生同时在学校和企业中接受职业教育,学校与企业共同完成教学任务,学校与企业间的合作为学生搭建起了实践与理论沟通的桥梁。双元制职业教育的成功在很大程度上取决于企业与职业学校之间建设性的合作。《联邦职业教育法》《手工业条例》以及各州学校法成为规范职业教育的主要法律基础,《企业职业培训条例》是规范企业职业教育的主要法律,职业学校则以文教部长联席会议制订的"框架教学计划"(Rahmenlehrplan)为指导。为了使联邦与州、州与州之间的教育能够实现更好的沟通,避免出现混乱局面,联邦政府和各州文教部于1972年达成共识,由各州文教部长联席会议任命的工作组制定职业学校专业课程的框架教学计划,联邦职业教育研究所参与培训条例和各州学校框架教学计划的审定工作,联邦教育与研究部每年公布予以承认的培训职业的目录以及相应培训条例。① 2005年新修订的《联邦职业教育法》为学习地点的合作提供了更加强有力的法律支撑。该法第一部分总则的第二条规定职业教育的学习地点包括以下3类:第一,经济界的企业,经济界以外特别是公共事务、自由职业成员以及家政业的同类机构(企业职业教育);第二,提供职业教育的学校(学校职业教育);第三,学校职业教育和企业职业教育以外的职业教育机构(学校、企业以外的职业教育)。② 对学习地点的规定可以清晰地看出联邦和州政府在政府层面对校企合作的重视与推动,企业与其他社会机构和学校不断探索以实现通力合作。德国通过各方合作,力图更大程度上满足学生的教育需求,提升学生的职业能力和综合素养,使学生具备终身学习的能力,迎接社会提出的一系列挑战,帮助他们实现人生的价值。

德国企业参与职业教育一般包括4种形式:一是由企业主导,承担培训的整体工作,小部分培训由合作伙伴实施;二是采用订单式在企业或附近拥有工厂的大企业培训;三是由几家中小企业签订合作协议建立培训联合体开展学徒制培训;四是依托培训协会,相关企业成立管理机构并负责培训项目的质量管理。可见,企业是德国职业教育质量管理的重要主体之一,它们参与职业教育的目标制定、培训标准制定、质量生成、质量监控、质量评价与改进等全过程。

在德国,多元化的行业协会是连接校企协同质量治理的重要平台。行业协会是地区一级职业教育管理机构,它们是教育企业与职业院校的连接纽带与载体。著名的工商行业协会、手工业行业协会、农业行业协会、律师行业协会、医

---

① 福尔.1945年以来的德国教育:概览与问题[M].戴继强,等译.北京:人民教育出版社,2002:175.
② 姜大源.德国联邦职业教育法[J].中国职业技术教育,2012(10):71-88.

生行业协会等行业组织有权直接开展职业教育,具体包括认定教育企业资质、审查管理教育合同、组织实施结业考试、修订审批教育期限、建立专业决策机构、调节教育培训纠纷、咨询监督教育培训过程、制定颁布教育规章制度等。可见,德国的行业协会在职业教育质量管理中起着非常重要的纽带作用。它们有效对接教育企业与职业院校,并通过行业协会的有序治理推进新技术、新工艺和新管理的发展,助推教育企业与职业院校的协作共赢。

企业为使学生和教师能够更好地认识和了解企业,定期举办企业参观、企业发展历史和部门介绍、实训场地参观等活动。另外,为了使学生能够有更多机会将所学的知识应用于实践、熟悉企业的日常运转,企业开发了学生深度实习、假期实习等项目,同时企业根据未来的发展需求对学生有所侧重地进行培养和训练。学生在企业中以亲身实践的方式认识未来的工作环境,了解未来工作岗位对人们知识与能力各方面提出的要求。学生在企业中积累的工作经验为毕业后参加工作打下基础,能更快地适应未来的工作环境。为加强对学生的指导,学校还与企业联合推出导师管理制度,邀请企业中有经验的工人、技术人员、年长的学生、家长等成为导师,指导学生各方面的发展。此外,合作企业还为学校的教师提供继续教育项目,举办教学研讨会等。学校也定期邀请经济界的专家开设与课程和职业相关的主题讲座,如最新的经济发展动向、区域经济发展和职业生涯规划等。企业实训教师召开职业主题展示课,并进行师生间的交流。学校与企业之间合作举行职业培训项目,如角色扮演、团队合作、工作坊、面试模拟、专题研讨会等。企业通过与学校之间更多的合作也可以更好地了解学校的基本框架和运作以及学生的生活环境,以实现二者更高效的合作。

为保证学生培养质量,企业与学校通过4种方式加强教育教学过程中的合作:①签订合作协议。学校和企业通过协商确定教育目标、教学内容和教学组织形式,教学实践以协议为依据。②建立交流网络。在企业和学校之间建立有效且透明的学习网络,使学校和企业能够互相了解对方的课程实施情况,就学生的学习情况进行定期交流,定期举行会议等。③提供实践咨询。在实践中定期邀请教学专家对学生的实践教学和理论教学进行相应的指导。④实践课教师和理论课教师相互交流。定期举行两类教师相互听课、组织理论课教师参加企业实习等交流活动,使教师们增进相互了解,共同开发教材,进行教学研讨,实现理论教学与实践教学有机结合。

德国职业教育以多方共同合作的方式保障和提升教学的质量和学生的学习效果,企业、行业、学校、政府、家长、学生共同参与校企合作事务的运行、监督和管理。企业和学校搭建起理论与实践之间的桥梁,使学生能够真正地掌握技能,从根本上保障职业教育的质量。

首先,法律明确规定由雇主代表和工会参与制定职业教育质量目标、质量标准和技能要求。德国的职业教育培训岗位由国有或私营企业提供,自由职业可由私人家庭提供,参与培训的学徒须与企业签订合同,合同中明确规定了培训的具体目标以及培训在知识、技能、素养等方面须达到的质量标准,这一合同须到行业协会备案。同时,在培训条例里详细说明了学徒应掌握的专业技能,并将其纳入培训企业为学徒制定的个人培训计划中,每个培训项目都与德国相关的培训条例保持一致,以此作为设计课程框架的基础。这种培训条例的绑定要求有效保证了培训质量达到统一标准。在德国职业教育质量管理的目标与标准制定中,企业始终处于主体地位。

其次,企业在参与职业教育质量生成中发挥主导作用。德国双元制模式下的课程完全以职业岗位需求为核心,课程内容由教学经验丰富的企业专家综合设计,强调以职业活动为中心选择课程的理论知识与实践操作项目,学徒60%—70%的时间在企业实践,由企业专家开展学徒的具体实操培训。可见,企业实质性参与职业教育的课程体系设计、课程标准制定、课程内容编排、课程教学,且在职业教育质量保障过程中行使咨询权、审议权、监督权等。

再次,行业协会是职业教育质量评价反馈的重要参与者。德国的《职业教育法》规定学徒的各项能力须通过考试来鉴定。考试由行业协会组织,任何德国职业教育培训机构都不能作为考试单位。终期考核需要面向职业实践,涵盖一个职业的4—5个典型工作领域,通识科目的学业成绩由学校作出评价。可见,企业、行业协会是德国职业教育质量评估的重要参与者,在职业教育质量评估与反馈中发挥重要作用。

第五节 职业教育质量保障的信息公开和反馈机制

德国职业教育质量保障的另一重要组成部分即为质量信息,教育机构在质量提升过程中注重对质量信息的详细记录并形成质量文献,建立机构内部信息数据库,组建专门小组进行信息资料的管理。职业教育机构将信息资料进行分类整理后,以会议记录、优秀教学资源、论文、机构发展项目信息等主题进行分类,上传至机构内部网,供教师查阅和下载。另外,教育机构将可以外部公示的资料都上传至其门户网站供外界人士浏览查阅,以此建立学校的信息公开和反馈机制。

一、职业教育数据库的建设

德国联邦职业教育研究所建立了大型"职业教育文献数据库"(Literatur-datenbank Berufliche Bildung,www. ldbb. de),该数据库是联邦职业教育研究所发起的"职业教育交流与信息系统"项目(Kommunikation-und Informations-system Berufliche Bildung)的一部分。该项目是由联邦职业教育研究所、劳动市场与职业教育研究所(Institut für Arbeitsmarkt-und Berufsforschung,IAB)以及成人教育研究所(Institut für Erwachsenenbildung,DIE)合作实施建立的职业教育信息与交流系统项目。该数据库系统收集了自1988年以来出版的关于职业教育与职业研究的5万部德国专业文献、专著等,并于2005年向社会免费开放。该数据库为职业教育研究者提供职业教育现状与评价的文献,被誉为"无价之宝"。① 联邦职业教育研究所不仅以网站数据库的形式将文献呈现给民众,还将文献以光盘的《职业教育文献汇编》(*Literaturinformationen zur Beruf-flichen Bildung*)的形式为民众提供多种资源获取途径。

数据库主要涉及以下领域的内容:职业教育系统、双元制系统;职业教育位置和就业系统;初次职业教育研究;职业与资格研究;职业教育的社会科学和经济基础研究;职业继续教育的建立和规范;企业和学校的教与学;职业教育场所;职业教育中的人员群体(目标群体、教育人员);国际职业教育、职业教育的国际合作。数据库建设成为职业教育机构质量提升的重要领域之一,各州职业教育机构努力建立自己的信息数据库。

质量信息被定义为对教育机构发展有意义的所有知识。例如,教育计划、班级守则、实施过程描述、教学材料、会议记录、考试计划等。机构内部以及外部的质量信息交流对质量信息的形成以及传播起着重要作用。交流即为信息的交换,分为单方面的交流与相互间的交流。单方面的交流即给予和接收信息、使用信息;相互间的交流包括信息的技术处理、产生新的信息、创造新的知识、引导学生间的对话等。②

---

① 姜大源. 德国职业教育的最新改革与发展动态[J]. 中国职业技术教育,2010(4):5-9.

② Baden-Württemberg Ministerium für Kultus,Jugend und Sport. Informations-und Kommunika-tionsmanagement[EB/OL]. [2014-12-1]. http://www. schule-bw. de/schularten/berufliche _ schulen/oes/handbuchOES/handbuchOES. htm.

对信息与交流的记录是形成质量文献的基石,所以教育机构尤其重视对信息和交流的管理,从而为准备有用的高质量信息以及为高质量的专业对话创造条件。一般情况下承担信息与交流管理职责的是教育机构领导小组,在领导小组中建立专门的信息与交流管理小组。该小组负责对重要信息进行收集与管理,定期组织召开学校质量改进专业对话会。信息的交换首先需要必要的传播媒介和交流空间。传播媒介包括布告、传单、信息表格等。交流空间包括会议、会谈或者是网络的交流平台等。学校内部的交流管理主要包括 2 个方面的工作:首先是建立和维护学校内部的交流,包括建立质量信息交流小组与团队、提供会议室、分配角色和任务等;其次是加强学校内部人员的交流能力,包括多媒体的投入和使用、会议的组织与协调、团队合作、危机处理和个人信息反馈。德国巴符州在进行教师继续教育时开设专门的版块,对教师进行会议组织以及交流等方面的培训。同时学校设立了优秀会议质量标准以规范会议制度,促使学校建立优秀的会议文化。优秀会议质量标准包括:明确的目标、广泛的参与度、详细的流程、有批评性和建设性的意见、参与者遵守交流规则、详细的会议记录、参与者就相关项目进行定期反馈等。对交流的管理最终都形成相关的文献记录,作为学校质量改进的重要参考。总之,质量文献是对学校所有领域重要工作的详细记录,包含学校工作的全过程。质量文献为学校实施各项发展规划提供了依据和参考。

二、职业教育数据库的管理

学校内部信息管理还包括 2 个方面的工作,一方面是建立和维护学校内部的信息网络进行重要信息的传播。信息通常以表格和文本的形式展示出来,可以通过布告栏、介绍指南、校内数据库等方式向学校全体人员进行传播。同时学校根据不同的接收者设计符合该群体接收特点的方式,制定表格或图册等。另一方面是加强学校人员信息管理的能力,具体包括:第一,收集、记录信息的能力,包括会议记录、项目结果汇报等能力;第二,展示信息的能力,包括善于用文字、图片和表格展示讲解信息;第三,整理和保存信息的能力,包括对信息的鉴别和归类。信息的整理遵循一定的标准,如信息的相关性、精确性、实时性、可理解性等。

各机构就质量改进的各方面进行详细记录并形成文献,具有代表性的步骤如下:步骤一,现有文献的收集和检查,以系或部门、主题等为单位进行文献的收集,文献的选择尽可能精简但尽可能有用;步骤二,过程描述,每个机构根据现有的资料进行恰当的过程描述,一般根据机构制定的过程描述示例并进行相关信息的填写;步骤三,在过程记录中明确相关人员职责;步骤四,描述效果达成度;步骤五,确定文献整理的结构框架;步骤六,确定修改和优化的工作程序。机构在文献管理过程中注重运用现代信息技术对数据进行保护和储存。[1] 优质的信息与交流管理标准和指标如表 5.12 所示。

表 5.12 优质的信息与交流管理标准和指标[2]

目标	标准	指标
信息的质量保障	用户友好型的信息系统	语言描述友好清楚、可理解
		信息是实时的
	用户友好型的信息编辑	遵循信息编辑规则
		信息引起用户注意
		定期组织会议讨论
信息交流的质量保障	有效交流的结构性前提	引入合作交流时间计划表
		职位和任务的描述,包含信息与交流的质量要求
		用户可轻松找到相关的信息
		明确信息的传达等职责
	交流媒介	学校内网、布告栏、报纸等
	会议管理	制定出会议管理规则
	专业性交流的能力	制定信息与交流的规则
		根据需求反馈经验
		开展主持、会议领导、可视化管理等方面的继续教育
	搭建交流平台	倡导积极对话式的会议
		在学校内网建立交流论坛
	决策准备	最终的决议以制定的草案和实施过程经验为基础

---

① Baden-Württemberg Ministerium für Kultus, Jugend und Sport. Informations-und Kommunikationsmanagement[EB/OL]. [2014-12-1]. http://www. schule-bw. de/schularten/berufliche _ schulen/oes/handbuchOES/handbuchOES. htm.

② Baden-Württemberg Ministerium für Kultus, Jugend und Sport. Informations-und Kommunikationsmanagement[EB/OL]. [2014-12-1]. http://www. schule-bw. de/schularten/berufliche _ schulen/oes/handbuchOES/handbuchOES. htm.

质量信息可以保持学校发展过程的透明性,帮助关心教育机构发展的相关人员了解学校发展动向,教育机构也以此方式接受公众的监督和指导。质量文献也为机构在输出环节进行内外部评价提供了重要的资料来源,帮助评价人员清楚全面地了解机构的发展状况,指导评价的实施并做出全面的评价结论。此外,内容详实的质量文献也是教育机构下一阶段发展的重要参照。总之,质量文献对于教育机构进行质量管理起着重要作用。

参考文献

[1] 顾明远.教育大辞典(第一卷)[M].上海:上海教育出版社,1990.

[2] 姜大源.德国联邦职业教育法[J].中国职业技术教育,2012(10):71-88.

[3] 姜大源.德国联邦职业教育法译者序[J].中国职业技术教育,2012,(10):71-88.

[4] 姜大源.德国职业教育的最新改革与发展动态[J].中国职业技术教育,2010,(4):5-9.

[5] 克里斯托弗·福尔.1945年以来的德国教育:概览与问题[M].戴继强,等译.北京:人民教育出版社,2002.

[6] 孙祖复,金锵.德国职业技术教育史[M].杭州:浙江教育出版社,2000.

[7] 吴雪萍.国际职业技术教育研究[M].杭州:浙江大学出版社,2004.

[8] BMBF. Ausbilder-Eignungsverordnung[EB/OL].[2014-4-12]. http://www. gesetze-im-internet. de/bundesrecht/ausbeignv. . . /gesamt. pdf.

[9] CEDEFOP. Accreditation and quality assurance in vocational education and Training—selected European approaches[EB/OL].[2014-4-17]. http://www. cedefop. europa. eu/etv/Upload/Information. . . /4089_en. pdf.

[10] Ministerium für Kultus, Jugend und Sport. Berufziel Lehrerin/Lehrer an beruflichen Schulen[EB/OL].[2014-4-18]. http://www. bw-cct. de/brcms/pdf/21. pdf? PHP-SESSID=d60269b2022592ac0db7bcf254e547a7.

[11] Baden-württemberg Ministerium für kultus, Jugend und Sport. Handbuch OES Leitbid [EB/OL].[2014-11-15]. http://www. schule-bw. de/schularten/berufliche_ schulen/oes/handbuchOES/handbuchOES. htm.

[12] Baden-württemberg Ministerium für kultus, Jugend und Sport. Projektmanagement [EB/OL].[2014-12-1]. http://www. schule-bw. de/schularten/berufliche_ schulen/oes/handbuchOES/handbuchOES. htm.

[13] Baden-württemberg Ministerium für kultus, Jugend und Sport. Schulführung und Qualit? tsentwicklung[EB/OL].[2014-11-20]. http://www. schule-bw. de/schularten/berufliche_schulen/oes/handbuchOES/handbuchOES. htm.

[14] Baden-württemberg Ministerium für kultus, Jugend und Sport. Arbeti im Team[EB/

OL]. [2014-12-05]. http://www. schule-bw. de/schularten/berufliche_schulen/oes/handbuchOES/handbuchOES. htm.

[15] Baden-württemberg Ministerium für kultus, Jugend und Sport. Basismodell für die Unterrichtsbeobachtung an beruflchen Schulen[EB/OL]. [2014-12-14]. http://www. schule-bw. de/schularten/berufliche_schulen/oes/download/Handreichung_Basismodell-fuer-die-Unterrichtsbeobachtung_2010. pdf.

[16] Baden-württemberg Ministerium für kultus, Jugend und Sport. Qualit? tsentwicklung im Bereich Unterricht[EB/OL]. [2014-10-23]. http://www. schule-bw. de/schularten/berufliche_schulen/oes/handbuchOES/handbuchOES. htm.

[17] Baden-württemberg Ministerium für kultus, Jugend und Sport. Individualfeedback[EB/OL]. [2014-11-20]. http://www. schule-bw. de/schularten/berufliche_schulen/oes/handbuchOES/handbuchOES. htm.

[18] Baden-württemberg Ministerium für kultus, Jugend und Sport . Selbstevaluation[EB/OL]. [2014-11-25]. http://www. schule-bw. de/schularten/berufliche_schulen/oes/handbuchOES/handbuchOES. htm.

[19] Baden-württemberg Ministerium für kultus, Jugend und Sport . Informations-und Komminikationsmanagement[EB/OL]. [2014-12-17]. http://www. schule-bw. de/schularten/berufliche_schulen/oes/handbuchOES/handbuchOES. htm.

[20] Baden-württemberg Ministerium für kultus, Jugend und Sport. Prozessmanagement [EB/OL]. [2014-12-20]. http://www. schule-bw. de/schularten/berufliche_schulen/oes/handbuchOES/handbuchOES. htm.

[21] Baden-württemberg Ministerium für kultus, Jugend und Sport. Selbstevaluaiton derLehrer[EB/OL]. [2014-12-20]. http://www. schule-bw. de/schularten/berufliche_schulen/oes/download/download. htm? openblock＝div16♯Praxisbeispiele.

[22] Baden-württemberg Ministerium für kultus, Jugend und Sport . Evaluation der Schule [EB/OL]. [2014-12-21]. http://www. schule-bw. de/schularten/berufliche_schulen/oes/download/download. htm? openblock＝div16♯Praxisbeispiele.

[23] Baden-württemberg Ministerium für kultus, Jugend und Sport . Evaluation der Schulführung[EB/OL]. [2014-12-24]. http://www. schule-bw. de/schularten/berufliche_schulen/oes/download/download. htm? openblock＝div16♯Praxisbeispiele.

[24] Baden-württemberg Ministerium für kultus, Jugend und Sport. Fremdevaluation[EB/OL]. [2014-12-27]. http://www. schule-bw. de/schularten/berufliche_schulen/oes/download/download. htm? openblock＝div16♯Praxisbeispiele.

[25] CEDEFOP. Accreditation and quality assurance in vocational education and training [EB/OL]. [2014-10-12]. http://www. cedefop. europa. eu/EN/advanced-search. aspx?

text＝Accreditation％20and&showresults＝true.

[26] CEDEFOP. Analysis and Overview of NQF developmets in European countries[EB/OL]. [2014-12-11]. http://www. cedefop. europa. eu/en/publications-and-resources.

[27] CEDEFOP. Assuring quality in vocational education and training-The role of accrediting VETproviders[EB/OL]. [2015-01-03]. http://www. cedefop. europa. eu/en/publications-and-resources/publications/3061.

[28] Deutscher Industrie-und Handelkammertag. Nationaler Pakt für Ausbildung und Fachkr? ftennachwuchs mit neuen Schwerpunkt[EB/OL]. [2015-3-21]. http://www. dihk. de/themenfelder/aus-und-weiterbildung/ausbildung/ausbildungspakt/nationaler-pakt-fuer-ausbildung-und-fachkraeftesicherung.

[29] Deutscher Industrie-und Handelkammertag. Leitfaden Partnerschaften zwischen Schulen und Betrieb[EB/OL]. [2015-3-20]. http://www. partner-schule-betrieb. de/pdf/Leitfaden_Partnerschaften. pdf.

[30] BMBF. Deutscher Qualifikationsrahmen[EB/OL]. [2014-4-20]. http://www. dqr. de.

[31] Durchlaessigkeit und Transparenz foerdern. DECVET—Ein Reformansatz in der beruflichen Bildung[EB/OL]. [2014-4-24]. www. bmbf. de/. . . /DECVET_Durchlaessigkeit_und_Transparenz_foerdern. pdf.

[32] Deutscher Bildungsrat. Empfehlungen der Bildungskommission. Zur Verbesserung der Lehrlingsausbildung. [EB/OL]. [2014-10-15]. http://www. worldcat. org/title/zur-verbesserung-der-lehrlingsausbildung-deutscher-bildungsrat-empfehlungen-der-bildungskommission-verabschiedet-auf-der-19-sitzung-der-bildungskommission-am-3031-januar-1969/oclc/310638669.

[33] BIBB. Entwicklung einer Konzeption für eine Modellinitiative zur Qualit? tsentwicklung und-sicherung in der betrieblichen Berufsausbildung[EB/OL]. [2014-10-19]. http://www. bmbf. de/pub/band_vier_berufsbildungsforschung. pdf.

[34] European Centre for the Development of Vocational Training. Accreditation and Quality Assurance in Vocationall Education and Training：Selectes European Approaches[EB/OL]. [2014-12-23]. http://www. cedefop. europa. eu/EN/advanced-search. aspx? text＝Accreditation％20and&showresults＝true.

[35] Handreichung. Kultusminister Konferenz[R/OL]. [2014-4-22]. http://www. kmk. org/. . . /2007_09_01-Handreich-Rlpl-Berufsschule. pdf.

[36] Landesinstitut für Schulentwicklung. Fremdevaluation an Beruflichen Schulen in Baden-Württemberg[EB/OL]. [2014-10-26]. http://www. schule-bw. de/entwicklung/qualieval/evabs/fevbs/.

[37] Landesregierung Baden-württemberg. Verordnung uber die Evaluation an Schulen[EB/

OL]. [2015-1-3]. www. landesrecht-bw. de/jportal/? quelle＝jlink&query＝EvalV＋BW&psml＝bsbawueprod. psml&max＝true.

[38] Luzenbergschule Mannheim. Selbstevaluation zum Qualit? tsbereich Unterricht mit dem Instrument Fragebogen[EB/OL]. [2014-12-15]. http://www. schule-bw. de/schularten/berufliche_ schulen/oes/download/download. htm? openblock＝div16♯Praxisbeispiele.

[39] Ministerium fur Kultus,Jugend und Sport Baden-Wurttemberg. Berufsziel Lehrerin/Lehrer an Beruflichen Schulen[EB/OL]. [2014-5-1]. http://www. bw-cct. de/brcms/pdf/22. pdf? PHPSESSID＝3c8f33464ecbed0b2c83d1647936d33b.

[40] Ministerium für Kultus, Jugend und Sport des Landes Baden-Wüttemburg. DasKonzeptOES[EB/OL]. [2014-12-15]. http://www. schule-bw. de/schularten/berufliche _ schulen/oes/handbuchOES/handbuchOES. htm.

[41] BMBF. Nationler Pakt fur Ausbildung und Fachkraftennachwuchs in Deutschland 2010-2014[EB/OL]. [2014-10-18]. http://www. bmbf. de/de/2295. php.

[42] KMK. Rahmenvereinbarung über die Ausbildung und Prüfung für ein Lehramt der Sekundasstufe Ⅱ berufliche F? cher oder für die beruflichen Schulen[EB/OL]. [2014-11-9]. http://www. kmk. org/fileadmin/veroeffentlichungen_ beschluesse/1995/1995_05_12-RV_Lehramtstyp-5_. pdf.

[43] JURIS. Schulgesetz Baden Württemberg[EB/OL]. [2014-10-23]. http://www. landesrecht-bw. de/jportal/? quelle＝jlink&query＝SchulG＋BW&max＝true.

[44] SPRINGER. TVET Teachers and Instructors in Gernmany[EB/OL]. [2014-4-25]. http://link. springer. com/chapter/10. 1007/978-1-4020-5704-5_6? no-access＝true.

后　记

　　本书是吴雪萍教授主持的国家社科基金项目(项目号 14BGL)"职业教育质量保障研究"的研究成果。当今国际职业技术教育改革的主题是提高质量、实现高质量发展。质量保障是实现职业教育高质量发展的基本路径。本书从职业教育质量保障的形成背景、基本理念、基本框架、合作机制、信息公开和反馈机制等 5 个维度,研究了国际职业教育质量保障系统,从理论上厘清了职业教育质量保障的内涵及其基本特征,阐明了职业教育质量保障体系的构成要素。本书选取在职业教育质量保障方面工作做得比较好的美国、俄罗斯、德国等国家以及欧盟等组织,做深入细致的国别研究,在国别研究的基础上对职业教育质量保障进行专题比较研究,从而揭示职业教育质量保障的基本规律。

　　本书的读者对象为职业教育管理者、职业教育研究者以及职业院校广大教师。限于资料和水平,书中还有不足之处,敬请广大读者批评指正。

吴雪萍

2022 年 2 月于浙江大学